# 밀리터리 세계사

1. 고대편

**밀리터리 세계사** 1. 고대편

**1쇄 발행** 2020년 4월 16일
**7쇄 발행** 2023년 11월 15일

**지은이** 이세환
**일러스트** 변경인
**펴낸이** 유해룡
**펴낸곳** (주)스마트북스
**출판등록** 2010년 3월 5일 | 제2021-000149호
**주소** 서울시 영등포구 영등포로5길 19, 동아프라임밸리 1007호
**편집전화** 02)337-7800 | **영업전화** 02)337-7810 | **팩스** 02)337-7811
**원고투고** www.smartbooks21.com/about/publication
**홈페이지** www.smartbooks21.com

ISBN 979-11-90238-15-1 04900
979-11-90238-14-4 04900 (세트)



• 일라시온은 (주)스마트북스에서 만든 인문·교양 브랜드입니다.

〈토크멘터리 전쟁사〉 이세환 기자의

# 밀리터리 세계사

1. 고대편

인류의 역사를 뒤흔든 거대한 전투, 뛰어난 영웅, 그리고 놀라운 무기 이야기

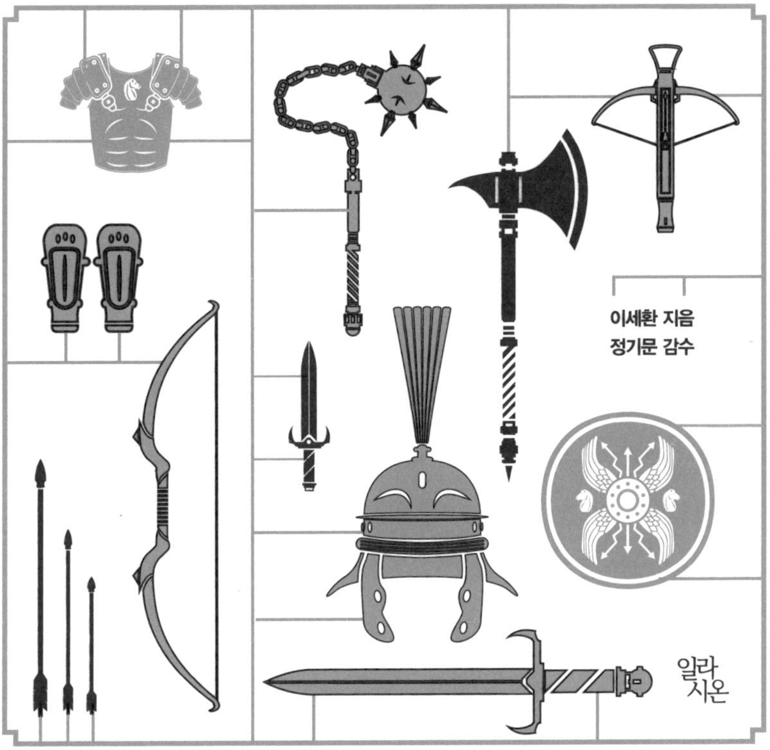

이세환 지음
정기문 감수

일라시온

머리말

# 무기를 보면 전쟁이 보이고, 전쟁을 보면 역사가 보인다

인생의 모든 기회는 우연히 찾아온다. 필자가 콘텐츠진흥원에서 게임 개발을 공부하는 학생들을 상대로 밀리터리 강의를 몇 년간 진행하고 있던 시절이었다. 특별 강연으로 초대 손님을 모시고 강연을 할 기회가 있었고, 그곳에서 국방홍보원의 이원석 팀장님을 만났다. 이 인연으로 2016년 6월부터 국방TV에서 〈토크멘터리 전쟁사〉에 출연하게 되었다.

처음 출연 제안을 받았을 때는 웬만큼 자신이 있었다. 유치원도 들어가기 전부터 프라모델을 조립하며 밀리터리에 몸담기 시작한 지 어언 40년, 이때처럼 확신에 찬 적이 없었다. 하지만 회가 거듭될수록 처음의 자신감은 사라지고 나의 한계를 처절하게 느끼게 되었다. 방송은 글자 그대로 '장난'이 아니었고, 얕은 지식은 곧 밑천이 드러났다. 특히 같이 방송에 출연하신 임용한 교수님의 깊은 학식과 표현 방식은 필자로 하여금 자신의 위치를 냉정하게 돌아보게 하는 계기가 되었다. 그때부터 공부를 아니 할 수가 없었다. 거의 본업을 등한시할 만큼 핀잔을 들어가며 방송을 준비했다. 그리고 50회쯤 되자 조금씩 감이 잡히기 시작했다.

〈토크멘터리 전쟁사〉에 대해 독자들이 호평을 보내며 조금씩 인지도가 높아지고 있을 때, 몇몇 출판사에서 책을 내자는 제안이 들어왔다. 하지만 그때는 거절했다. 시기상조라 생각했고, 전쟁사에 관한 깊은 통찰을 가진 글을 쓸 자신도 없었다. 다만, 언젠가는 시대를 막론하고 전쟁에 쓰였던 무기들에 대해서는 정리를 해보고 싶은 생각은 있었다. 그런데 그 기회가 2019년 여름에 찾아왔다. 우연히 걸려온 한 통의 전화와 이어진 만남에서 덜컥 출간 계약을 해버린 것이다.

처음에는 무기에 대한 이야기만 하려 했었다. 하지만 무기는 결국 전쟁에 쓰이는 것이고, 그렇다면 그 전쟁의 배경은 무엇인지에 대한 얘기가 반드시 들어갈 필요가 있다고 느껴졌다. 시작은 무기의 역사였지만 쓰다 보니 어떤 전쟁에 어떤 무기가 어떻게 쓰였는지, 그리고 전쟁은 역사에 어떤 영향을 미쳤는지를 포괄적으로 정리해야 한다는 생각이 들었다. 말하자면 무기를 통해 전쟁이 보이고, 전쟁을 통해 역사가 보이는 책을 쓰고 싶었던 것이다. 그런 내용을 채우기 위해 그동안 〈토크멘터리 전쟁사〉에서 얘기했던 역사 이야기를 필자 나름대로 재구성해서 넣어주면 어떨까 싶었다. 〈토크멘터리 전쟁사〉 크리에이터인 이원석 팀장님과 방송에서 함께 콘텐츠를 준비하신 임용한 교수님께 그런 생각을 말씀드리자 두 분은 흔쾌히 허락해주셨다.

본격적인 집필은 2019년 늦여름부터 시작됐다. 집필을 위해 〈토크멘터리 전쟁사〉 예전 방송분을 다시 한 번 시청했다. 외모는 둘째 치고 내용 면에서 허술하기 짝이 없는 초반부의 필자 모습을 다시 보는 것은 힘들었다. 후회가 밀려왔다. 하지만 포기는 억울했다. 거의 처음부터 다시 준비한다는 마음으로 자료를 보강하고 내용을 정리했다. 그리고 우여곡절 끝에 드디어 책이 나오게 되었다. 필자 인생에 석사논문 빼고는 첫 단행본이다.

이 책이 출판될 수 있도록 도와주신 많은 분들에게 고개 숙여 감사를 표하고 싶다. 먼저 크리에이터 이원석 팀장님께 감사드린다. 이 팀장님이 길을 열어주신 덕분에 필자가 부족하나마 이렇게 책을 낼 수 있었다. 두고두고 은혜를 갚을 생각이다. 다음으로 필자의 역사관뿐만 아니라 인생관에도 큰 가르침을 주신 임용한 교수님께 감사드린다. 교수님을 알게 된 것은 개인적으로 인생에 있어서 몇 안 되는 커다란 행운이라 생각한다. 앞으로도 교수님과의 인연이 평생 이어지기를 소망해본다.

방송을 4년 가까이 해오면서 초반 1년이 가장 힘들었던 시간이었다. 그 1년을 묵묵히 참고 기다려준 정해준 PD 이하 작가 및 제작진 여러분들께도 진심어린 고마움을 표하고 싶다. 그리고 같이 방송을 하면서 즐거움을 느낄 수 있게 해준 두 명의 MC, 방송인 허준 씨와 윤지연 아나운서에게도 감사드린다.

이 책의 출간을 제안해주시고 늦어지는 원고를 묵묵히 기다려주신 일라시온 대표님과 위정훈 편집장님께도 감사드린다. 멀리 해외에 살고 있으면서도 기꺼이 책의 일러스트를 맡아준 친구 경인에게도 고마움을 전한다. 마지막으로, 보잘것없는 필자에게 항상 응원과 격려를 아끼지 않는 〈토크멘터리 전쟁사〉 모든 시청자 여러분들께 깊은 감사의 인사를 올린다.

냉골에서

이세환

차례

1

# 그리스-페르시아 전쟁

**그리스 '촌놈'들이 '대제국' 페르시아를 물리친 대반전의 드라마, 마라톤 전투 이야기**

마라톤 평원이 한눈에 내려다보이는 언덕 위에서 이제 막 배치를 끝낸 아테네군은 초조하게 바다를 바라보고 있었다. 이제 곧 페르시아 제국의 함대가 모습을 드러낼 것이다. 스파르타는 지원을 약속했지만 아직 도착하지 않았다. 적은 얼마나 올까? 우리가 과연 이길 수 있을까? 오늘따라 몸에 걸친 청동 갑옷과 손에 든 호플론**둥근 방패**이 더욱 무겁게 느껴진다.

이윽고 수평선 너머에 무엇인가가 나타나기 시작했다. 페르시아의 함선들이 새까맣게 몰려오고 있었다. 눈 깜짝할 사이에 배들은 해안가에 다다랐고, 곧 완전무장한 페르시아군을 토해내기 시작했다. 아테네군 사령관 밀티아데스는 기가 막혔다. 얼핏 보아도 자신들의 두 배가 넘는 병력이 해안가를 가득 메웠기 때문이다.

고대 페르시아는 매우 잘 정비된 관료제도를 갖춘 제국이었다. 황제의 말 한마디에 일사불란하게 일이 진행되었다.

'살아남기는 다 틀렸군……'

사령관 밀티아데스뿐만 아니라 대부분의 아테네 병사들 머릿속에는 이런 생각이 떠올랐을 것이다. 척박한 돌투성이 땅에 비쩍 마른 양들만 있는, 페르시아에 비해 영토의 크기도, 문명의 수준도 팍팍 떨어지는 그야말로 별 볼 일 없는 변방의 깡촌 그리스에 대제국 페르시아는 도대체 왜 대군을 보낸 것인가? 여기에는 나름 복잡한 사연이 있었다.

## 대제국 페르시아 vs 깡촌 그리스

페르시아 제국은 최초로 오리엔트 문명권 전체를 통일한 대제국이다.

오늘날 이란, 아프가니스탄, 타지키스탄의 시조가 되는 나라라고 할 수 있다. 229년BC 559~BC 330이라는 비교적 긴 기간 동안 존속한 페르시아 제국은 전성기 시절 오늘날 이란을 근거지로 중동, 터키 및 소아시아 지방을 비롯해 북아프리카와 인도의 인더스강 유역, 중앙아시아와 발칸반도 일대에 걸친 광대한 영토를 가지고 있었다. 그야말로 대제국이었다.

전성기 때 영토의 크기로 따지면 역사상 가장 큰 나라 20위 안에 들며, 알렉산드로스 대왕 시절의 마케도니아 왕국보다 크고 로마 제국보다 약간 작으며 오늘날 중국 영토의 3분의 2 정도이니 그 광활함을 짐작할 만하다. 당시 교통수단을 생각해보았을 때 이렇게 광대한 범위의 제국을 건설할 수 있었다는 것은 미스터리에 가깝다. 가장 빠른 교통수단은 기껏해야 말이나 낙타였을 텐데, 중동에서 서남아시아, 아프리카를 아우르는 광대한 영토를 어떻게 관리했을까.

이러한 대제국을 통치하기 위해서는 두 가지가 필수적이다. 바로 관료제도와 도로망이다. 거대한 제국을 경영하려면 소수 특권층이나 귀족계층에게 권력 몰아주기를 하는 것은 매우 위험한 일이다. 특권층이 반드시 유능하리란 보장이 없기 때문이다. 따라서 뛰어난 인재를 잘 뽑아서 관리로 등용하는 관료제도는 필수적이다. 페르시아 제국은 관료학교를 세워 매우 뛰어난 인재를 양성했고, 다양한 문화권에서 온 인재들에게 그에 맞는 편의를 제공하는 시스템까지 갖추고 있었다.

또한 고대의 도로망은 곧 통신망이었다. 다리우스 1세가 건설한 이 도로망은 총길이 약 2,700킬로미터에 이르는, 페르시아 제국을 종횡으로 가로지르는 어마어마한 것이었는데 이른바 '왕의 길royal road'로 불렸다. 세계 최초의 고속도로라고 부를 만한 '왕의 길'은 우리나라 역참제도처럼 중

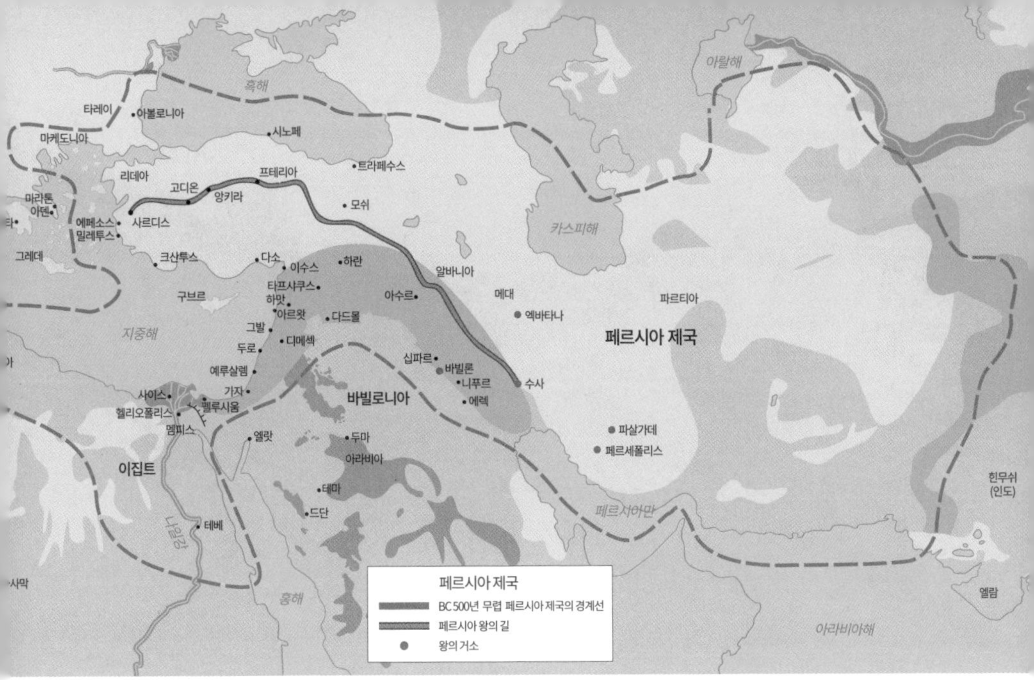


전성기 때 페르시아는 지금의 터키와 시리아, 이라크, 이란, 우즈베키스탄, 그리고 아프가니스탄과 이집트까지 아우르는 대제국이었다. 조그만 그리스의 도시국가들로서는 상상도 못할 광대한 영토였다.

간중간에 역이 설치되어 있었고 증명서를 가지고 있는 전령만이 다닐 수 있었다. 이 도로망이 얼마나 꼼꼼하게 잘 닦여 있었던지, 보름 만에 주파할 수 있었다. 중장비도 없고, 트럭도 없던 시절이었는데 말이다.

그리스 역사가 헤로도토스가 이 놀라운 시스템을 보고 문화충격을 받아 "세상에서 페르시아의 전령들보다 빠르게 여행하는 것은 없다. 중략 비가 오나 눈이 오나, 더위도 밤의 어둠도 그들이 최고의 속력으로 그들에게 주어진 임무를 완수하는 것을 제지할 수 없다."라고 감탄했을 정도였다.

페르시아 제국의 경제적 풍요는 당시의 그 어떤 왕조와도 비교불가였다. 제국의 영토가 워낙 광대한지라 수도를 여러 곳에 두었는데 그중

페르시아 제국의 도로 | 고대 페르시아의 도로망은 지금까지도 일부가 남아 있다.

한 곳인 페르세폴리스는 종교적 수도였다. 페르세폴리스 한 곳의 1년 재정 수입은 그리스에서 가장 크고 그나마 재정 사정이 괜찮았던 도시국가인 아테네의 300배에 달했다. 페르시아 제국의 전체적인 규모까지 감안한다면 비교가 무의미해질 정도였다.

그런데 이러한 어마어마한 대제국 페르시아에 맞선 그리스는 작은 도시국가의 연합체였다. 말이 좋아 '도시국가'지, 페르시아 입장에서 보았을 때는 그야말로 어디 붙어 있는지도 관심 없을 변방의 깡촌이었으리라. 최초로 페르시아에서 사신이 왔을 때, 그리스 도시국가들은 페르시아의 광대함을 상상조차 하지 못했다. 우물 안 개구리들이 개골거리는 짓을 보다 못한 페르시아 사신이 그리스인들에게 질문을 던졌다.

"니들 생각에 우리 페르시아 제국의 크기가 얼마나 될 것 같아?"

순간 그리스인들이 술렁이기 시작했다. 이들에게 땅이란 그저 자기들 눈앞에 펼쳐진 올망졸망한 올리브밭과 포도밭이 전부였기 때문이었다. 그런데 땅의 크기가 얼마나 되냐고? 척박하고 비좁은 땅만 보아온 그리스인들에게 이 질문은 매우 생소한 것이었다.

"거 좀 쉽게 질문을 해봐요."

오히려 그리스인들이 페르시아 사신을 나무라는 투로 말했다. 그리스인들의 무지몽매함에 기가 찬 페르시아 사신이 질문의 수준을 확 낮춰 얘기한다.

"그래, 쉽게 질문을 할게. 우리 제국의 땅 끝에서부터 끝까지 걸어서 가면 얼마나 걸릴까?"

자기들끼리 갑론을박을 벌이던 그리스인들 중에 한 명이 용감하게 나섰다.

"음, 뭐……, 한두 달쯤……?"

페르시아 사신이 답했다.

"2년이란다."

이 말을 들은 그리스인들 사이에 10초간 정적이 흘렀다. 그리고 곧이어 박장대소가 터져 나왔다.

"거 구라를 까도 좀 참신하게 까쇼. 뭐 2년? 말 같지도 않는 말씀을 씨불이시네."

무식하면 용감하다고 했던가? 그리스인들은 아마 페르시아 제국에 대해 전혀 모르는 상태였기 때문에 오히려 페르시아에게 덤볐을지도 모른다.

## 그리스의 맹랑한 도발, 제국의 역린을 건드리다

그렇다면 당시 그리스의 상황은 어땠을까? 페르시아가 침공할 무렵 그리스는 오늘날 우리가 알고 있는 민주주의체제가 아니었다. 그리스는 여러 차례 정치적 혼란을 겪은 후 참주가 통치하고 있었는데, 참주정이란 쉽게 말해 독재체제를 뜻한다. 그런데 바로 이 무렵에 그리스에서 가장 잘나가던 아테네는 참주를 쫓아내고 막 민주정을 시작한 시기였다. 더욱이 당시 아테네 민주주의는 우리가 생각하는 식의 민주주의가 아니었다. 아테네는 참주정에 호되게 당한 경험이 있었기 때문에 참된 민주주의를 할 것처럼 보였지만, 오히려 시간이 지날수록 독재의 싹을 자른다는 미명하에 유능한 사람을 권좌에서 끌어내리는 기이한 구조를 가지게 된다. 한마디로 '평등한 바보들'을 양산하는 정치 시스템이 되고 만 것이다.

더욱이 우리는 그리스 철학을 서양사상의 근본으로 알고 있는데, 실제 그리스 철학자들은 숭고한 학문을 설파하는 사람들이라기보다는 대중선동, 정치음모, 권모술수에 능한 '양아치 집단'이었다. 또한 결정적으로 아테네 민주주의는 모든 시민이 참여하는 민주주의가 아니었다. 자기 돈을 들여서 값비싼 청동무기와 갑옷 등을 사 입고 전쟁에 참여할 수 있을 만큼의 재력을 갖춘 지주계급의 성인 남성들만이 참정권이 있었다. 여성과 노예, 미성년자, 외국인은 참정권이 없었다. 한마디로, 매우 권위주의적이며 계급의 구분이 엄격했던 제한된 민주주의였던 것이다.

그럼 왜 페르시아는 그리스를 침공했을까? 무릇 제국에서 가장 골치 아픈 것이 변방의 반란이다. 페르시아 제국도 예외는 아니어서 조금만 틈을 주면 곳곳에서 반란이 일어났다. 이 무렵, 제국의 점령지였던 소아시아

페르시아 제국의 금화 | 고대 페르시아의 금화는 그리스인들에게 선망의 대상이었다. 그래서 많은 그리스인들이 페르시아에서 용병으로 복무하기도 했다.

의 이오니아 지방에서 밀레투스란 국가를 중심으로 반페르시아 봉기가 일어났다. 페르시아가 이오니아 지방을 지배하면서 밀 수입에 어려움을 겪고 있던 아테네는 페르시아를 쉽게 격파하고 막대한 전리품까지 챙길 수 있다는 밀레투스 참주의 얄팍한 거짓말에 속아서 반란을 지원하게 된다. 그리고 이 과정에서 결정적으로 페르시아의 심기를 건드리는 사건이 발생한다. 페르시아 제국의 북서부 지방 최대 거점도시인 사르디스에 반란군이 입성해서 페르시아 신전을 불태우는 참사가 벌어진 것이다. 고대 세계에서 신전을 불태우는 행위는 '신성 모독'으로, 도저히 용서받을 수 없는 범죄 행위였다. 즉시 토벌군을 보내 밀레투스를 진압한 페르시아는 사건의 진상을 조사하던 중 반란의 배후에 그리스인들이 있는 것을 알게 된다.

'그 깡촌 애들이 감히 모반을 부추겼다고? 이런 찢어죽일 놈들.'

그리스를 괘씸히 생각한 다리우스 1세는 그리스를 지도에서 지워버리기로 결심한다. 다리우스 1세는 한다면 하는 사나이. 즉시 병력을 편성해 수륙 병진으로 그리스를 향해 나아갔다. 그러나 예로부터 소아시아를 거쳐 그리스 본토로 가는 길은 험난하기로 유명했다. 주로 중동의 사막에서 전쟁을 치러온 페르시아 군대는 험한 지형을 통과하는 데 고초를 겪고, 설상가상으로 수군이 풍랑을 맞아 진격이 좌절되면서 페르시아는

다리우스 1세.

싸워보지도 못하고 철수를 결정한다. 참담한 실패로 끝난 이 원정을 많은 역사가들은 원정 카운트에서 빼기도 했을 정도이다. 다리우스 1세의 심기는 더욱 뒤틀렸다.

'짐이 이런 고초를 겪고 있는데 저 무지몽매한 그리스 것들은 자신들의 운명을 알지도 못한 채 희희낙락하고 있을 것이 분명하도다.'

다리우스 1세는 분함에 치를 떨었다. 자다가도 벌떡벌떡 일어나기를 수십 차례. 더 이상 다리우스 1세는 참을 수가 없었다. 대왕의 닦달에 페르시아군은 매우 빠르게 다시 전열을 가다듬고 이윽고 BC 490년, 드디어 그리스를 침공한다. 이것이 카운트에 들어가는 진짜 1차 그리스 침공이다. 그래도 우리의 다리우스 1세는 뭐가 달라도 다른 분이었다. 대제국의 황제답게 침공 전, 그리스 도시국가들에게 사신을 파견하여 항복을 권유하기로 한다. 그리고 사실 대부분의 그리스 도시국가들은 항복을 했다. 항복의 상징으로 물과 흙을 바치라고 했는데, 이 장면은 아마 영화 〈300〉에서 보신 분들이 많을 것이다. 하지만 그리스의 양대 강국이었던 아테네와 스파르타만은 페르시아에게 대항했다.

페르시아의 침공이 시작되자 아테네는 스파르타에게 지원을 요청했다. 그런데 스파르타의 응답이 가관이었다.

"우리가 지금 만월의 종교축제 기간이거든. 이게 평화의 축제이기 때문

페르시아 제국은 역시 문명국이었다. 전쟁에 앞서 외교를 통해 그리스에게 기회를 주고자 했기 때문이다. 하지만 그 방식이 문제였다. 굴복의 의미로 흙과 물을 바치라 했으니 바쳐야 하는 입장에서는 속이 뒤틀렸을 것이다.

에 이 기간 동안에는 전쟁이 불가해. 그러니 축제가 끝나면 도와줄게."

실로 어처구니없는 답변이 아닐 수 없었다. 그리스 전체가 풍전등화 상황에 놓인 지금에 말이다.

'이런 개XX들!'

아테네군 입에서 강아지 족보가 튀어나왔다. 아테네는 단독으로 작전을 펼치기로 한다. 그리고 여기서 운명의 일전이 벌어진다. 바로 마라톤 전투가 그것이다.

## 그리스 중장보병, '불멸의 전사'와 맞붙다

여기서 잠깐, 마라톤 전투에서 페르시아와 그리스의 전력을 비교해보

자. 고대문명에서 청동의 발견은 문명의 발전으로 가는 계단이었다. 불순물이 많은 철과 같은 금속 재료들과는 달리, 청동은 용융점이 낮아 당시 기술로써 제련 및 주조가 훨씬 수월했다. 특히 부서지거나 구부러져도 다시 녹인 뒤 재가공하여 사용할 수 있었다. 다만, 그 가격이 비쌌기 때문에 고대 청동무기를 사용하는 집단은 비교적 지배계층인 경우가 많았다. 가장 대표적인 예가 그리스의 중장보병 '호플리테스'였다. 이들은 땅과 노예를 소유한 자유시민이였는데, 오늘날로 말하면 중산층 이상의 비교적 부유한 사람들로 구성되었다.

그리스-페르시아 전쟁 때부터 철기무기와 청동무기가 같이 쓰였지만, 아무래도 대세는 청동무기였다. 아테네군은 중장보병으로 구성되어 있었는데, 당시 기병은 없었으며, 활은 비겁한 무기라는 인식이 강해 좀처럼 사용하지 않았다. 이들은 '사리사'라고 불리는 2.4미터 정도의 창을 주무기로 사용했고, '파라조니움'이라고 불리는 짧은 칼을 허리에 차고 있었다. 또한 '호플론'이라고 하는 나무와 청동 혹은 철제가 혼합된 둥근 방패를 사용했다. 이 호플론은 근접전에서 적의 창이나 칼을 막는데 탁월했다. 특히 밀집대형의 전투 시, 호플론의 사용이 매우 중요했기 때문에 중장보병을 호플리테스라고 부른 것이다. 또한 몸에 딱 맞

파라조니움 | 그리스군의 근접병기였던 파라조니움은 비교적 짧은 길이의 검이다. 밀집대형의 전투가 빈번했던 이 시기에 가장 알맞은 길이라 할 수 있다. 파라조니움과 이베리아반도의 검은 나중에 로마의 글라디우스에 커다란 영향을 준다.

게 만들어진 '토락스'라는 철제 혹은 청동제 흉갑을 입었으며, 청동제 투구와 청동제 정강이받이를 사용했다. 한마디로 완벽한 중장보병을 완성한 것이다. 이 장비들을 모두 합치면 30킬로그램은 족히 넘었다. 고대 그리스에서 체력증진을 위해 올림픽을 열었던 데는 다 이유가 있는 것이다.

호플론 | 그리스 중장보병의 상징과도 같은 방패로, 특히 밀집대형에서 자신과 왼쪽에 있는 동료를 동시에 방어할 수 있었다. 하지만 시간이 지남에 따라 크기와 무게가 점점 줄어든다.

하지만 페르시아군은 그리스군과는 사뭇 다른 모습을 하고 있었다. 페르시아군에는 '임모탈', 즉 불멸의 부대라 불리는 보병이 있었다. 이들은 역시 길이 2미터 내외의 창과 '티아라'

그리스 중장보병 호플리테스 | 근접전에서 막강한 위력을 발휘했다.

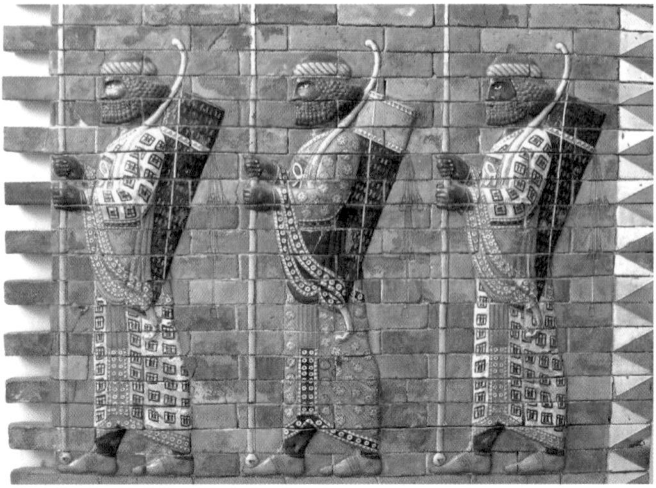

페르시아 임모탈 | '불멸의 부대'라 불릴 만큼 페르시아군 내에 최정예 보병이었지만, 그리스군에 비해 방어력은 매우 취약했다.

라 불리는 직물 터번을 투구 대신 착용했다. 또한 '게레'라는 방패를 사용했는데 버드나무와 동물가죽으로 만들어진 이 방패는 그리스 중장보병의 호플론에 비할 바 못 되게 허술했다. 갑옷은 아마포로 만든 '튜니카'를 착용했다. 철제 갑옷을 입은 병사들도 있었지만 극히 소수에 불과했다.

페르시아군 보병은 궁병의 비중이 컸다. 페르시아군 궁병은 2인 1조로 팀을 이루어 움직였는데, 궁병 '탄바르바라'와 이를 엄호하는 방패병 '스파라바라'로 구성되어 있었다. 여기에 메디아인과 페르시아인으로 구성된 정예 창병 '아르스티바라'가 있었고, 마지막으로 페르시아 제국 내에서 가장 터프한 부대였던 사카족 도끼병 '타카바라'가 항상 전투의 중심에 섰다. 아테네군이 오로지 중장보병만으로만 구성된 데 반해 페르시아군은 다양한 병과가 특징이다. 아무튼 페르시아군은 자신들과 전혀 성격이

페르시아의 궁병 탄바르바라와 방패병 스파라바라 | 궁병과 방패병의 조합은 궁병을 중시한 페르시아군 내에서 비중이 매우 컸다.

페르시아군의 정예 도끼병 타카바라 | 페르시아군에는 다양한 민족의 전투부대가 있었다. 다민족 부대는 모든 제국들의 공통된 특징이었고, 페르시아 제국 역시 예외가 아니었다.

다른 군대와 맞붙은 것이다.

## "전군, 전속력으로 뛴다!"

페르시아 제국의 대군이 마라톤 평원에 모습을 드러냈다. 아테네군은 동맹도시 플라타이아이 보병 1,000을 포함해 9,600명의 중장보병으로 맞섰다. 그리스 최강이었던 스파르타군은 앞서 말한 대로 축제를 핑계로 감감무소식이었다. 당시 그리스에서 활은 비겁한 무기로 간주되었기 때문에 오직 중장보병만이 전투에 나섰다. 척박한 그리스에는 말도 별로 없을 뿐더러 초원조차 드물었기 때문에 기병은 꿈도 꿀 수 없었다. 반면 페르시아군은 약 2만 5,000명의 압도적인 병력을 보유하고 있었고, 앞서 언급한 바와 같이 보병, 궁병, 창병 및 기병을 고루 갖춘, 대단히 균형 잡힌 군대였다. 말이 도시국가였지 변방의 '깡촌 떨거지 vs 대제국'이라는, 어찌 보면 결과가 빤한 전투였다.

아테네군은 일단 언덕 위에 자리를 잡고 버티고 있었다. 언덕 위에 있는 아테네군을 공략하는 것이 쉽지 않음을 깨달은 페르시아군은 작전을 바꾸어 '빈집털이'를 시도한다. 기병과 보병으로 구성된 1만 병력을 배에 태워 텅 빈 아테네로 간 것이다. 그리고 나머지 병력 1만 5,000으로 아테네군을 견제하기로 했다.

"촌뜨기들 빈집을 텀과 동시에 놈들의 여자들도 차지하자!"

그리스 여자들은 예로부터 지중해 최고의 미인으로 유명했다. 뭐 페르시아 여인들의 미모도 만만치 않았지만, 원래 남의 떡이 더 커보이는 법. 아무튼 상황이 이렇게 되니 아테네군은 급박해졌다. 여기서 아테네군 사

마라톤 전투를 묘사한 그림 | 1900년에 출판된 책에 삽입된 일러스트다.

령관 밀티아데스는 담대한 결단을 내린다. 최단시간 내에 마라톤에서 페르시아군을 제압한 후, 바로 아테네로 이동해 빈집털이를 노리는 페르시아 상륙군을 막기로 한 것이다. 전투에 앞서 밀티아데스는 병사들에게 다음과 같이 말했다.

"패닉에 빠지지 마라. 내게 계획이 있다. 내 말대로 하면 이 전투에서 승리하고 아테네도 지킬 수 있다."

밀티아데스의 자신감 있는 태도에 아테네 병사들은 그를 믿고 따르기로 한다. 이윽고 아테네 중장보병들은 단단한 진형을 갖추고 언덕 위에서부터 페르시아군을 향해 진격하기 시작했다. 페르시아군은 아테네군이 활의 사정거리 안쪽으로 들어오기까지 인내심을 가지고 기다렸다. 아테네군이 활을 잘 쓰지 않는다는 것을 알고 있었기 때문에 페르시아군은 활로 충분히 아테네군을 저지할 수 있으리라 믿어 의심치 않았다. 이윽고 양군의 거리가 200미터 이내로 좁혀지자 페르시아군은 슬슬 화살을 발사할 준비를 했다.

"미개한 그리스 놈들, 고슴도치로 만들어주마."

만면에 웃음을 띠며 페르시아 궁수들은 활시위를 당겼다. 그 순간, 밀티아데스는 부하들에게 외쳤다.

"전군! 적을 향해 전속력으로 뛴다!"

'뭐? 뛰어? 30킬로그램이 넘는 장비를 온몸에 두르고 있는데 뛰라고?'

하지만 아테네 병사들이 이런 생각을 하기도 전에 밀티아데스는 맨 먼저 치고 나갔다. 그러자 모든 아테네 중장보병들이 전속력으로 사령관의 뒤를 따르기 시작했다. 페르시아군은 당황했다. 주춤하는 사이 아테네군과 페르시아군의 사이는 급격히 줄어들었고, 페르시아군이 황급히 날린 화살들은 아테네군의 머리 위로 날아가버려 별다른 타격을 입히지 못했다.

'윽, X됐다……'

페르시아 병사들 머릿속에 불현듯 불길한 생각이 스쳤다. 순식간에 거리를 좁힌 아테네군과 페르시아군 사이에 처절한 백병전이 시작되었고, 아테네 중장보병에게 페르시아군은 철저히 유린당했다. 페르시아군의 칼과 창은 청동 방어구를 단단히 착용하고 호플론을 든 아테네 중장보병들에게 거의 무용지물에 가까웠다.

"사카족! 사카족 도끼병들은 어디 있나!"

다급한 소리가 페르시아군 진영 여기저기서 들려왔다. 페르시아군 내

마라톤 전투 | 근접백병전에 취약했던 페르시아군은 아테네 중장보병의 상대가 될 수 없었다.

에서 가장 터프하고 거친 사나이들로 알려진 사카족 도끼병들이 앞으로 뛰쳐나갔다. 명불허전. 역시나 명성에 걸맞게 사카족은 아테네군과 대등한 전투를 벌였다. 노도와 같던 아테네군의 공격이 잠시 주춤했다. 페르시아군은 이제 전열을 가다듬고 반격을 할 수 있으리라 생각했지만, 그것은 야무진 착각이었다. 아테네군은 전방의 사카족의 공격을 흡수하며 전체적으로 진영을 넓게 펼쳐서 페르시아군을 감싸고 있었다. 비유하자면 아테네군의 자루 안에 페르시아군이 쏘옥 들어간 셈이다. 자루가 완성되자 아테네군은 총공세를 감행했다. 사카족의 도끼병들이 분전했지만 역부족이었다. 곧 사카족 병사들이 하나둘 쓰러지기 시작했다. 반면 아테네군의 청동제 칼과 창은 페르시아군의 허술한 갑옷과 방패를 단숨에 꿰

뚫었다. 일방적인 살육전이었다. 해안의 모래사장은 곧 피가 넘쳐흐르는 강이 되었고, 연안의 바닷물은 붉게 물들어 모래사장으로 밀려들어왔다.

처절했던 마라톤 전투를 묘사한 일러스트.

아테네군의 완벽한 승리였다. 9,600명의 아테네군 중 전사자는 단 192명이었다. 그러나 페르시아군의 피해는 처참했다. 약 1만 5,000의 보병들 중 무려 6,400명의 전사자가 발생했고, 살아남은 병사들도 전투 불능에 가까운 부상을 입었다. 그야말로 전멸에 가까운 피해였다.

하지만 아테네군은 승리의 기쁨을 만끽하고 있을 틈이 없었다. 페르시아의 상륙군이 들이닥치기 전에 빨리 아테네로 회군해야 했기 때문이었다. 아테네군은 전열을 수습하고 즉시 아테네로 향했다. 이들은 30킬로그램의 장비를 짊어지고, 30킬로미터의 거리를 3시간 만에 주파해냈다. 마침내 페르시아 상륙군이 아테네 앞바다에 도착했다. 그리고 그들이 목격한 것은 이미 아테네에 도착해 질서정연하게 도열해 있는 아테네의 중장보병들이었다. 페르시아군은 전의를 상실하고 그대로 철수하고 말았다.

마라톤 전투의 승리로 인해 페르시아의 1차 그리스 원정은 완전히 좌절되었다. 이후 페르시아는 무려 10년 동안이나 그리스 침공을 보류하게 된다. 양측은 같은 청동제 냉병기를 사용했으나 물론 당시에 철제 병기도 있었으나 아직은 청동제 병기가 대세였다 전투에 임하는 아테네군의 과감한 결정이 승패를 갈랐다고 볼 수 있다. 마라톤 전투는 아테네군이 원하는 방식으로 흘러갔고, 궁극적으로 페르시아군은 완전히 궤멸되었다. 이로써 이른바 그리스인들은 보병을 중장보병 위주의 강력한 백병전 전문부대로 편성하게 된다. 또한 좌절을 겪은 페르시아는 그리스를 본떠서 그들 역시 중장보병을 육성하며 복수의 기회를 노리게 된다. 이 중장보병의 전술 개념은 로마에까지 전승되어 강력한 로마 보병군단의 모태가 되었다.

마라톤 전투는 그 극적인 전개 덕분에 많은 후일담을 남겼다. 가장 유명한 예는 아테네군의 승전보를 전하러 42.195킬로미터를 뛰어가 극적인 소식을 전하고 사망했다는 전령 페이디피데스 이야기일 것이다. 우리는 그가 마라톤에서 아테네까지 달린 것으로 알고 있지만, 이 양반은 사실 마라톤 전투 직전, 지원 병력을 요청하기 위해 스파르타까지 무려 240킬로미터를 달리신 분이다. 그것도 단 2주 만에. 앞에서도 말했지만, 당시 척박한 그리스에는 말이 매우 드물었기 때문에 이렇게 전령이 직접 뛰어가서 연락을 취했다. 게다가 전문 전령답게 그는 임무를 완수하고 멀쩡하게 살아서 돌아왔다. 그런데 근대올림픽 창시자인 쿠베르탱 남작은 올림픽 개최를 위해 뭔가 극적인 이야깃거리가 필요했고, 결국 페이디피데스에 관한 픽션을 만들어내게 된다. 예나 지금이나 첫째도 시나리오, 둘째도 시나리오다.

또 하나, 마라톤 전투에서 굴욕적인 패배를 당했던 페르시아는 그 치욕을 대대로 잊지 못한다. 그래서 페르시아를 계승한 오늘날 이란에는 마라톤 선수가 없다. 심지어 1974년 이란의 수도 테헤란에서 개최된 제

아테네 시민들에게 마라톤 전투의 승전보를 전하는 순간을 그린 그림 | 19세기 후반에 프랑스 화가이자 일러스트레이터로 활동한 뤽 올리비에 머슨의 그림이다.

7회 아시안게임에서는 아예 마라톤 종목이 제외되기도 했다. 과거의 제국다운 마인드는 개나 줘버린 속 좁은 페르시아의 후손들인 셈이다.

## 집념의 다리우스 1세, 못다 이룬 복수혈전

한편, 페르시아 제국의 대군이 마라톤 평원에서 격파되었다는 소식에 다리우스 1세는 귀를 의심했다.

'위대한 우리 제국의 군대가 변방의 촌뜨기들한테 박살이 났다고? 이건 악몽일 것이다.'

도저히 믿을 수가 없었다. 하지만 돌아온 패잔병들의 초라한 모습을 보자 실감이 나기 시작했다. 이제 다리우스 1세의 인생 목표는 오직 하나, '타도, 그리스!'가 되었다. 제국 전반을 경영해야 하는 대왕이었지만 그는 그리스 재침공에 많은 노력을 기울였다. 그는 곧바로 원정군의 구성에 착수했고, 제국의 각지에 군수물자 조달을 명했다. 수만 명의 병력과 수천 필의 말, 각종 무기와 식량은 물론, 이번에는 군함까지 지난번에 비해 몇 배로 할당되었다. 이로 인해 제국의 도시들은 재정난에 허덕이게 되었다.

그리스 병사와 페르시아 전사의 싸움 | BC 5세기에 만들어진 퀼릭스(얕은 사발 모양으로, 양쪽에 손잡이가 달린 술잔)에 그려진 그림이다.

하지만 아무도 다리우스 1세의 집념을 꺾을 수 없었다. 무려 4년 동안이나 가혹한 징수가 이어졌다. 그리고 이는 제국에 균열을 초래했다. BC 486년, 이집트에서 반란이 일어났다. 이집트는 제국 내에서 경제의 한 축을 담당했던 요충지였고, 이런 이집트의 반란 소식에 다리우스 1세는 정신이 아득해졌다. 이집트는 촌구석 그리스 따위와는 비교조차 불가할 만큼 중요한 제국의 핵심 지역이기 때문이다. 다리우스는 모든 원정 준비를 중지하고 이집트 반란 진압에 사활을 걸었다. 그리고 일련의 일들 때문에 엄청난 스트레스를 받았는지, BC 486년 10월에 파르사에서 병으로 숨을 거두고 말았다.

다리우스 1세가 못다 이룬 그리스 원정의 숙원은 아들 크세르크세스가 이어받았다. 선친의 유지를 받든 크세르크세스는 BC 484년에 간신히 이집트 진압에 성공한다. 하지만 제국의 시련은 계속되었다. 이번엔 제국의 심장부인 바빌로니아에서 반란이 일어났다. 다시 한 번 크세르크세스는 제국의 역량을 총동원하여 진압에 나섰다. 페르시아가 집안 단속을 하느라 정신이 없었던 10년 동안 그리스는 한숨 돌릴 시간을 벌 수 있었다. 하지만 그것은 영원하지 않으리라. 내부 반란을 모두 진압한 크세르크세스는 BC 480년, 마침내 다시 한 번 그리스로 출정하게 된다.

# 2

# 살라미스 해전

**2차 그리스-페르시아 전쟁, 바다의 '백병전'과 그리스 정신력의 승리**

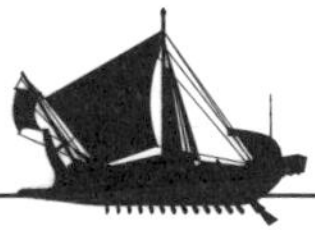

사절은 거만하기 짝이 없었다. 그리스인들로서는 감히 상상도 하기 힘든 원색의 화려하고 고급스러운 옷을 걸친 그는 걸음걸이 하나하나, 몸짓 하나하나가 구역질이 날 정도로 재수 없었다. 사절 뒤에 있는 수행원들 역시 점령군인 양 허세를 부렸다.

"그대가 스파르타의 왕인가?"

대뜸 페르시아에서 온 사절이란 자가 퉁명스럽게 말을 뱉었다.

'어쭈? 왕인가? 이 새끼가 말이 짧네.'

레오니다스는 사신을 죽일 듯한 눈으로 노려봤다. 그자는 말을 이었다.

"우리의 관대한 크세르크세스 황제께서 그대들에게 기회를 주시고자 함이니라. 항복의 의미로 흙과 물을 바쳐라. 그리하면 그대들의 자치를 보

페르시아 사절을 우물에 빠뜨리는 스파르타인들.

장해줄 것이며, 그대들은 이제 우리 페르시아 제국의 당당한 일원이 되는 것이니라. 이 아니 영광스러운 일이겠느뇨?"

사절은 말투조차 역겨웠다. 지금이라도 당장 목을 비틀어버리고 싶었다.

"불가하다."

레오니다스가 대답했다. 그리고 주변의 스파르타인들의 눈에 불꽃이 튀는 것이 보였다. 스파르타인들의 허리춤엔 하나같이 검이 매달려 있었고, 그들의 손은 이미 검의 손잡이를 움켜쥐고 있었다. 표정이 묘하게 변한 페르시아 사절은 레오니다스에게 다가와 딴에는 부드러운 목소리로 말한다.

"자자. 흥분들 하지 말고. 우리 무기를 내려놓고 문명인답게 대화를 하는 것이 어떻겠느뇨?"

레오니다스는 잠시 부하들의 얼굴을 바라보았다. 부하들의 얼굴에서 모든 것을 읽을 수 있었다. 이윽고 레오니다스가 입을 열었다.

"몰론 라베!"

몰론 라베. 그리스어로 '와서 가져가라'는 뜻이다. 이 말이 떨어짐과 동시에 페르시아 사절을 비롯한 수행원들의 목이 떨어져나갔다.

이거 어디서 많이 본 장면 아닌가? 그렇다. 바로 영화 〈300〉의 도입부에 나오는 페르시아 사절이 작살나는 장면이다. 보낸 사절들이 모두 참살되었다는 소식을 들은 크세르크세스는 그러나 놀랍게도 무려 나흘 동안이나 공격을 하지 않고 있었다. 혹시라도 그리스군이 겁먹고 달아나길 기대한 것이었다. 그러나 그리스군은 꿈쩍도 하지 않았다. 제국의 자존심에 스크래치가 났으니, 이제 전쟁은 피할 수 없는 것이 되었다. 페르시아의 2차 그리스 원정의 시작이었다.

## 10년 만의 재격돌, 육군과 해군 총출동하다

1차 침공 실패 이후 10년 만에 페르시아는 2차 침공을 개시한다. 다리우스 1세의 죽음 이후 제국 곳곳에서 발발한 반란을 진압하느라 시간을 낭비했지만, 아버지의 유지를 받든 크세르크세스는 2차 침공을 위해 대규모 군대와 전쟁 물자를 제국의 모든 지역에서부터 다시 한 번 차출했다. 고대 그리스의 역사가 헤로도토스는 〈역사〉에 "100종류가 넘는 무기들을 지닌 100개의 종족으로부터 무려 100만의 군대가 동원되었다."고

페르시아군이 설치한 부교 | 1.3킬로미터에 달하는 해협에 부교를 설치한다는 생각은 오직 페르시아 황제만이 할 수 있었을 것이다.

기록했는데, 이는 지나치게 과장된 것으로 보인다. 하지만 역사학자들의 연구에 따르면 25만은 충분히 넘었을 것이라고 한다. 지난 1차 침공 때의 병력이 2만 5,000이었으니 약 열 배가 늘어난 셈이다.

육군만 동원된 것이 아니었다. 페르시아는 그리스 전체를 정복할 목적으로 해군도 총동원했다. 페니키아와 이집트, 이오니아 등지에서 무려 1,200척에 달하는 함선을 동원했다. 크세르크세스의 그리스 정복에 대한 강한 의지를 읽을 수 있는 대목이다.

일단 크세르크세스는 침공을 위해 도로망부터 정비했다. 그리고 그리스로 가는 길목 헬레스폰트 해협에 부교를 건설하기로 했다. 거대한 규모의 군대와 물자를 수송하는 데는 배보다 다리가 낫다고 생각했기 때문이다. 이 해협의 넓이는 불과 1.3킬로미터밖에 안 되었지만 물살이 거세기 때문에 부교를 놓는 일이 만만치 않았다. 그리고 여기서 크세르크세스의 어처구니없는 에피소드가 나온다. 부교를 건설하던 도중 폭풍이 몰아쳐 만들던 부교가 모두 떠내려가자 크세르크세스는 다음과 같이 말한다.

"여봐라, 금부장. 이 해협에는 마구니가 가득하구나. 저것들을 혼내주거라."

크세르크세스의 명을 받은 호위병들이 채찍을 들어 바다를 내리쳤다. 그렇다. 바다에게 태형을 가한 것이다. 대자연에게 벌을 내릴 만큼 그는 오만의 극치를 달리고 있었다.

## 아테네의 현인, "200척의 군함을 다오"

그리스도 바보는 아니었다. 이미 한 차례 전란을 겪은 만큼 지난 10년 동안 페르시아의 움직임을 예의 주시하고 있었다. 이윽고 페르시아에서 대규모 병력 이동이 감지되자 그리스의 도시국가들은 코린트에 모여서 대책을 논의했다. 그런데 이게 또 얼마나 한심한지, 700이나 되는 그리스 본토 도시국가들 중 회의에 참석한 국가들은 겨우 30남짓이었다. 그리스는 내부 결속을 외쳤지만 전혀 결속된 상태가 아니었고, 오히려 심하게 분열된 모습을 보였다. 한마디로 페르시아군의 침공에 제대로 대비할 준비가 전혀 안 돼 있었다.

하지만 난세에는 영웅이 나오는 법. 이런 꼴사나운 모습을 보인 여타 그리스 도시국가들과는 달리 훨씬 이전에 모든 상황을 꿰뚫어보는 자가 있었으니, 그는 바로 아테네의 집정관을 지낸 바 있고 마라톤 전투에도 참전한 바 있었던 테미스토클레스였다. 그는 마라톤 전투 후 모두가 의기양양하게 환호하고 있을 때, 홀로 깊은 고민에 빠졌다.

'만약에 우리가 마라톤에서 이기지 못했다면? 그리고 제때에 아테네로 돌아오지 못했다면?'

이런 질문을 스스로에게 하며 테미스토클레스는 미래를 걱정했다. 그리고 그는 페르시아군이 그리스 본토에 상륙하기 전에 막아야 하고, 그러기 위해서는 해군을 양성해야 한다는 결론을 내렸다. 하지만 해군을 양성하려면 막대한 자금이 필요했다. 당시 3단 노선 한 척을 건조하려면 평범한 시민 한 명의 32년 치 연봉에 해당하는 엄청난 돈이 들었다. 하지만 테미스토클레스는 다른 대안이 없다고 생각했다. 그는 군항을 건설하고 200척의 군함, 4만 명의 노잡이가 있어야 페르시아군을 해상에서 저지할 수 있다고 주장하기 시작했다. 그러나 막대한 자금을 조달할 수 없었던 아테네는 테미스토클레스의 주장을 묵살했다. 그도 그럴 것이 200척은 커녕 10척의 배도 만들기가 쉽지 않았기 때문이다. 배만 만든다고 다가 아니었다. 설사 100척의 배를 가까스로 만들었다 쳐도 그것을 운용하려면 아테네가 1년 동안 거둬들이는 세금의 절반에 맞먹는 막대한 비용이 들었다.

테미스토클레스는 좌절했다. 그런데 하늘은 아테네를 버리지 않았다. BC 483년, 아테네 인근 라우리움 광산에서 '은의 샘'이라 불릴 정도로 풍부한 광맥이 새로 발견된 것이다. 이 광산이 발견되자 보수파를 비롯한 많은 그리스인들은 은을 공평하게 나눠가지자고 주장하였다. 하지만 테미스토클레스는 은광에서 거둔 수익을 군함 건조에 쓰도록 아테네 시민들과 의회를 설득했다. 그리고 때마침 이제까지 테미스토클레스의 정적

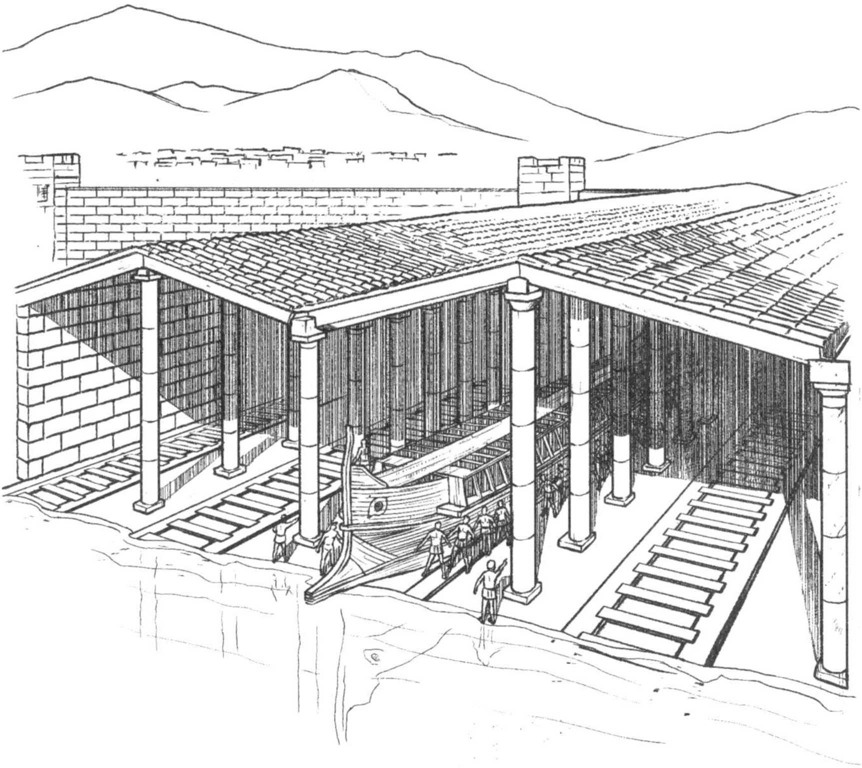

아테네군의 조선소 | 아테네는 전쟁이 임박함을 깨닫고 전력을 다해 해군력을 증강했다.

이자 보수파의 거두였던 아리스티데스가 정치적 스캔들로 아테네에서 추방되자, 테미스토클레스의 해군 강화론이 힘을 얻기 시작했다. 마침내 아테네인들은 200척의 군함 건조에 동의했고, 많은 아테네의 무역 상인들은 에게해 전역을 돌아다니며 선박 건조에 필요한 목재를 대량으로 사들이기 시작했다. 마침내 테미스토클레스의 꿈은 이루어졌다. 아테네의 외항인 피레우스 앞바다는 곧 아테네의 함선들로 가득 찼고, 전쟁 직전까지 아테네는 180척의 군함을 건조하게 되었다.

## 300인의 전사, 테르모필레에 잠들다

지난 1차 그리스 침공에서, 그리스 최강의 육군을 자랑하던 스파르타는 아무것도 한 것이 없었다. 그러나 이번만큼은 스파르타도 제 몫을 해야 했다. 그리스를 침공하는 페르시아군의 규모가 워낙 거대했기 때문이다. 그런데 하필이면 이때도 축제 기간과 겹쳤다. 대부분의 스파르타 원로들은 당장의 군사 동원을 반대했다. 하지만 이미 페르시아의 사절을 불귀의 객으로 만든 스파르타의 레오니다스왕은 300의 측근들을 이끌고 페르시아군을 막기 위해 테르모필레 협곡으로 직접 출전했다. 이것이 우리가 잘 알고 있는 영화 〈300〉의 내용이다.

그런데 여기서 우리는 한 가지를 생각해봐야 한다. 페르시아는 무려 1,200척의 함선을 동원했음에도 불구하고 왜 이번에는 육로로도 침공했을까? 이는 페르시아군의 방대한 병력 규모 때문이었다. 1차 침공 때 2만 5,000의 병력은 해상 수송이 가능했지만, 이번 2차 침공에서는 무려 열 배에 달하는 25만 대군을 동원했다. 당연히 해상으로 모든 병력을 실어 나를 수 없었으므로 페르시아군은 육로와 해상, 두 갈래로 침공 루트를 설정했다. 그러므로 그리스 입장에서는 육상전에서만큼은 지상 최강인 스파르타가 밥값을 해줘야만 했다.

이쯤에서 스파르타의 왕 레오니다스와 300명의 스파르타 전사가 페르시아의 왕 크세르크세스가 이끄는 100만 군대의 진격을 사흘 동안 막아낸 테르모필레 전투를 소재로 한 영화 〈300〉2007 이야기를 잠깐 하지 않을 수 없다. 영화에서는 레오니다스와 뜻을 함께한 300명의 스파르타 전사들만 출정하는 것으로 묘사되지만, 실제로는 스파르타의 300 결사대와 더불어 스파르타의 속국인 포키스, 테스피아, 테베 등에서도 병력을 파견했다. 따라서 전체 병력이 최소 2,000 이상은 되었다. 달랑 300명만 간 것은 아니라는 말이다. 다만 테르모필레 전투에서 포키스는 후방에 있었고, 주력은 스파르타가 맡았으므로 영화의 고증이 완전히 틀렸다고 보기는 좀 그렇다.

테르모필레로 몰려드는 페르시아군 | 페르시아는 육지와 바다 두 갈래로 그리스를 침공했다.

하지만 영화가 현실을 왜곡한 것은 사실이다. 영화에서는 스파르타군 하나하나가 일당백인 무적의 전사들로 묘사되지만, 실제 스파르타의 힘은 개인의 역량보다는 팀플레이에서 나온 것이기 때문이다. 스파르타군은 철저한 팀플레이로 좁은 협곡에서 페르시아군을 막아낸 것이지, 영화처럼 화려한 개인기를 펼친 것은 절대 아니다.

아무튼 테르모필레 전투에서 스파르타가 사흘 동안 페르시아군의 진격을 저지한 것은 사실이다. 그리고 에피알테스라는 배신자가 페르시아군에게 우회로를 가르쳐준 것도 역시 사실이다. 다만 영화에서처럼 외모가 흉한 사람은 아니다. 영화와는 다른 점이 또 하나 있다. 레오니다스는

신고전주의 대표화가인 자크 루이 다비드가 그린 〈테르모필레에서의 레오니다스〉(1814) | 영화 〈300〉과 공통점이 있다면 헐벗었다는 것이다.

이 우회로가 있는 것을 미리 알고 있었고, 이를 경계하여 포키스군을 배치했으나, 페르시아군이 도달할 당시 포키스군은 긴장이 풀어진 상태에서 전원 깊은 숙면에 빠져 전혀 대처할 수 없었다. 그러나 근성의 스파르타군은 철수를 거부했다. 물론 전투에서 패배해 본국에 돌아오는 패잔병을 받아들이지 않는 전통 때문에 귀향은 꿈도 꿀 수 없었다. 스파르타군은 여기서 전멸한다. 스파르타군뿐만 아니라 테스피아와 테베군을 합쳐 약 1,500명의 병력도 장렬히 산화한다. 이로 인해 이곳에 있던 모든 그리스군이 철수를 결정했고, 이제 대규모 병력의 상륙이 현실로 다가오게 된다.

테르모필레 전투를 이끈 스파르타의 레오니다스에 대한 평가는 분분하다. 가장 큰 논란거리는 꼭 그렇게 테르모필레에서 전원 전멸을 각오해야만 했었는가 하는 점이다. 스파르타에게 있어서 철수는 치욕이기 때문에 그랬을 수도 있다. 영화에서도 레오니다스를 비롯한 300의 전사들은 신념과 용기를 목숨보다 중요하게 여기는 불굴의 전사들로 묘사된다. 하지만 당시 3,600명의 스파르타군은 일반 보병이 아니라 대부분 지휘관급의 인물들이었다. 따라서 이런 고급 인력들이 한꺼번에 떼로 죽어나갔다는 것은 전술적으로 보았을 때 일고의 가치도 없는 매우 우매한 결정이라는 주장도 있다. 근성 충만한 전투는 사나이다워 보일지는 몰라도 그 결과는 참담했기 때문이다.

## 신탁이라는 희대의 촌극

아무튼 그리스의 도시국가들은 이제 페르시아군에게 짓밟힐 일만 남은 듯 보였다. 그런데 여기서 진짜 '확 깨는' 상황이 벌어진다. 아테네는 비상대책을 세우기는커녕, 신탁이라고 불리는 점을 치고 있었던 것이다. 물론 당시에 신에게 의탁하는 풍습은 요즘과는 비교할 수 없을 정도로 중요한 것이었겠지만, 나라의 운명이 바람 앞의 등불인데, 점을 친다는 것은 그만큼 인간의 나약한 심성을 보여주는 장면일 것이다. 더욱 큰 문제는 신탁의 내용이 매우 은유적이고 애매모호했다는 것이다. 그 내용을 보자.

'나무 성벽만이 파괴되지 않고 그대와 그대들의 자식을 도와주게

되리라.'

'신성한 살라미스섬이여! 데메테르가 씨를 뿌리거나 수확할 때, 너는 여인들의 자식들을 죽이게 되리라.'

대체 이게 뭔 소리인가? 이 세상에 여인의 아들이 아닌 사람이 어디 있나? 아무튼 살라미스라는 섬이 나오고 나무 성벽이란 말이 나왔으므로 아테네는 해전을 염두에 두기는 했다. 그런데 아테네 지도층은 신탁의 내용을 멋대로 해석하며 해상전 지지파와 지상전 지지파로 갈라져 또 갑론을박을 벌였다. 결국 해상전으로 다수파가 나갔고, 소수파였던 지상전파는 신탁의 의견을 전적으로 믿은 채, 아크로폴리스에서 나무 성채를 쌓고 페르시아군과 일전을 벌였으나 완전히 박살이 난다.

이윽고 전쟁이 시작되자 사태가 위급함을 깨달은 테미스토클레스는 썩어도 준치라고, 스파르타에게 다시 한 번 구원을 요청했다. 하지만 여기서 스파르타는 엉뚱한 계획을 내놓았다. 아테네는 아티카반도에 자리 잡고 있었고, 스파르타는 펠로폰네소스반도에 자리 잡고 있었는데 두 반도는 '코린토스'라는 매우 좁은 구역으로 연결되어 있었다. 스파르타는 모든 아테네인들을 펠로폰네소스 지역으로 이동시킨 다음 코린토스에서 최강의 육군인 스파르타

테미스토클레스 | 그의 혜안 덕분에 그리스 전체가 페르시아의 침공에서 살아남을 수 있었다.

가 페르시아군을 막겠노라고 했다.

즉, 아테네 전 지역을 포기하자는 제안을 한 것이다. 제정신을 가진 사람이라면 도저히 받아들일 수 없는 제안이었다. 제정신인 테미스토클레스는 당연히 거절했다. 아테네의 존립 근간이 없어지는 스파르타의 의견을 어찌 받아들일 수 있겠는가. 그리고 테미스토클레스는 이것을 이용하여 페르시아군 쪽에 역정보를 흘렸다. 모든 아테네 시민들이 해로를 통해 펠로폰네소스로 철수한다는 내용이었다. 여기에 페르시아는 절꺽 낚인다. 소식을 접한 페르시아군은 함대를 총동원해 살라미스섬의 해협을 봉쇄했다. 이제 스파르타와 아테네는 죽으나 사나 해전으로 승부를 걸어야 할 처지가 된 것이다. 당시 페르시아가 입수한 그리스의 정보는 다음과 같았다.

'지금 그리스 연합함대는 전혀 단결이 되지 않았고 지리멸렬한 상태임.'

크세르크세스에게는 이제 그리스 정복이 눈앞에 다가온 것으로 보였다. 이 해전에서 승리한다면 페르시아의 오랜 숙원이었던 그리스 정복은 현실이 될 것이며, 선친의 유지를 받든 크세르크세스는 역사에 영원히 기억될 위대한 제왕으로 남을 것이었다.

## 갤리선 대격돌, "노를 저어라, 들이받아라!"

당시 함선은 노를 저어서 나아가는 갤리선이었다. 대표적인 그리스 군함은 3단 노선 '트라이림'이었는데, 당시 군용 함선은 충각전법**갤리선 앞부분**

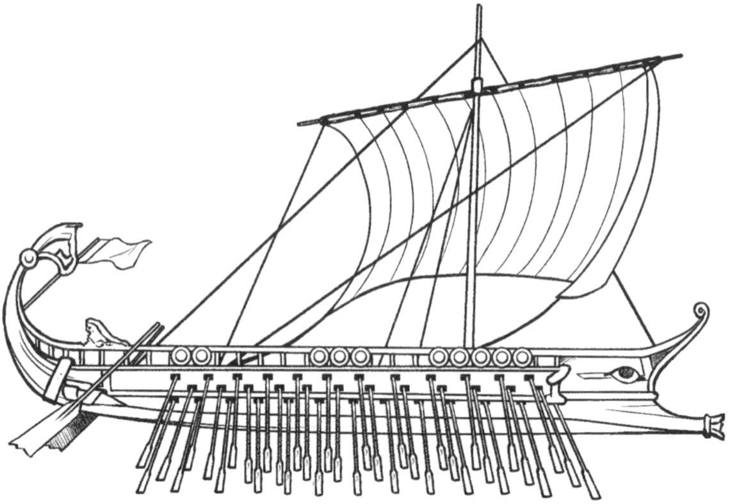

그리스군 3단 노선 트라이림 | 가장 보편적인 갤리선은 이처럼 3단 노선이었다. 한 열에 3개의 노가 배치되어 있었다.

의 뾰족한 돌출부인 '충각'으로 적선을 들이받는 전법을 사용했기 때문에 범선처럼 바람에만 의존할 수 없었다. 결국 대량의 노를 사용할 수밖에 없었는데, 3단 중 가장 위의 노꾼만이 노 전체를 볼 수 있었기 때문에 노의 컨트롤을 담당했고, 나머지 두 명의 노꾼들은 노를 젓는 일에만 몰두했다. 배 한 척당 170명의 노잡이들이 있었는데, 이들은 대부분 값비싼 중장보병 장

갤리선의 충각 | 갤리선의 뱃머리 아랫부분에는 금속을 덧씌운 충각이 있었다. 이 충각으로 적선을 들이받아 격침시키는 것이 가장 보편적인 공격 방법이었다.

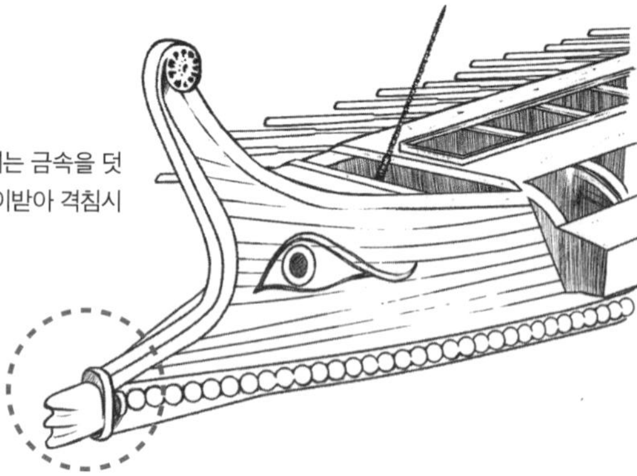

페르시아군 3단 노선 | 페르시아군의 3단 노선 역시 그리스와 비슷했다. 다만 좀 더 육중한 덩치를 자랑했다.

비를 살 수 없는 가난한 시민들이었다. 이외에 14명의 전투병과 10명 정도의 선원이 있었다.

전투용 갤리선들은 청동제 충각으로 적선을 들이받아 격침시키는 전법을 주로 사용했다. 이때, 최대 돌격속도는 시속 약 18킬로미터였으며, 갤리선에 투석기 등을 설치하게 된 것은 로마시대부터였다. 갤리선은 주로 소나무로 만들었는데 당시의 기술적 한계 때문에 선체 제작 방식이나 소재가 견고하지 않았다. 따라서 안정성과 내파성이 떨어져 약간만 파도가 높아도 갤리선은 쉽게 위기에 빠지곤 했다. 결국 연안 근처에서만 작전이 가능했고, 야간작전 등은 꿈도 꾸지 못했다. 다만, 그리스군의 갤리선은 더 빠르고 회전력이 좋도록 개량이 된 상태였다.

페르시아 해군도 3단 노선을 사용했으며, 운용 방식도 그리스군과 거

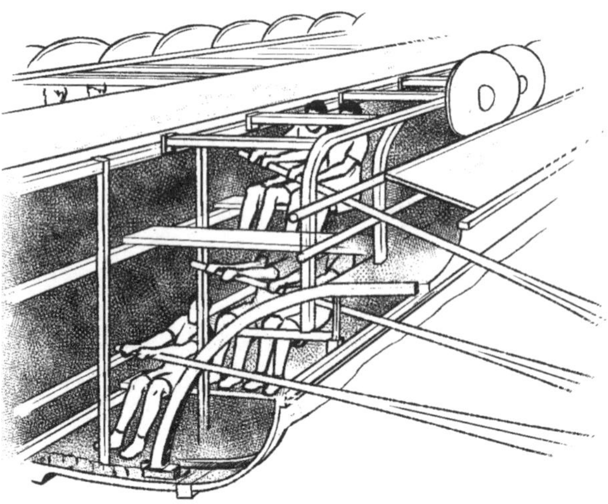

3단 노선의 단면도 | 한 열에 3개의 노가 배치되어 있었으며, 이와 같이 집단으로 노를 저으면 속도 조절이나 방향 전환이 매우 힘들었다.

의 유사했다. 또한 페르시아 해군은 덩치가 작고 속도가 빠른 2단 노선바이림도 사용했다. 덩치가 작아 날렵하게 움직일 수 있는 바이림의 주된 역할은 보병들을 적선에 올려보내는 것이었다.

크세르크세스는 승리를 믿어 의심치 않았다. 그도 그럴 것이, 전력 차이가 어마어마했기 때문이다. 그리스 연합함대는 약 370척에 불과한 반면 페르시아 함대는 약 900척에 달했다. BC 480년 9월 25일, 아침이 되자 크세르크세스는 살라미스 해협이 한눈에 내려다보이는 언덕에 옥좌를 마련해 앉았다. 그리고 자신의 대함대가 살라미스 해협을 완전히 봉쇄한 모습을 보았다. 페르시아군은 휘하의 이집트 함대 200척을 살라미스 섬 서쪽으로 보내 서쪽 퇴로를 차단했고, 나머지 700척이 동쪽에서 그리

페르시아군 2단 노선 바이림 | 페르시아군은 쾌속정 성격의 2단 노선도 사용했다.

스군과 결전을 벌일 예정이었다. 대제국의 자존심과 도시국가의 존립이 걸린, 양쪽 모두 물러설 수 없는 싸움이었다. 절체절명의 순간을 앞둔 전투 직전에 그리스군 사령관 테미스토클레스는 휘하의 병사들에게 일장 연설을 한다.

"너희들은 곧 최고의 인간성과 최상의 상태, 혹은 최악의 인간성과 최악의 사태, 둘 중 하나를 맞닥뜨리게 될 것이다. 부디 전자를 택하라."

반면 크세르크세스는 주위의 신하들에게 다음과 같이 말했다.

"짐이 왔으니 마라톤과 같은 망신은 없을 것이다. 저들은 이미 내분 상태에 빠져 있다. 이미 우리는 이겼다. 우리가 전쟁에 승리하면 짐은 관대하게 저들을 용서하리라."

크세르크세스는 곧 그리스 연합함대들이 뿔뿔이 흩어지리라고 생각했다. 그런데 그리스 함대는 의외로 질서정연하게 있었다.

'으음?' 크세르크세스가 고개를 갸웃하는 순간, 40여 척의 그리스 함선들이 전열에서 이탈하기 시작했다.

"옳거니. 올 것이 왔구나."

이 장면을 보고 크세르크세스는 쾌재를 불렀다. 이 모습이 마치 그리스 함대가 분열하는 것처럼 보였기 때문이다. 현장에 있던 페르시아군 역시 자신들이 받았던 '그리스 연합함대는 전혀 단결이 되지 않았고 지리멸렬한 상태임'이라는 정보가 정확하다고 믿었고, 곧바로 전 함대에 진격 명령이 내려졌다. 페르시아 함대는 좌익에 이오니아 함대, 중앙에 킬리키아와 카리아 함대가 포진하고 있었고, 최정예 함대인 페니키아 함대는 우익에 포진하고 있었다. 이들은 앞을 다투어 살라미스 해협으로 맹렬히 항진했다. 그런데 이때 갑자기 파도가 높아지고 바람이 불기 시작했다. 이 때문에 좁은 해협에서 페르시아군 함선들은 전열이 흐트러지며 자기들끼리 뒤엉키고 말았다. 그때를 놓치지

크세르크세스 얼굴이 새겨진 동전 | 영화 〈300〉에서처럼 민머리에 기괴한 피어싱을 한 모습은 아니다.

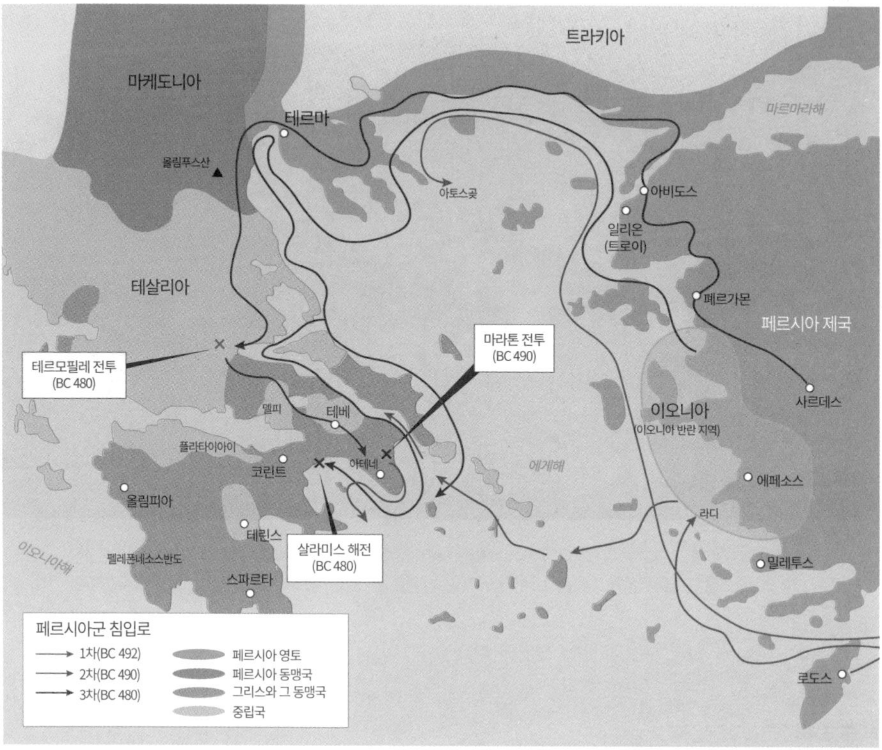


페르시아군 침입로.

않고 그리스 함선들이 총공격을 개시했다. 날렵한 선체의 그리스 군함들은 노를 들어올린 후, 뱃머리로 페르시아 함선들의 노를 부러뜨려 기동불능에 빠지게 하는 전법을 썼다. 그리고 양쪽에서 충각으로 들이받으며 페르시아 함선들을 사정없이 유린했다. 아수라장이었다.

그제서야 함정에 빠졌음을 알아차린 페르시아 함대의 선두가 후퇴하기 위해 전진을 멈췄다. 하지만 여기서 최악의 상황이 벌어진다. 앞쪽의 사정을 잘 알지 못한 채로 후속 함대들이 계속 밀어닥치면서 페르시아

살라미스 해전의 그리스 연합함대 | 그리스 연합함대는 거의 완벽에 가까운 승리를 거둬 페르시아의 2차 그리스 침공을 좌절시켰다. 그림은 19세기 화가인 빌헬름 폰 카울바흐가 그린 〈살라미스 해전〉(1868)이다.

함대는 거대한 덩어리가 되어 점점 그리스 함대로 떠밀려 갈 뿐이었다. 그리고 운명의 여신은 여기서 그리스군에게 미소를 지었다. 아침이 지나고 정오가 되면서 수온이 상승하자, 바다에서는 더욱 강한 바람이 불기 시작했다. 당시 페르시아 군선들은 그리스 군선에 비해 체고가 높았는데, 그 이유는 갑판을 높임으로써 적의 보병이 갑판에 오르지 못하게 하기 위해서였다. 게다가 페르시아군은 여기에 난간까지 설치한 상태였다. 페르시아 함대의 군선들은 휘청거리며 자기들끼리 부딪혔고, 전열은 완전히 흐트러졌다. 흐트러진 전열에는 군데군데 틈이 생겼고, 그리스 군선들은 기회를 놓치지 않고 그 틈으로 진격해 들어갔다.

이제 양측의 군함들이 뒤엉켜 싸우기 시작했다. 살라미스 해협은 길이

7킬로미터, 폭 2킬로미터밖에 안 되는 좁은 해협이었다. 여기서 거의 600여 척의 함선들이 뒤엉켜 싸운다는 것은 해상의 백병전이나 다름없었다. 당시 표현을 빌리자면 "말을 타고도 잔해를 건너 적의 배에 갈 수 있을 정도"였다. 곳곳에서 페르시아 전함들이 불에 타거나 그리스 군선의 충각 공격에 쪼개졌고, 바다는 부서진 배의 수많은 파편들로 뒤덮였다. 이 파편들에는 수많은 생존자들이 매달려 있었는데, 그리스 함선들은 이 사이를 지나다니며 그리스인일 경우에는 건져 올렸지만, 페르시아인인 경우에는 화살과 창 세례를 퍼부어 완전 몰살시켰다.

해가 질 무렵 전투는 끝났다. 이 전투의 결과 그리스군 피해는 40척에 불과한 반면, 페르시아군 피해는 무려 200여 척에 이르렀다. 거기에 페르시아군의 사기는 완전 떨어져서 더 이상 전투를 속행하기 어려울 지경이었다. 가장 뼈아픈 것은 우익에 배치했던, 실질적인 주력이라고 할 수 있는 최정예 부대인 페니키아 함대가 궤멸했다는 점이었다. 나머지 살아남은 함대 중 제대로 싸울 만한 함대는 이집트군의 200여 척이 전부였다. 자신의 함대가 궤멸되는 모습을 하나도 빠짐없이 본 크세르크세스는 분노에 치를 떨며 전군 후퇴를 명했다. 그는 병사들을 아테네 근처의 팔레론만으로 철수시켰고, 얼마 지나지 않아 크세르크세스는 육로를 통해 황급히 페르시아로 돌아갔다.

## 살라미스 해전, 정신의 우월함을 증명하다

살라미스 해전 이후, 페르시아는 에게해에 대한 통제권을 완전히 상실한다. 아테네를 불태웠던 페르시아 육군도 북부 테살리아로 후퇴해서 겨

플라타이아이 전투 | 그리스 연합군은 이미 승부가 결정난 전쟁에, 이 전투에서도 대승을 거둬 전쟁에 종지부를 찍었다.

울을 난다. 그리고 이듬해 8월, 페르시아 군대는 레오니다스의 조카가 지휘하는 5만의 그리스 연합군과 테베 근처 플라타이아이 평원에서 격돌한다. 그리스 연합군은 혼전 끝에 승리를 거두었고, 이로써 페르시아군의 그리스 침공은 완전히 좌절되었다. 두 번째 그리스 침공 역시 페르시아의 패배로 끝난 것이다.

여기까지 보면 2차 그리스-페르시아 전쟁의 영웅은 누가 뭐래도 단연 테미스토클레스이다. 하지만 당시 그리스의 정치가들은 탐욕스럽고 무능했다. 그들은 특히 '튀는' 스타를 증오했다. 평균적인 바보들이 있어야 밥그릇도 빼앗기지 않고 나라를 마음대로 좌지우지할 수 있었기 때문이다. 그들은 끝내 테미스토클레스에게 누명을 씌워 쫓아내고 열 받은 테미스토클레스는 아이러니하게도 자신이 승리를 거두었던 상대인 페르시아로 망명해 그곳에서도 나름 한자리 차지하고 잘 살다가 66세를 일기로 사망했다.

살라미스 해전의 의미는 한 가지로 정리할 수 있다. 바로 승패의 전환점이라는 것이다. 압도적인 전력 차에도 불구하고 그리스 연합은 단 한 번의 해전으로 모든 상황을 역전시켰으며, 결국에는 당시 세계 최강의 군대를 패퇴시킬 수 있었다. 많은 역사가들은 불굴의 정신을 가진 그리스인들을 찬양해야 한다고 말한다. 19세기 철학자 헤겔도 살라미스 해전에 대해 이렇게 평가했다.

> "역사상 살라미스 해전만큼 정신의 힘이 물질의 양보다 우월하다는 사실을 명백하게 드러낸 적은 없었다."

맞는 말이다. 하지만 한 발 더 나아가 그 불굴의 정신을 가질 수 있게끔 한 원동력을 찾아볼 필요가 있다. 그것은 바로 현실을 냉정히 판단하고 미래에 대한 건전한 혜안을 가진 리더의 존재와 판단이다. 만약 테미스토클레스의 함대 건설론이 먹히지 않았다면 2차 그리스-페르시아 전쟁에서 그리스는 한낱 페르시아의 속국으로 전락했을지도 모른다. 위기의 순간에 냉철한 판단을 할 줄 아는 리더의 존재는 모든 시대에 요구되지만, 항상 그런 리더가 존재했던 것은 아니다. 그러기에 걸출한 리더는 항상 역사에서 귀하고 찬양받는 법이다. 우리는 살라미스 해전을 통해 그리스의 전술적인 승리보다는 시대가 요구하는 리더의 역할이란 과연 무엇인가 하는 것을 더 눈여겨볼 필요가 있다.

3

# 펠로폰네소스 전쟁

**그리스 도시국가들의 추악한 내전, 그리고 풍운아 알키비아데스**

그날따라 그는 잠을 잘 수가 없었다. 항상 느끼는 불안감이었지만 유독 그날 밤은 정도가 더 심했다. 그리고 그의 본능이 그가 위험에 처해 있다는 것을 일깨워줬다. 밤인데도 불구하고 무엇인가 창밖에 번뜩이는 것이 보였기 때문이다. 그는 재빨리 몸을 일으켰다. 몸에 실오라기 하나 걸치지 못했지만, 청동 검을 움켜쥐고 집밖으로 뛰쳐나왔다.

문 밖에는 이미 암살자들이 대기하고 있었다. 그가 소리쳤다.

"그래! 너희들이 원하는 알키비아데스가 바로 나다! 어디 날 죽일 수 있으면 죽여봐!"

그의 일갈에 암살자들은 아무도 움직이지 못했다. 비록 도망자 신세였지만 알키비아데스는 당대 최고의 전략가이자 전술가, 그리고 전사였기 때문이다.

알키비아데스 눈에서 불이 뿜어져 나왔지만 곧 그의 가슴에 화살이 박혔다. 그리고 연이어 화살과 창들이 빗발치듯 날아와 그를 고슴도치로 만들었다.

전 그리스와 페르시아를 농락했던 사나이. 가장 사랑받았으면서도 가장 미움받았던, 고대 그리스 역사상 가장 뛰어났던 사나이 알키비아데스의 변화무쌍했던 삶은 그렇게 허망하게 막을 내렸다. 이 사나이에게 최고의 영광과 명성을 안겨줌과 동시에, 끝내 그를 죽음으로 몰고 간 그리스 내전, 펠로폰네소스 전쟁의 궤적을 따라가보자.

## 아테네의 야욕, 스파르타의 불안

앞에서 보았듯이 가난한 농업국가 아테네가 당대 최강국인 페르시아 제국을 물리쳤다. 그것도 해전에서! 살라미스 해전 이후, 테미스토클레스는 아테네를 해양국가로 발전시키려 노력했고 그 노력은 아름다운 결실을 맺었다. 아테네는 에게해 일대의 해상 무역권을 틀어쥐었고, 이내 돈이 물밀듯이 아테네로 쏟아져 들어왔다. 깡촌 놈들이 '돈맛'을 알아가기 시작한 것이다.

반면 아테네와 똑같은 농업국이었던 스파르타는 굉장히 억울한 상황이었다. 심지어 왕이 나가서 전사했음에도, 그리고 마지막 전투에서 아테네와 함께 싸웠음에도 별로 남는 것이 없었다. 사실 그리스-페르시아 전쟁으로 그리스 동맹이 차지하게 된 영역은 육지가 아니라 바다였다. 즉 제해권을 차지한 것이다. 그리고 그 과실은 아테네가 혼자서 신나게 따먹고 있었다. 스파르타로서는 배알이 뒤틀리는 상황이었다.

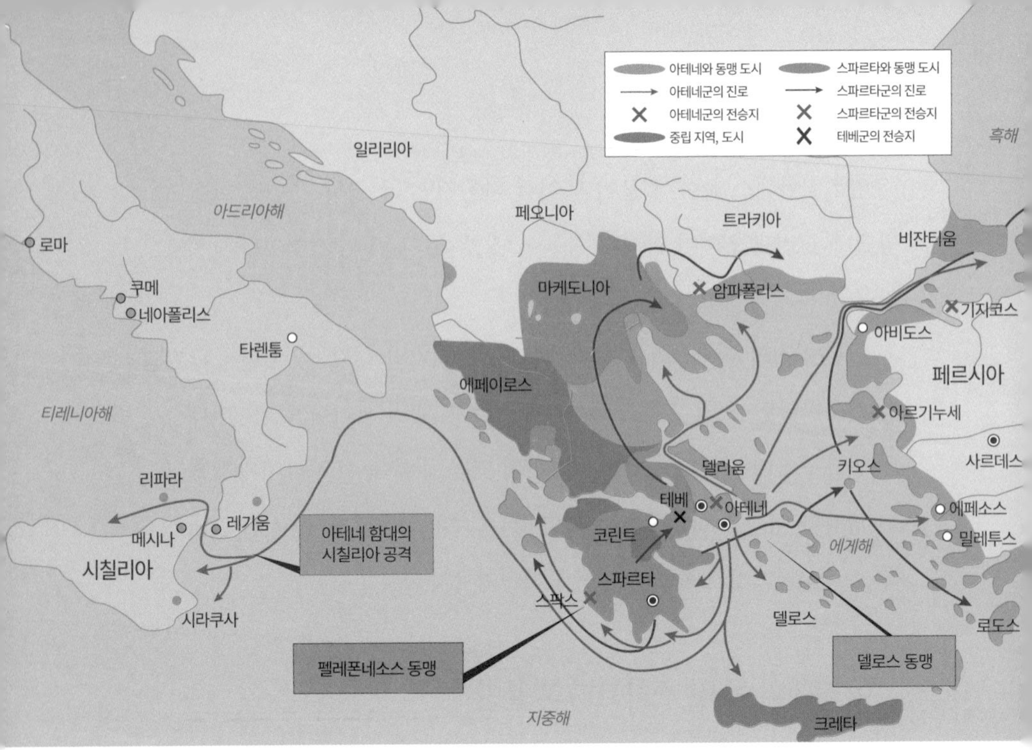


델로스 동맹과 펠로폰네소스 동맹 | 지정학적으로 보았을 때, 점점이 흩어져 있는 펠로폰네소스 동맹국보다 바다를 끼고 띠처럼 쭉 이어진 델로스 동맹국들이 매우 유리한 상황이었다.

아무튼 페르시아를 무찌르는 데 가장 공이 컸던 아테네와 스파르타는 이제 그리스의 양대 강국으로 떠올랐고, 두 국가를 중심으로 그리스 전체가 대결하게 된다. 아테네는 페르시아의 재침략에 대비한다는 명분으로 델로스 동맹을 결성하였고, 스파르타는 펠로폰네소스반도의 나라들과 맺은 동맹을 강화하면서 아테네와 맞섰다. 그리고 이 두 동맹은 정작 가장 큰 적인 페르시아 문제는 제쳐두고 서로를 적대시하고 경계하며 대치하게 된다. 한마디로 펠로폰네소스 전쟁은 잔혹하고 추한 '내전'이었던 것이다.

델로스 동맹이 결성된 이후, 아테네는 중앙은행 성격의 델로스 동맹

금고를 아테네로 옮겨버린다. 누가 뭐래도 그리스 전체의 큰형님이었기에 아테네는 이를 당연하게 생각했다. 여기까지만 해도 여타 동맹국들은 어쩔 수 없이 용인했다. 하지만 철부지 대장의 전횡은 여기서 끝나지 않았다. 아테네는 동맹국으로부터 조성된 기금을 멋대로 써버리는가 하면, 한 발 더 나아가 동맹국에 대한 내정간섭에 맛을 들였다. 특히 아테네는 델로스 동맹 기금으로 아테네 신전에서 피레우스 항구까지 직통으로 연결된 성벽을 쌓았다. 즉, 아테네 전체를 요새화한 것이다. 공금을 유용하면서 자기들만 살겠다는 야욕을 노골적으로 드러내는 아테네의 작태에 더 이상은 참을 수 없게 된 델로스 동맹국들은 볼멘소리를 쏟아내기 시작했다.

"너네만 요새화하면 어떡하냐? 우리는 그냥 죽으라고?"

아테네를 요새화한 의도는 명백했다. 스파르타의 침공에 대비한 것이었다. 다른 델로스 동맹국들이 스파르타의 침공을 받건 말건 아테네의 안전만을 도모하겠다는 큰형님답지 않은 얄팍하고 고약한 심보였다. 그리고 이 일은 스파르타의 심기를 크게 건드렸다. 스파르타는 즉시 아테네에 해명을 요구하고, 아테네는 변명의 사절단을 파견했다. 그런데 이 사절단이란 작자들이 스파르타에 와서 하는 말이 가관이었다.

> "우리는 동맹국들의 지지를 얻었고, 그 결과 제국을 현재의 상태보다 확장하지 않을 수 없었다. 우리 아테네는 이제 제국의 길로 나아갈 수밖에 없다. 약자가 강자에게 종속되는 것은 만고불변의 진리이다."

이 말은 스파르타의 인내심을 바닥나게 만들었다. 앞에서 이야기했듯이, 페르시아와 전쟁 이후 해양의 중요성을 깨달은 아테네는 무역 등으로 융성해져 이제는 차원이 다른 부를 거머쥐게 된 데 반해, 농업국가인 스파르타는 무역을 하지 않으니 가욋돈이 생길 리가 없었다. 스파르타 입장에서는 아테네가 하는 짓이 단순히 '싸가지없는 졸부' 수준이 아니었다. 스파르타는 시간이 갈수록 자신들은 초라해지고 아테네는 강해지는 것을 매우 불안한 심정으로 자각하기 시작했다. 따라서 스파르타로서는 아테네를 그대로 둘 수가 없었다. 아니, 언젠가 단단히 손봐줘야겠다는 생각이 들었다.

## 1차 내전, 페리클레스의 죽음과 허무한 종결

이런 와중에 케르키라 **델로스 동맹국** 와 코린토스 **펠로폰네소스 동맹국** 사이에 전쟁이 벌어졌다. 당연히 아테네는 자기네 동맹국인 케르키라를 지원했고, 다급해진 코린토스는 자신들의 '큰형님' 격인 스파르타에게 지원을 요청했다. 어찌 보면 스파르타가 기다리고 있었던 순간이기도 했다. 사실 당시 코린토스는 아테네에 이은 바다의 2인자이기도 했다. 스파르타는 재빨리 주판알을 튕겼다.

'이 기회에 바다의 2인자인 코린토스를 확실히 우리 편으로 끌어들이고, 스파르타의 육군과 코린토스의 해군이 양면으로 아테네를 친다면 콧대 높던 아테네 놈들을 납작하게 만들 수 있다. 일이 잘만 풀린다면 델로스 동맹 놈들의 금고까지 가져올 수 있겠지.'

스파르타는 즉시 코린토스와 동맹을 맺었다. 이 소식을 전해들은 아테

19세기 독일화가 필리프 폰 폴츠가 그린 〈페리클레스의 장례연설〉(1852) | 전쟁과 역병에 시달린 아테네 시민들을 위로하기 위해 페리클레스는 여러 번 감동적인 연설을 한다. 하지만 그런 그도 역병은 피해 가지 못했다.

네의 지도자 페리클레스는 예상했다는 듯 옅은 미소를 지으며 즉시 전 아테네에 전쟁 준비를 명한다. 페리클레스는 다음과 같은 전략을 가지고 있었다.

'만약 스파르타가 공격해오면 모든 아테네 시민과 병력은 아테네 성벽 안으로 이주 후 방어 태세를 갖춘다. 이렇게 되면 스파르타가 할 수 있는 일은 아테네 주변의 농작물을 태우고 돌아가는 것뿐이다. 그러면 우리는 해군을 출정시켜 스파르타를 해상봉쇄해 스파르타에게 타격을 준다. 바다에서 젬병인 스파르타 촌놈들은 우리를 잘못 건드린 것을 뼈저리게 느낄 것이다.'

하지만 이 전략은 양측에 전혀 쓸모없는 계획이었다. 스파르타가 아테네의 농작물을 불태워봤자 해상무역강국인 아테네는 해외에서 곡물을 수입해오면 그만이었다. 반대로 아테네가 해상봉쇄를 해봤자 농업국가인 스파르타는 자급자족이 가능했기 때문에 이 역시 아무 소용이 없었다. 결국 둘의 싸움은 승부가 나지 않았다.

그런데 여기서 예상치 못한 변수가 등장한다. 스파르타의 침공에 아테네 시민들은 정해진 시나리오대로 성벽 안으로 우르르 피신했는데, 지나치게 많은 사람들이 한곳에 모이자 전염병이 창궐한 것이다. 군인의 약 2퍼센트가 사망했고, 심지어 페리클레스도 이때 전염병으로 사망하고 만다. 탁월한 지도자였던 페리클레스 사망 이후 아테네는 거짓말처럼 급속한 쇠락의 길을 걷기 시작했다. 명연설가이자 아테네의 짧은 영광을 이끌었던 페리클레스의 사망은 아테네에게 너무나도 치명적인 타격이었다. 이후에 아테네에서는 걸출한 리더가 나오지 못했다.

그리고 페리클레스 사후에 한 선동가가 등장한다. 클레온이라는 말이 앞서는 장군이었는데, 그는 스파르타와의 싸움에 자신이 있다고 떠벌리고 다녔다. 아테네의 총사령관 니키아스는 덜컥 그에게 병력을 주어 전투에 내보냈다. 이것이 바로 1차 펠로폰네소스 전쟁에서 가장 유명한 스팍테리아 전투이다. 그런데 전투의 내용은 별로 유명할 것이 없었다. 무거운 갑옷을 입고 있었던 스파르타의 중장보병이 뜨거운 뙤약볕 아래 스스로 탈진한 상태에서, 아테네는 투석병들을 대거 투입해 그들을 공격했다. 그리고 여기서 잭팟이 터졌다. 예상 외로 투석병들의 효과는 대단했고, 투석병들이 던진 돌은 스파르타군의 값비싼 청동 투구를 깨뜨리고 그들을 쓰러뜨리기 시작했다. 입만 나불대던 클레온은 이 전투에서 놀랍게도 승리를 거두고 의기양양하게 귀환했다.

이 전투에서 스파르타군은 200명이 사망하고, 덤으로 200명이 포로로 잡혔다. 스파르타에게는 치명적인 패배였다. 200명이라는 숫자는 별로 많지 않아 보이지만, 당시 스파르타의 '완전시민', 즉 중장보병의 역할을 할 수 있는 상류계급의 시민 숫자가 약 3,500명이었다. 그런데 여기에서 무려 400명의 피해가 났으니 스파르타로서는 환장할 노릇이었다. 결국 불패의 신화를 가지고 있었던 스파르타는 울며 겨자 먹기로 아테네와 협상을 벌여 포로교환을 실시했고, 이는 스파르타에게 매우 치욕스러운 일이었다. 이로써 스파르타의 전설은 종지부를 찍고 말았다.

이후로 휴전이 성립되었고, 펠로폰네소스 전쟁 1라운드는 이렇게 허무하게 막을 내린다. 그리고 이 1라운드를 통해 스파르타가 깨달은 아주 중대한 사실이 하나 있었으니, 그것은 자신들의 훈련법이나 전술 등을 모든 그리스 도시국가들이 모방하기 시작했다는 것이다. 결국 스파르타는 다음과 같은 말을 남긴다.

"우리는 승리하면 승리할수록 패배한다."

## 펠로폰네소스 전쟁, 마침내 활을 쏘다

펠로폰네소스 전쟁BC 431~BC 404은 외세의 침략이 아닌 그리스 도시국가 간의 내전이었다. 따라서 그리스 도시국가들 사이에서는 지난 전쟁에서 최강의 전투력을 보여줬던 스파르타를 모방하는 경향이 있었다. 반면, 해군력에서는 아테네를 따를 자가 없었다. 하지만 무기의 측면에서 봤

그리스 궁수 | 이제 더 이상 활은 그리스에서 비겁한 무기가 아니었다.

을 때 지난 그리스-페르시아 전쟁과 큰 차이가 없었다. 다만 약간의 변화는 있었는데, 우선 펠로폰네소스 전쟁부터 소수이긴 하지만 기병이 등장하고, 돌이나 활 등의 원거리 무기가 적극 사용되었다. 특히 이 무렵부터 중장보병의 집단대형 전술인 '팔랑크스'가 매우 보편적으로 사용되었다. 따라서 양측이 똑같이 팔랑크스 전술을 쓸 경우 결국에는 난전에 휘말리는 경우가 많았다. 이때는 주무장이었던 창 '사리사'보다는 부무장이었던 검이 사용되는 경우가 많았다. 양날 검인 '사이포스'와 외날 검인 '코피스'가 주로 쓰였는데, 기존 40센티미터 내외의 파라조니움보다 더 길어져서 날의 길이는 약 60센티미터였다. 양날 검 사이포스는 전형적인 한손 검의 형태를 띠고 있다. 파라조니움에 비해 상당히 균형 잡힌 모습을 하고 있다. 부무장인 칼의 길이가 길어졌다는 것은 그만큼 접근전이 잦아져 주무장만큼이나 중요해졌다는 것을 의미한다.

방어구에서는 꽤 큰 변화가 일어났다. 특히 30킬로그램이 넘었던 중장

팔랑크스 대오로 행진하는 그리스 병사들.

보병 장비의 경량화가 주목할 만하다. 페르시아와의 전쟁에서 이긴 그리스는 이른바 제국의 길로 들어서고, 따라서 이전보다 훨씬 먼 거리를 이동해야만 했다. 먼 길을, 말을 타는 것도 아니고 두 발로 뚜벅뚜벅 걸어가는데 누가 무거운 청동 갑옷을 반기겠는가. 시대의 흐름에 맞추어 18킬로그램이나 되었던 갑옷 토락스는 가벼운 아마포섬유 재질로 바뀌었고 무게가 9킬로그램, 지름이 60센티미터 이상 되었던 방패 호플론은 훨씬 가벼워지고 작아진 무게 2킬로그램, 지름 45센티미터 이하의 '아스피스'로 대체되었다.

가장 극적인 것은 투구의 변화였다. 그리스-페르시아 전쟁까지는 '코린트식' 투구가 보편적이었으나 이 투구는 무겁고 덥고 귀가 막혀 있어 명령이 잘 들리지 않았으며, 코 가리개 때문에 시야도 좁은 단점이 있었다. 따라서 각 도시국가는 이런 단점들을 개선한 독자적인 형태의 투

양날 검인 사이포스 (위)와 외날 검인 코피스(아래)

구를 사용하기 시작했다. 공히 경량화와 함께 귀 부분을 노출시켜 명령이 잘 들리도록 했으며, 시야도 확보되었다. 이런 형식의 새로운 투구들은 그리스를 거쳐 로마의 투구에 큰 영향을 미쳤다.

다만 스파르타의 '필로스식' 투구는 여러모로 밋밋하다. 영화 〈300〉에 나오는 멋진 깃털 장식이 달린 투구와는 거리가 멀다. 하지만 필자는 개인적으로, 필로스식 투구야말로 가성비 면에서 뛰어난 투구라고 생각한다. 다른 투구에는 얼굴을 보호하는 뺨 가리개 '버컬러'가 있지만, 과연 이 버컬러가 실전에서 치명상을 막아줬는지는 좀 의문스럽다. 강하게 휘두르는 칼과 둔기에 아마도 찌그러지면서 더 큰 2차 피해를 입혔을지도 모른다. 만약 실전에서 버컬러의 효과가 입증되었다면 냉병기가 주류였던 14세기의 백년전쟁에서도 병사들이 사용했어야 했다. 하지만 '버컬러'가 달린 형식의 투구는 로마시대 이후로 자취를 감추었다.

트라케식 투구

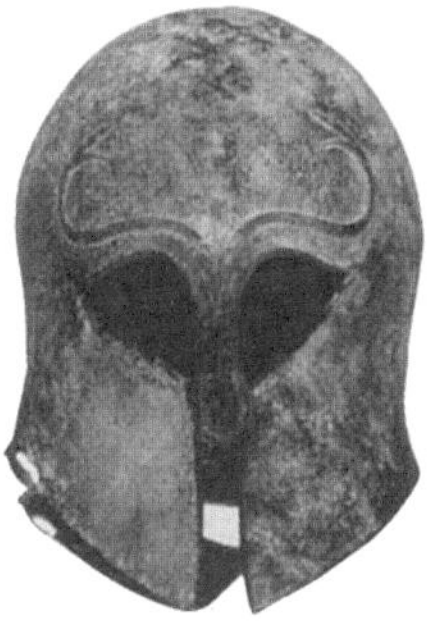

코린트식 투구

아테네식 투구

일리리아식 투구

필로스(스파르타)식 투구

청동 갑옷은 가벼운 아마포 갑옷으로 바뀌었다. 이로 인해 보병들의 이동 속도와 거리가 향상되었다.

물론 돈 많은 귀족 기사들은 얼굴뿐만 아니라 몸 전체를 금속으로 둘러싸는 플레이트 갑옷을 입지만, 이것은 기사계급에 한정되었다. 일반 병사들은 머리만 보호하는 간단한 투구로 전투에 임했다. 불편하고 효과가 의심스러운 투구를 쓰느니 단순한 투구가 더 편했을 것이다. 스파르타가 고대부터 잘 싸운 데는 다 이유가 있다.

## 모두의 적이자 모두의 동지였던 풍운아 알키비아데스

휴전 이후 아테네는 경제 재건을 위해 주변 약소국에 대한 악랄한 침탈을 자행한다. 해상 무역로 길목을 가로막고 '삥을 뜯는' 방식이었다. 얼마나 삥을 많이 뜯었던지 순식간에 아테네 금고는 다시 그득하게 채워졌다. 하지만 아테네는 여기서 멈추지 않고 시칠리아를 침공했다. 왜 하필 시칠리아였을까? 당시 아테네를 비롯한 많은 그리스 도시국가들은 시칠리아와 이집트, 이오니아오늘날 터키 등지에서 밀을 수입하고 있었다. 시칠리아에는 두 개의 결정적 세력이 있었는데, 세게스타와 셀리누스가 그들이었다. 그리고 얄궂게도 세게스타는 아테네 이민자 집단, 셀리누스는 스파르타 이민자 집단이었다. 당연히 둘은 틈만 나면 으르렁대는 견원지간이었다. 그리고 두 집단의 갈등이 커지던 중 셀리누스가 시칠리아 동부 세력 사라쿠사를 끌어들이자 세게스타는 즉시 본토 아테네에 지원을 요청했다. 그런데 아테네는 지원을 해줄 생각이 별로 없었다. 다급해진 세게스타는 아테네로 사절단을 파견했고, 사절은 다음과 같은 달콤한 말로 아테네를 꼬드겼다.

"우리가 지금 금이 많습니다. 이거 형님하고 나눠 쓰고 싶은데 좀 도와주세요."

사실 아테네 입장에서는 곡물은 다른 데서 사다 먹으면 되니까 굳이 시칠리아 문제에 개입하지 않아도 되었다. 그러나 반짝이는 금은 항상 사람의 마음을 움직이는 법. 아테네는 금을 탐낸 주전파와 '황금 보기를 돌같이' 하는 평화파로 나뉘어 격렬한 논쟁을 벌였다. 평화파의 수장은 당시 아테네 총사령관 니키아스였고, 주전파의 대표인물은 역사상 가장 변화무쌍했던 인물 알키비아데스였다. 페리클레스의 조카이며 당대를 주름잡던 최고의 석학 소크라테스의 제자이자 동성 애인이기도 했던 알키비아데스는 항상 이렇게 말하고 다녔다.

"나 태어나 지금껏 나보다 잘난 인간을 보지 못했음."

어지간히 재수 없는 타입이지만, 서양의 역사가들이 이구동성으로 "케네디와 패튼을 합쳐놓은 인물"이라고 평가하는 걸 보면 군계일학 같은, 존재 자체가 빛나는 인간이었음은 틀림없어 보인다.

이렇게 잘난 남자 알키비아데스는 페리클레스의 죽음 이후로 니키아스에게 빼앗겼던 주도권도 찾아오면서, 한편으로는 털어먹는 재미가 들린 아테네 시민들을 부추겨 자신의 야망을 이루고자 했다. 시칠리아는 지중해 무역의 중심지였기 때문에 알키비아데스는 자신이 지중해 무역권을 완전히 장악할 심산이었다.

결국 아테네는 시칠리아 사태에 개입하기로 결정했고, 시민총의회인 민회를 통해 세 명의 사령관을 선출한다**아테네는 민주정이었기 때문에 한 명에게 절대 권력을 집중시키지 않았다.** 세 명의 사령관은 알키비아데스와 그의 숙적인 니키아스, 그리고 단순무식한 라마코스였다. 이리하여 아테네의 시칠리아 원정으로 펠로폰네소스 전쟁의 2라운드 막이 올랐다.

너무 잘난 알키비아데스가 먼저 함대를 이끌고 출진하게 되었다. 그런데 출진 전날 밤, 헤르메스 신상이 훼손되는 엄청난 사건이 발생했다. 그것도 하필이면 가장 중요한 '거시기' 부분만을 깨뜨린 고약한 망동이었다. 당시 그리스에서 신상을 훼손하는 행위는 신성모독으로, 사형에 처해질 수 있는 중범죄였다. 그리고 사건의 유력한 용의자로 알키비아데스가 지목되었다. 그런데 이 사건은 어쩌면 니키아스 일파의 공작일 수도 있다. 왜냐하면 알키비아데스는 재판을 받고 출정하려 했으나 니키아스가 차일피일 재판을 미루었기 때문이다. 그것은 알키비아데스가 자리를 비운 상태에서 궐석재판을 함으로써 그에게 죄를 뒤집어씌우기 위해서였다. 아니나 다를까. 출항한 지 얼마 안 되어 알키비아데스에게 소환 명령이 떨

소크라테스에게서 가르침을 받는 알키비아데스(왼쪽 투구 쓴 남자) | 18세기 화가인 프랑수아 앙드레 뱅상의 그림으로, 알키비아데스는 당대 그 짝을 찾을 수 없는 천재적 전략가였다.

어진다. 아테네로 돌아가면 죽을 게 뻔했던 알키비아데스는 미련 없이 적국 스파르타로 망명해버렸다. 적장이 혈혈단신으로 갑자기 나타나자 어리둥절한 스파르타인들에게 알키비아데스는 말했다.

"내가 지금까지 너희에게 끼친 피해보다 더 큰 혜택을 주겠노라."

이 말에 스파르타는 깜빡 넘어갔다. 하긴, 누군들 안 넘어가겠는가. 사실 알키비아데스는 미모와 지성뿐만 아니라 천부적인 군사적 재능까지 갖춘 인물이었다. 육전과 수전에 모두 능했고, 특히 상대의 약점을 간파해 전략을 세우는 데 탁월한 능력이 있어 모두가 탐낼 만한 인재였다. 스파르타에 망명한 알키비아데스는 아테네에서의 방탕하고 화려했던 생활을 하루아침에 청산하고 자신을 낮추며 스파르타인들보다 더 스파르타인답게 행동했다. 수수한 옷차림은 물론, 매일 군사훈련에 성실하게 임하고 스파르타 왕을 만나 전략과 전술을 열심히 논하는 등, 대단히 건전한 하루하루를 보낸 것이다. 이런 행동 덕분에 스파르타인들은 그를 가리켜 "아테네인들의 통찰력과 호방함을 우리에게 전해주는 고마운 사람"이라고 평했다.

알키비아데스는 확실히 사람을 끄는 엄청난 매력이 있었다. 여기 일화가 하나 더 있다. 스파르타 의회에서 연설할 기회가 있었던 그는 다음과 같이 말했다.

"스파르타인들이여! 청컨대 위험한 일이나 힘든 일에는 나를 이용하십시오."

이러니 스파르타인들이 아니 넘어갈 수가 있겠는가. 알키비아데스는 아테네 공략을 위해 세 가지를 실행한다. 먼저 스파르타로 하여금 시칠리아로 원정할 것을 제안했다. 여기에 '바다의 2인자' 코린토스까지 끌어들여 아테네에 대항할 수 있는 해양세력을 만들었다. 그는 스파르타와 코린토스 연합함대를 끌고 나가 기습작전으로 자신의 '친정'이었던 아테네의 해군을 전멸시켰다. 두 번째로 아테네 북쪽 데켈레이아를 점령해 스파르타의 거점으로 삼은 후 수시로 아테네를 괴롭게 만들었다. 이렇게 되자 아테네는 거의 365일 24시간 방비체제로 들어가야 했고, 이는 아테네로 하여금 막대한 시간과 돈, 그리고 체력을 소모하게 만들었다. 마지막으로 알키비아데스는 아테네의 자금줄이었던 이오니아 지방의 식민도시들에 대한 반란과 배반을 부추기는 작전을 감행했다. 그리고 곧 많은 도시들이 스파르타 편으로 돌아섰다. 이렇게 되자 아테네는 붕괴 일보 직전으로 몰린다. 이 모든 일들이 알키비아데스의 망명 2년 만에 벌어졌다. 스파르타는 입이 귀에 걸렸다. 이대로 몇 년만 잘 나가면 아테네를 제치고 전 그리스를 석권할 날도 머지않은 것 같았다. 이렇게 스파르타가 1등 먹을 꿈에 부풀어 좋아하고 있을 즈음, 대형사고가 터졌다. 제 버릇 개 못 준다고, 알키비아데스가 스파르타의 여왕을 유혹한 것이다. 어느 날, 스파르타 여왕은 조용히 알키비아데스를 불러 이야기했다.

"내가 그대의 아이를 가졌노라."

알키비아데스의 머릿속에 단 한 문장이 떠올랐다.

'X됐다.'

최악의 순간에도 천재적인 전략가인 그의 머리는 빛보다 빠른 속도로 회전했고, 그는 뒤도 돌아보지 않고 페르시아로 도망을 쳤다. 그리고 거기서도 덜컥 취직이 되었다. 그의 명성은 이미 페르시아에서도 자자했기 때문이었다. 소아시아의 페르시아 총독인 티사페르네스의 참모가 된 알키비아데스는 곧바로 놀라운 작전을 펼쳤다. 당시 페르시아는 스파르타를 지원하고 있었는데, 알키비아데스는 이를 당장 중단하라고 했다. 그리고 페르시아인들에게 이렇게 제안했다.

"아테네가 세지면 스파르타를 지원하고, 스파르타가 세지면 아테네를 지원해서 서로 지치게 만들어라. 그래야 페르시아에 이득이 된다."

그리고 알키비아데스는 바로 이오니아 도시국가들을 다시 아테네 쪽으로 돌려세우는 데 성공한다. 단 한 명의 사나이가 에게해 모든 국가들의 운명을 쥐락펴락하는 순간이다.

## 펠로폰네소스 전쟁의 결말

그리고 이제 펠로폰네소스 전쟁의 마지막 라운드 막이 올랐다. 알키비아데스가 페르시아로 망명해 신출귀몰한 전략을 세우고 있을 즈음, 아테네는 남아 있는 함대를 닥닥 긁어모아 스파르타 함대와 힘겨운 싸움을 벌이고 있었다. 바로 이 순간, 알키비아데스가 이오니아 지방에서 조직한 사설함대를 이끌고 현장에 나타나 아테네와 협상을 시도했다. 그리고 곧바로 아테네를 도와 스파르타 함대를 전멸시켜버렸다. '배신의 아이콘'이었던 알키비아데스는 고향 아테네로 금의환향했다. 그리고 다시 아테네 함대를 이끌고 스파르타의 숨통을 끊기 위해 출정했다. 그런데 스파르타의 함정에 빠진 부관의 실수로 노티움 해전에서 알키비아데스의 함대는 스파르타에게 대패하게 된다. 결국 알키비아데스는 아테네에서 영구 추방되었다. 사실 아테네인들은 알키비아데스를 두려워했기 때문에, 전쟁의 책임을 묻는 형식으로 그를 영원히 쫓아내버린 것이다. 고대 아테네의 희극작가이자 평론가였던 아리스토파네스는 알키비아데스에 대한 아테네인들의 복잡한 심경을 한마디로 이렇게 규정했다.

'다들 그를 무서워하면서도 그리워한다.'

에게해의 모든 시민들에게 알키비아데스는 적이 되면 가장 두려운 존재, 그리고 내 편이 되면 가장 든든한 존재였던 것이다. 그리고 마침내 펠로폰네소스 전쟁의 마지막 해전이 벌어진다. 아이고스포타모이 해전이 그것이다. 아테네와 스파르타 모두 마지막 남은 함대를 닥닥 긁어모아 결

아테네와 스파르타의 해전 | 알키비아데스가 이끄는 스파르타 해군이 아테네 해군을 격파하며 상황은 단숨에 역전되었다.

전을 치른 해전이다. 이 전투를 벌이기 전에 스파르타는 군대 내의 개혁을 단행했다. 그동안 스파르타는 완전시민에게만 군대의 지휘권을 주어 왔다. 그런데 완전시민의 수가 너무나 부족해졌기 때문에 여러 가지 이유로 완전시민이 되지 못했던 2등, 3등 시민에게까지 군의 지휘권을 주는 조치를 내린다. 그리고 당시 스파르타의 해군 사령관에 취임한 리산도르스는 페르시아로 가서 페르시아 왕자 키로스를 설득해 해군 원조를 받았다. 그래서 마지막 해전이 벌어질 당시 아테네와 스파르타 함대의 규모는 비슷했다. 하지만 아테네 지휘부는 심각한 문제가 있었다. 당시 아테네 지휘부는 패전의 책임을 회피하기 위해 무려 여섯 명의 지휘관이 하루씩 번갈아가며 지휘하는 전무후무한 진풍경을 연출했다. 전투가 시작되자 아테네 해군은 스파르타 함대를 유인하기 위해 약 30척의 분견대를 내보냈는데, 이를 간파한 리산도르스는 분견대를 각개격파한 뒤, 아테네 해군에게 접근전을 시도했다. 당황한 아테네 해군은 싸워보지도 않고 배를 버리고 육지로 도망쳤다. 이로 인해 아테네 해군은 완전히 궤멸되었다. 그런데 사실, 이번에도 알키비아데스가 아테네를 돕겠다고 나타나기는 했다. 하지만 아테네 지휘관들은 그를 거부했고, 알키비아데스는 궤멸된 아테네 함대를 바라보며 씁쓸하게 현장을 떠나야 했다. 그렇게 펠로폰네소스 전쟁은 스파르타의 승리로 끝났다.

아이고스포타모이 해전 이후 알키비아데스는 소아시아의 연안 프리기아에 은신했다. 이미 스파르타를 비롯해 자신이 그동안 거쳐온 에게해 연안의 거의 모든 국가에서 사형선고를 받고 사방에 정적들이 깔려 있었기 때문이었다. 결국 암살단이 들이닥쳐 알키비아데스는 활과 창으로 처참히 살해되고 말았다. 그리고 암살단의 배후는 아직까지 미스터리로 남아 있다.

## 스파르타의 승리, 그리고 신화의 종말

스파르타는 펠로폰네소스 전쟁에서 승리하긴 했지만, 이는 곧 스파르타 쇠락의 시작을 의미했다. 전통적인 육군 강국이었던 스파르타가 해군력이 강해지면서 돈맛을 알게 되고, 이로 말미암아 아테네와 마찬가지로 사치에 빠져들기 시작했던 것이다. 그리고 페르시아 전쟁을 비롯한 오랜

19세기 화가 미셸 드 나폴리가 그린 〈알키비아데스의 죽음〉(1839) | 알키비아데스의 죽음은 미스터리하지만 비참한 최후였다는 것만은 의심의 여지가 없다.

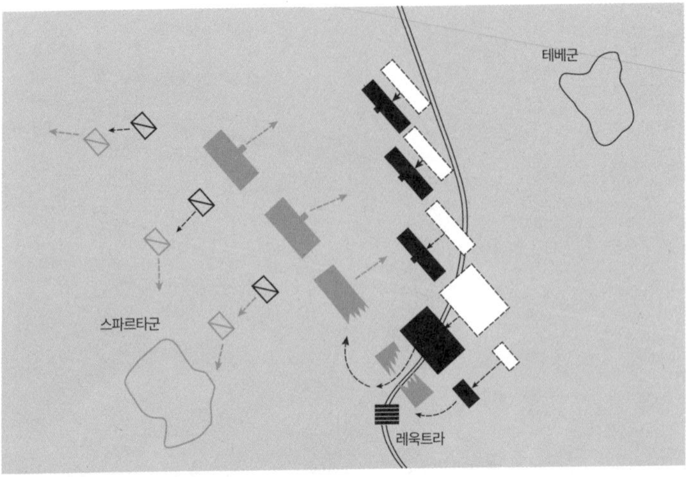

육군 최강 스파르타의 신화가 무너진 레욱트라 전투도 | 일직선 대형을 짠 스파르타군에 대해 테베군은 사선 대형이란 전술을 들고 나왔다. 즉 기병까지 곁들여 좌익을 아주 두텁게 하고 우익으로 갈수록 뒤쪽으로 기울어진 사선 대형을 짠 것이다. 이는 오로지 스파르타의 정예 부대를 분쇄할 의도를 가진 대형이었고 전장에서 제대로 효과를 발휘했다.

전쟁을 겪으면서 스파르타 시민의 숫자가 크게 줄었다. 이 당시 스파르타 시민은 1,000여 명밖에 되지 않았다. 아테네의 쇠락과 스파르타의 타락에 맞물려 다른 도시국가들이 오히려 성장하기 시작했다. 항상 2인자였던 테베가 새로운 강자로 등장했고, 레욱트라 전투에서 드디어 스파르타와 맞짱을 뜨게 된다. 테베의 지휘관은 에파미논다스.

스파르타가 먼저 테베의 민간인들을 공격하면서 전투가 시작되었다. 스파르타의 기병이 선공을 했으나 테베의 팔랑크스 방진과 테베 기병의 역습에 오히려 혼비백산해 도망을 친다. 그런데 도망치는 과정에서 스파르타 보병의 진격을 방해하게 되고, 이는 스파르타군 전체의 진형을 흔들어놓는 결과를 초래했다. 가까스로 전열을 수습한 스파르타군은 다시 테베군에게 접근하기 시작했다.

이때 스파르타는 정예 병력을 우익에 놓는 당시로써는 일반적인 배치를 한 반면, 테베군은 스파르타군의 우익과 부딪힐 자신들의 좌익을 50겹으로 촘촘하게 짜고 최정예 기병까지 곁들여 엄청나게 강화했다. 그리고 자신들의 허약한 우익을 뒤쪽으로 기울어지게 사선 대형으로 짰다. 테베군은 스파르타의 정예 부대 격파에 모든 것을 건 것이다. 그리고 이 전술은 적중했다. 스파르타 최정예인 우익은 테베군의 압도적인 수적 우세에 밀려 순식간에 박살났고, 공포가 도미노처럼 번지며 스파르타군은 무너져갔다. 전방은 천하무적이지만 측면과 후방은 놀랄 만큼 취약한 전통적인 팔랑크스의 밀집 방진 전술이 무너진 역사적인 순간이었다.

사실 이때 스파르타는 동맹군이 많았음에도 불구하고 그들은 싸울 의지가 거의 없었기 때문에 아무런 도움도 되지 못했다. 천하무적 스파르타의 중장보병은 뿔뿔이 흩어졌으며 왕까지 전사했다. 스파르타의 신화는 이렇게 끝이 났다.

스파르타는 아테네를 죽이고, 테베는 스파르타를 죽였다. 그리스 도시국가들 간의 내전이었던 펠로폰네소스 전쟁은 사실상 이렇게 끝이 났다. 펠로폰네소스 전쟁의 교훈은 '내전=몰락'이란 것이다. 내전은 인간을 잔혹하게 만들고 같이 멸망시킨다. 짧게 융성했던 아테네도, 뒤늦게 돈맛을 알아버린 스파르타도, 결국에는 내전으로 무너졌다. 그리스는 제국의 길로 나아가려 했지만 펠로폰네소스 전쟁이 모든 것을 앗아갔고, 급격한 쇠락의 길로 접어들었으며 결국에는 로마의 속국으로 전락하게 되었다. 고대 그리스의 영광은 그렇게 끝났다.

4

# 알렉산드로스 대왕의 정복전쟁

**페르시아와 인도까지 휩쓴 패기만만한 정복왕의 4대 전투, 그리고 혁신적인 '왕의 전술'**

휘황찬란한 황금전차에 오른 황제는 150여 년 전, 자신의 선조가 실패했던 그리스 원정을 떠올렸다. 그 원정의 실패 이후, 그리스는 여전히 골치 아픈 존재로 남아 있었지만, 그래도 큰 충돌 없이 지내오던 터였다. 그런데 이 그리스 촌놈들이 이번엔 감히 황제의 영토에 발을 디뎠다. 이런 무도한 놈들이 있는가? 황제는 직접 손을 봐주기로 결심했다. 그리고 오늘, 황제가 직접 지휘하는 페르시아의 대군이 곧 저 방자한 그리스 놈들을 혼내주리라 믿어 의심치 않았다.

그때였다. 황제의 마차 전방이 소란스러워지기 시작했다. 그리고 곧이어 어디선가 하얀 깃털이 휘날렸다.

"저것이 무엇인가?"

황제는 전차를 끄는 부하에게 물었다. 부하는 유심히 흰 깃털이 날리는 곳을 바라보았다. 그리고 곧 대경실색하여 아뢰었다.

"폐하! 누군가 말을 타고 이쪽으로 맹렬히 달려오고 있사옵니다! 아군은 아닌 것 같사옵니다."

어, 어? 이거 뭐야? 하는 사이에 하얀 깃털의 주인공이 점점 또렷해진다. 그자는 전신에 황금빛 갑옷을 두르고 황금빛 투구를 쓰고 있었다. 그리고 그 투구에는 눈처럼 새하얀 깃털이 풍성하게 달려 있었다. 누군가 외쳤다.

"알렉산드로스다!"

흰 깃털의 주인공은 그리스 원정군 총사령관 알렉산드로스였다. 알렉산드로스는 과감히 소수의 부하를 이끌고 페르시아 황제 다리우스 3세를 향해 일직선으로 달려오고 있었다.

"이거 위험하다. 황제 호위대는 짐을 호위하여 즉시 후퇴한다. 나머지 부대들은 저 알렉산드로스를 향해 전진 돌격하라!"

다리우스 3세는 이 말만을 남기고 줄행랑을 치기 시작했다. 150년 전 선조들의 전쟁에 이어서 또 그리스에게 패배하는 순간이었다. 도대체 어떻게 된 일인가? 그리고 저 애송이는 누구인가? 도망가는 다리우스 3세의 머릿속은 이미 하얘져 있었다.

## 마케도니아, 테베의 속국에서 신흥강국으로 떠오르다

흔히 '정복왕'이라고 불리는 알렉산드로스는 그리스 북부 마케도니아 출신이다. 그의 나라 마케도니아는 그리스에서도 변방 깡촌으로 취급되는데, 지금도 그 지역은 좀 그렇다. 한마디로 당시 마케도니아의 이미지는 척박한 땅과 양치기들만 사는 나라였다. 펠로폰네소스 전쟁이 끝났을 때 마케도니아는 신흥강국으로 떠오른 테베의 속국이었다. 그리고 알렉산드로스의 아버지인 필리포스 2세는 속국의 왕자로서 테베에서 서러운 볼모생활을 해야 했다. 그러나 필리포스 2세는 테베에서 한탄만 하며 지내지는 않았다. 오히려 강대해진 테베를 보고 벤치마킹을 결심했고, 고국으로 돌아오자마자 테베에서 배운 전술로 마케도니아 군대를 개혁하는 작업에 몰두했다. 그리고 꼭 이럴 때 하늘은 야심가를 돕는다. 가난한 마케도니아 땅에서 느닷없이 금광이 발견된 것이다. 이를 바탕으로 마케도니아는 국가의 재정을 안정시킬 수 있었고, 군자금을 늘려 전력강화에 더욱 힘을 쏠 수 있게 되었다.

알렉산드로스의 아버지 필리포스 2세 | 마케도니아의 부국강병을 꿈꾸었으나 꿈이 이루어지는 것을 보지 못하고 갑작스러운 죽음을 맞이했다.

마케도니아는 전력강화와 함께 전술개혁도 단행했다. 이제까지 영원불변의 진리로 여겨졌던 기존의 팔랑크스 보병 대형에 변화를 준 것이다. 즉, 병사 수를 줄이는 대신에 5.5미터나 되는 긴 창을 휴대케 해 적의 방패를 무용지물로 만드는 변화를 꾀했다. 마케도니아는 이를 위해 병사들에게 고강도 체력훈련을 실시했다. 사실 정사각형 모양으로 포진한 병사들이 일사불란하게 움직이는 팔랑크스 대형은 정면 공격에는 강했지

마케도니아의 헤타이로이 기병대 | 최정예이자 최강의 기병대였던 이들은 알렉산드로스 원정의 상징이었다.

만 측면 공격에 취약하고 방향 전환이 거의 불가능하다는 치명적인 약점이 있었다. 이 약점을 보완하기 위해 마케도니아는 기병 수를 늘리는 조치를 취한다. 이것이 가능했던 것도 순전히 새로 발견한 금광 덕분이었다. 대규모 기병을 육성하려면 막대한 돈이 드는데, 금광 덕분에 기병을 구성하기가 한층 수월해진 것이다. 그리고 여기에서의 핵심 기병이 출현한다. 이른바 '헤타이로이'라고 불리는 최정예 기병을 구성했는데, 헤타이로이란 '왕의 친구들, 동지들'이라는 뜻이다. 당시에 말은 각자 자기 돈으로 마련하는 것이어서 헤타이로이는 대부분 중산층 이상의 시민이나 귀족계급이었다. 한마디로, 가진 자만이 말을 탄 병사, 즉 기병이 될 수 있었다. 헤타이로이의 구성원은 왕의 친척이나 특별히 충성심이 강한 자들이었다. 말하자면 일종의 왕의 친위대 격이었다.

이렇듯 필리포스 2세는 강력한 마케도니아 군대의 근간을 만들었다. 군제개혁을 통해 막강한 전력을 가지게 된 필리포스 2세는 야심차게 커다란 꿈을 꾸기 시작했다. 그의 꿈은 그리스 전체의 통일이었다. 그리고 일련의 전투와 외교적 책략으로 그리스의 전통적 강자였던 아테네, 테베, 스파르타를 차례로 무너뜨렸다. 특히 필리포스 2세는 BC 338년에 벌어진 카이로네이아 전투에 아들 알렉산드로스를 데리고 갔는데, 아테네-테베 연합군과의 이 일전에서 알렉산드로스는 2,000의 헤타이로이를 이끌고 과감하게 적의 중앙군을 급습, 전투를 승리로 이끌었다. 그런데 알렉산드로스의 이 눈부신 활약 덕분에 상황이 묘하게 흘러가게 된다. 필리포스 2세가 아들의 놀라운 능력에 만족하는 한편으로, 아들을 자신의 왕좌를 위협하는 라이벌로 생각하기 시작한 것이다.

## 두 배로 길어진 창과 16열 팔랑크스

알렉산드로스 원정 당시 군제개혁으로 마케도니아의 기병은 기존 10분의 1에서 6분의 1까지 증강되었다. 사실상 마케도니아 기병은 전 그리스 최강의 부대였다. 앞에서 말한 최정예 기병부대인 헤타이로이는 '사리사 2.5미터 길이의 창'를 지니고 있었다. 당시 기병에게는 제대로 된 안장이

진화된 마케도니아의 팔랑크스 | 마케도니아의 새로운 팔랑크스 대형은 무려 17세기까지 유럽의 군대에 영향을 미쳤다.

나 안정되게 발을 걸칠 수 있는 등자가 없었기 때문에, 말 위에서 창으로 적을 찌를 경우 그 반동으로 말에서 떨어지기 일쑤였다. 따라서 헤타이로이는 찌르기 직전에 창을 손에서 놓는 고도의 기술을 사용했다. 인도 원정에서 헤타이로이는 결정적 순간에 돌격을 감행해 전투를 승리로 이끌었다.

기병의 부무장으로서는 외날 검인 '코피스'가 사용되었다. 당시 코피스는 기병, 보병 할 것 없이 사용하던 검이기도 했다. 코피스는 검의 날이 있는 바깥쪽으로 약간 휘어 있다. 마치 인도네시아의 쿠크리검 같은 모습을 하고 있는데, 이런 타입의 검은 상대에게 훨씬 큰 부상을 입힐 수 있었다. 다만 사용법이 비교적 까다로운 편이다. 고대 그리스에서 사용되었던 파라조니움이나 코피스는 후에 로마군의 상징인 글라디우스의 출현에 영향을 주게 된다.

알렉산드로스의 원정군이 조직될 즈음, 그리스 전통의 팔랑크스 밀집대형은 진화의 정점에 다다르게 된다. 팔랑크스를 이루는 보병들을 페제

타이로이라고 불렀는데, 이들은 무려 5.5미터로 훌쩍 길어진 창 사리사를 사용했다. 기존 2.5미터 길이의 사리사는 이제 기병 전용 무기가 되었다. 마케도니아의 팔랑크스는 가로세로 16열의 정방형을 만들어서 진격을 하였다. 팔랑크스를 이루는 보병들을 다섯 번째 줄 병사의 창이 가장 앞 줄의 병사보다 조금 앞에 나오게 되어 있었다. 마케도니아의 진화된 팔랑크스는 털을 곤두세운 고슴도치처럼 촘촘하게 창이 배열되었기 때문에 적진을 향해 탱크처럼 돌진할 수 있었다. 반면에 적은 접근하기 매우 어려운 포메이션이었다. 원리는 간단하다. 어른이 팔을 뻗어 아이의 머리를 밀고 있으면, 아이는 아무리 주먹을 휘둘러도 어른을 때릴 수 없는 것과 같은 이치다.

마케도니아 군대는 이 진화된 팔랑크스로 톡톡히 재미를 보았다. 하지만 분명한 약점도 있었다. 팔랑크스는 돌파력은 강력한 반면에 방향 전환이 매우 어려웠다. 따라서 측면의 기병 공격에 취약했다. 특히 지형의 영향을 심하게 받았는데, 평지가 아닌 곳에서는 운용이 매우 곤란하였다. 이러한 약점들 때문에 후에 로마군에게 패배하게 된다.

알렉산드로스는 유럽 최초의 석궁인 '가스트라페테스Gastraphetes'를 사용했다. 당기는 힘장력을 이용한 무기는 활이 전부였던 당시에 이 무기는 대단히 혁신적이었다. 가스트라페테스는 'U'자 모양 부분에 배를 대고 상체의 힘을 실은 상태에서 두 손으로 활시위를 당길 수 있기 때문에 종전의 활보다 훨씬 파괴력이 컸다. 특히 팔힘이 부족한 사람도 강력한 화살을 발사할 수 있었다. 궁수의 인력 활용 폭을 대폭 넓힐 수 있었다는 뜻이다. 서양 최초의 대제국 마케도니아와 중국 최초의 통일왕조인 진나라가 모두 석궁 타입의 무기가 주력이었던 점은 주목할 만하다.

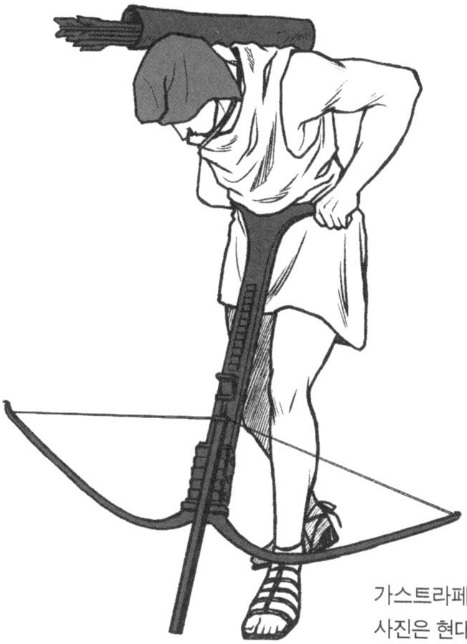

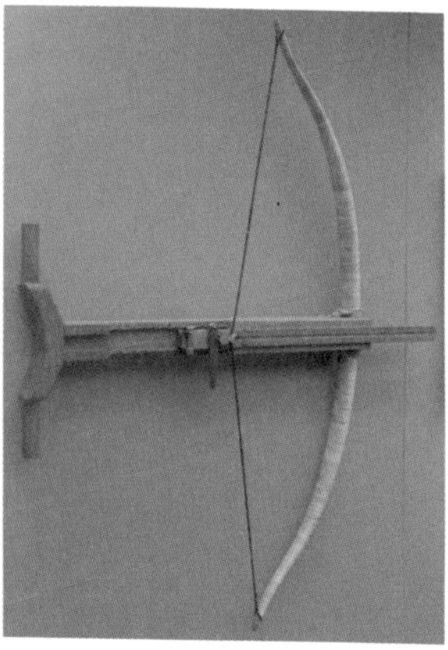

가스트라페테스 | 서양 최초의 석궁으로 평가받는다. 사진은 현대에 재현된 가스트라페테스.

알렉산드로스는 펠로폰네소스 전쟁의 전사를 연구하며 공성무기의 중요성을 깨달았다. 특히 정복전쟁을 떠나는 알렉산드로스는 정복지에서 수많은 공성전을 수행해야 했다. 따라서 다양한 공성무기를 개발하거나 차용했다. 그중 하나가 가스트라페테스를 대형화시킨 '옥시벨레스Oxybeles'였다. 동물의 힘줄이나 말꼬리 등을 밧줄처럼 만들고, 이것을 꼬았다가 풀릴 때 발생하는 에너지를 사용해 거대한 화살을 날리는 무기였다. 즉, '토션 스프링'의 원리를 이용한 매우 과학적인 무기였다. 옥시벨레스는 400미터 밖의 적 방패나 목재 방어벽을 관통하여 적을 살상할 수 있을 정도로 강력한 위력을 발휘했다.

투석기의 일종인 '오나거'도 있었다. 오나거 역시 토션 스프링 방식이었는데, 발사할 때마다 들썩거리는 움직임이 당나귀 같다고 하여 아시아 당

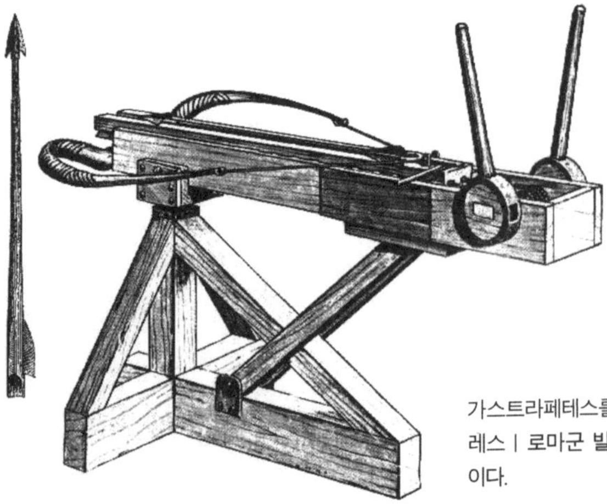

가스트라페테스를 대형화시킨 옥시벨레스 | 로마군 발리스타의 아버지 격이다.

나귀를 뜻하는 '오나거'가 이름이 된 공성무기이다. 마케도니아에서는 개량을 거듭하여 100킬로그램의 탄환을 약 600미터까지 날릴 수 있었다. 오나거는 이후 로마 제국에서도 사용된다.

헬레폴리스 | 이러한 형식의 공성탑은 동서고금을 막론하고 존재한다.

공성전에서 성벽을 기어오르려면 사다리는 필수 품목이다. 이동식 공성용 사다리 '삼부카'는 시소의 원리를 사용한 공성무기인데, 적군의 불화살로부터 병사들을 보호할 수 있었으며, 병사들이 탑승하는 상자 반대편에 놓인 돌의 양으로 높이를 조절할 수 있었다.

하지만 공성무기의 끝판왕은 역시 공성탑 '헬레폴리스Helepolis'였다. 티레섬 요새

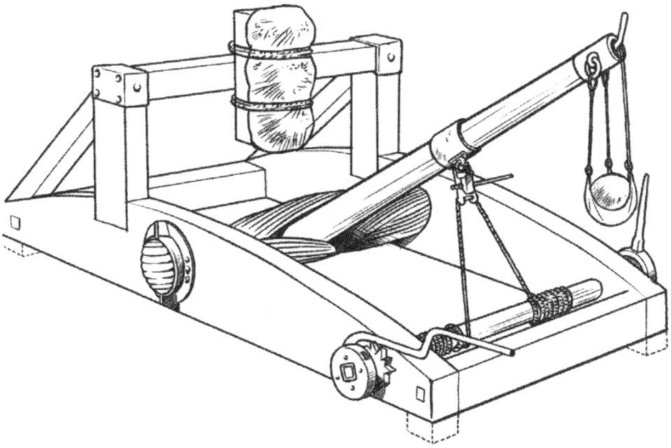

오나거 | 로마 제국의 공성무기 원조는 대개 그리스이다.

공세 당시 위력을 발휘한 강력한 공성무기였다. 헬레폴리스는 바퀴로 움직이는 여러 층의 전차 같은 구조로 되어 있다. 나무로 된 외장에 가죽을 덧대어 불에 타는 것을 방지했고, 내부에는 각 층에 옥시벨레스와 같은 공성무기를 탑재해 집중 공격을 가할 수 있었다. 헬레폴리스를 이용한 마지막 단계는 공성탑을 적 요새 가까이 접근시켜 구름다리를 설치한 후, 병사들이 요새 안으로 쏟아져 들어가는 것이다.

## 뜻밖의 원정과 청년 왕의 패기

군제개혁으로 자신감에 찬 필리포스 2세는 드디어 페르시아 원정을 계획했다. 그리고 원정 준비를 하던 중에 대형 사건이 터졌다. 그것은 다름아닌 필리포스 2세 자신의 죽음이었다. 필리포스 2세는 네 번째 왕비

이동식 공성용 사다리인 삼부카 | 시소의 원리를 이용했다.

인 올림피아스와 사이에 낳은 딸 클레오파트라를 에페이로스의 알렉산드로스 1세와 혼인시켰는데, 이 혼인잔치 중에 필리포스 2세가 극장에 들어설 때, 친위대 중 한 명이 그를 찔러 죽인 것이다. 암살자는 탈출을 시도했지만 다른 친위대들에게 추격당해 죽고 말았다. 이 암살의 배후가 누구인가에 대해 오늘날까지도 여러 가지 설이 난무한다. 측근들에 의해 살해당했다는 설에서부터 페르시아가 보낸 자객에 당했다는 설까지 다양하지만, 사람들이 가장 흥미로워하는 설은 평소에 별로 관계가 원만하지 못했던 왕비 올림피아스와 그녀의 아들이자 필리포스 2세의 아들이기도 한 알렉산드로스 대왕에게 암살당했다는 설이다.

아무튼 이제 페르시아 원정의 공은 아버지의 갑작스러운 죽음으로 약관 20세에 왕좌에 앉은 알렉산드로스에게 넘어왔다. 그로서는 예상치 못

로도스 공격 때의 공성탑.

했던 원정일 수밖에 없지만, 놀랍게도 그는 원정을 강행한다. 오늘날 우리에게 알렉산드로스는 '정복자' 이미지가 워낙 강해서 다른 면모는 크게 부각되지 않는데, 사실 알렉산드로스는 소년 시절 3년 동안 당대 최고의 철학자인 아리스토텔레스에게 그리스 문화를 배웠으며, 사색가에다 곱상한 외모의 소유자였다. 하지만 전투에서는 야수처럼 싸웠다고 한다. 알렉산드로스는 '왕'의 특별함에 대해 조금 다른 생각을 가지고 있었던 인물인데, 왕이기 때문에 사치와 향락을 즐기는 것이 아니라 왕이기 때문에 남보다 더 뛰어나야 한다는 것이 그것이다. 리더의 마음가짐으로는 일단 합격점이다.

그런데 원정 당시 알렉산드로스 군대는 의외로 돈이 없었다. 암살당한 아버지 필리포스 2세가 원정 준비를 했다고는 하지만 그동안의 돈을

고대 마케도니아의 병사들이 묘사된 프레스코화 | 기원전 4세기의 작품이다.

모두 군제개혁에 쏟아붓는 바람에 정작 원정 준비에 필요한 보급 등등은 한심한 상태였다. 심지어 식량은 달랑 한 달 치밖에 준비되어 있지 않았다. 부하들이 상황을 걱정하면서 앞으로 어떡할 거냐고 묻자 알렉산드로스는 다음과 같이 말한다.

"나는 희망과 꿈을 가지고 나간다."

이 무슨 손발이 오그라드는 멘트인가? 전쟁을 꿈과 희망으로 한다고?

그래도 인복은 있었는지 알렉산드로스가 원정을 떠날 수 있도록 신하들이 빚의 일부를 갚아주고 갹출해 겨우 원정 준비를 마칠 수 있었다. 떠날 때 병력이 보병 3만 2,000, 기병 5,000. 반면 페르시아는 그리스에 비해 약 4,000배에 가까운 경제력을 자랑했으며 군대의 숫자는 무려 100만에 가까웠다고 한다.

알렉산드로스는 원정길에서 수많은 전투를 치렀으나, 4대 전투가 특히 유명하다. 4대 전투 중에 세 번이 페르시아와 치른 전투이고 마지막 하나는 인도 원정 중에 치른 히다스페스 전투이다. 4대 전투 중 첫 번째이자 페르시아와의 첫 번째 충돌이기도 한 그라니코스 전투부터 살펴보자.

때는 BC 334년. 소아시아 오늘날 터키 로 진입한 알렉산드로스의 군대는 그라니코스강에서 단단하게 방어진을 구축한 페르시아군과 대면했다. 페르시아군은 느긋했다. 강을 건널 때 공격하면 손쉽게 마케도니아군을 물리칠 수 있다는 생각에서였다. 심지어 당시 페르시아군 지휘관이었던 멤논 장군은 그리스 출신이었다.

상황이 여의치 않자 알렉산드로스의 부하였던 파르메니온은 알렉산드로스에게 건의한다.

"지금 말고 밤에 기습합시다."

이 말을 들은 알렉산드로스의 대답이 걸작이다.

"내가 페르시아를 정복하려고 바다도 건넜는데, 이 좁은 강 하나를 못 건넌다면 난 남자가 아니다."

뭐, 심정은 이해하겠으나 너무 '중2병'스러운 대답 아닌가? 그런데 사실 알렉산드로스는 모든 전투 현장에서 항상 최선봉에 섰고, 또한 자신을

17세기 프랑스 궁정 화가였던 샤를 르브룅이 알렉산드로스의 4대 전투 가운데 첫 번째로 꼽히는 그라니코스 전투를 그린 〈그라니코스강가의 전투〉 | 그라니코스 전투는 알렉산드로스가 최초로 페르시아와 격돌한 전투였다.

드러내놓고 싸웠다. 알렉산드로스는 자신의 투구에 화려한 흰색 깃털을 달고 소수의 기병을 이끌고 도강을 시도했다. 도강 전에 알렉산드로스는 부하들에게 다음과 같이 말했다.

"내가 시선을 끄는 사이에 너희들은 도강을 해라."

시선을 끌다니, 이건 사실 왕이 할 일은 아니지 않은가? 하지만 당시 나이 22세, 20대의 피 끓는 청춘인 알렉산드로스는 전혀 개의치 않았다. 알렉산드로스가 시선을 끄는 사이, 그의 과감함에 사기가 충천한 마케도니아군은 도강에 성공하고 측면을 노출한 페르시아군을 공격하여 격파한다.

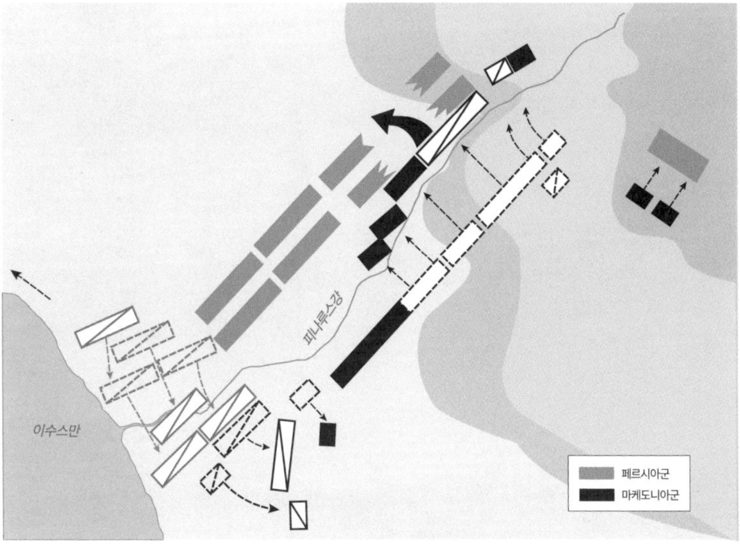


이수스 전투도 | 알렉산드로스의 마케도니아군은 페르시아군에 비해 수적으로 훨씬 열세였다. 알렉산드로스는 이러한 불리함을 극복하기 위해 전형적인 '망치와 모루' 전술을 쓴다. 먼저 팔랑크스로 이루어진 중장보병대가 모루가 되어 페르시아군을 고착시키면 '망치' 역할을 하는 기병대가 페르시아군의 측면과 후면으로 돌아 단번에 격파해버리는 전술이었다.

분노한 다리우스 3세는 30만 대군을 이끌고 이수스에서 알렉산드로스와 맞짱을 뜨기로 결심한다. 알렉산드로스의 4대 전투 가운데 두 번째 전투인 이수스 전투의 시작이었다. 얼핏 보기엔, 4만도 안 되는 마케도니아군과 30만이 넘는 페르시아군의 대결은 불 보듯 승패가 뻔해 보인다. 하지만 여기서 잠깐! 당시 마케도니아군과 페르시아군은 병력의 수를 세는 셈법이 달랐다. 마케도니아 군대는 정예 기병 한 명당 서너 명의 노예가 따라붙었다. 그리고 이 노예들은 주인의 출전 준비를 마치면 무기를 들고 함께 전투에도 참여하는 전투 요원이었다. 하지만 마케도니아군은

ALEXANDER M. DARIVM VLT: SVPERAT
CAESIS IN ACIE PERSAR: PEDIT C M. EQVIT
VERO X M. INTERFECTIS. MATRE QVOQVE
CONIVGE LIBERIS DARII REG. CVM M. HAVD
AMPLIVS EQVITIB: FVGA DILAPSI CAPTIS.

이 노예의 숫자는 병력에 포함시키지 않았다. 반면 페르시아군은 기병 한 명당 12명의 노예가 있었는데, 이들 12명은 모두 비전투 요원이었다. 그런데 페르시아군은 이들을 병력 수에 포함시켰다. 그러므로 실제 마케도니아와 페르시아군의 병력 차이는 생각보다 적었을 것으로 추정할 수 있다.

이수스 전투에서 알렉산드로스는 헤타이로이를 이끌고 본진을 돌파해 곧장 다리우스 3세에게 돌진했다. 이는 앞부분에 소개했는데, 다리우스는 뒤도 돌아보지 않고 줄행랑을 쳤다. 심지어 다리우스는 어머니, 마누라, 자식들까지 내팽개치고 저 혼자만 살겠다고 내뺀 것이다. 리더로서, 그리고 가장으로서 실격이다. 알렉산드로스는 이들을 포로로 잡았고 매우 잘 대해줬다고 한다. 아무튼 이수스에서 마케도니아군은 대승을 거뒀고, 알렉산드로스는 선두에서 싸우면서도 전황을 파악하는 데 탁월한 능력을 발휘해 명성이 드높아졌다.

자, 부모고 마누라고 자식이고 다 내팽개치고 저 혼자 살겠다고 도망친 다리우스 3세는 어떻게 됐을까? 무사히 탈출한 그는 아늑한 궁궐로 돌아와 골똘히 생각에 잠겼다.

'일단 엄청 쪽팔린단 말이지……. 마누라라도 같이 데리고 오는 건데 잘못했나? 아 그 새파란 그리스놈, 사람 열 받게 하네…….'

16세기 독일 화가인 알브레히트 알트도르퍼가 그린 〈이수스 전투에서의 알렉산드로스〉(1529) | 위쪽의 구름 사이에 매달린 대형 패널에 쓰인 문구는 전투의 장면을 설명하고 있으며, 내용은 다음과 같다. "그림 중앙에 있는 알렉산드로스가 왼쪽의 세 마리 백마가 끄는 전차를 타고 달아나는 페르시아의 다리우스 대왕을 격퇴하는 중이다." 그런데 그림이 조금 이상하지 않은가? 분명히 기원전 300년경의 고대 전투인데, 그림에는 중세 기사의 모습도 보이고, 저 멀리 교회의 첨탑도 보인다. 이 무슨 고증 오류인가? 하지만 거기에는 이유가 있다. 이 그림이 그려질 당시인 르네상스 시대에는 당대의 전투 양상을 빌어 고대의 전투를 묘사하는 것이 유행이었다. 그래서 보시는 바와 같이 시대착오적인 그림이 너무나도 당연했다.

이때 옆에 있던 신하가 다리우스의 생각을 방해한다.

"화친부터 하시죠? 지금은 승산 없어요. 내보낸 애들도 다 박살났고, 다시 여기저기서 병력 끌어 모으려면 시간깨나 걸립니다. 과자 하나 입에 물려줘서 시간을 버세요."

다리우스 3세는 퍼뜩 불안한 생각이 들었다.

"저기 말이야……. 그 새파란 놈이 내 마누라를 어쩌진 않았겠지?"

신하는 어이가 없었다. 나라가 지금 풍전등화인데 이 무슨 쪼다 같은 얘기인가?

"그러지 않을 겁니다. 그 친구, 여자한테 별 관심이 없어 보여요."

이리하여 다급해진 다리우스 3세는 딜을 시도한다. 알렉산드로스를 자기 딸과 결혼시키고 소아시아 전체를 떼준 다음 막대한 황금까지 주겠다고 사탕발림을 한 것이다. 하지만 알렉산드로스는 단호히 대답한다.

"지금 말한 것들은 이미 내 것이나 마찬가지다. 너 딱 기다리고 있어. 그리고 어디로 도망가든 나는 당신을 찾아낼 거야. 이 사실을 잊지 마."

## 가우가멜라 전투, 그리고 다리우스 3세의 죽음

이수스 전투 후에 알렉산드로스는 군량미 확보를 위해 이집트 원정을 실시한다. 그리고 이 원정에서 이집트는 힘 한 번 못 써보고 알렉산드로스에게 무릎을 꿇었다. 지중해의 미항 알렉산드리아는 이렇게 태어난 것이다. 이집트에서 군량미를 충분히 확보한 알렉산드로스는 다시 페르시아 원정을 이어간다. 그리고 자존심에 큰 상처를 입은 다리우스 3세는 설욕전을 결심했다. 그의 명령 아래 제국의 각지에서 병력이 집결했다. 이윽

이수스 전투의 한순간을 묘사한 알렉산드로스 모자이크 | 로마의 폼페이 '파우누스의 집'에서 발굴된 가로 6미터쯤 되는 대작으로, 패색이 짙어지자 달아나는 다리우스 3세를 맹렬히 추격하는 알렉산드로스의 모습이 생생하게 표현되어 있다. 왼쪽에 말을 타고 눈을 부릅뜬 젊은이가 알렉산드로스이고, 오른편에 전차에 올라탄, 당혹스러운 표정의 수염 난 이가 다리우스 3세이다.

고 이수스 전투로부터 2년 뒤인 BC 331년, 마케도니아와 페르시아군은 가우가멜라에서 최후의 맞짱을 뜨게 된다. 알렉산드로스의 4대 전투 중 세 번째 결전인 가우가멜라 전투의 시작이었다.

다리우스 3세는 이 전투를 위해 신무기를 개발하는 등 만반의 준비를 했다. 특히 바퀴에 칼날을 단 신형 전차는 그의 히든카드였다. 페르시아군은 이 전차의 운용을 용이하게 하기 위해 가우가멜라 일대 평원을 평평하게 정비하기까지 했다. 완전히 페르시아군에게 유리한 지형이었다. 그러나 다리우스 3세는 여전히 불안했다. 지금도 트라우마에 시달리고 있었기 때문이다. 알렉산드로스가 자기를 노리고 달려들었던 기억은 다리

17세기 벨기에 화가인 대(大) 얀 브뤼헐이 그린 가우가멜라 전투(1602).

우스에겐 평생의 악몽이었다. 다리우스 3세는 휘하의 베수스 장군으로 하여금 알렉산드로스 전담 추격부대까지 편성케 하였다.

드디어 양 군대가 가우가멜라에서 대치하고 바로 전투가 벌어졌다. 전투 전, 알렉산드로스는 부하들에게 말했다.

"이번이 기회다. 다리우스가 또 도망가면 못 잡는다. 반드시 결판을 내야 한다."

전투가 시작되자 페르시아군의 야심작인 신형 전차가 마케도니아 보병들을 궁지에 몰아넣었다. 그리고 베수스가 이끄는 전담 추격조가 알렉산드로스의 뒤를 맹렬히 쫓아갔다. 이 광경을 본 다리우스 3세는 승리를 확신했다. 그런데 알렉산드로스가 전투가 벌어지는 한가운데를 가로지

른다. 이것은 베수스의 추격조를 뿌리치기 위한 행동이었다. 혼란한 전장 속에서 베수스의 추격조는 알렉산드로스를 놓치고 말았다. 그리고 이번에는 알렉산드로스가 소수의 부하들을 이끌고 곧장 다리우스를 향해 돌진했다.

"아! 저 자식, 또야!"

다리우스의 입에서 단말마의 비명이 나왔다. 이것은 탁월한 리더십을 발휘한 알렉산드로스의 기지 덕분이었다. 모든 마케도니아 병사들은 바로 여기가 승부처임을 직감했다. 전면적인 돌격이 감행되었고, 공포에 질린 다리우스는 다시 한 번 황금전차를 타고 줄행랑을 쳤다. 왕이 도망가자 페르시아군은 거짓말처럼 다시 한 번 붕괴되었고, 알렉산드로스는 대승을 거두었다. 3전 3승, 그것도 모두 KO승이었다.

탈출에 성공한 다리우스 3세는 주위를 둘러보자 비참한 심정이 되었다. 겨우 수백 기만이 자신을 따르고 있었다. 그중에 베수스가 보였다. 그러자 울화가 치밀었다.

"야 베수스, 니가 알렉산드로스만 잡았더라면 우린 이겼어. 너 직무태만이 뭔지 알아? 넌 황궁에 돌아가면 바로 군법회의야."

그러나 베수스는 생각이 달랐다.

'이런 한심한 인간 같으니라고……. 차라리 없애버리고 내가 왕이 되자.'

베수스는 말없이 달려들어 곧바로 다리우스 3세를 살해했다. 그리고 스스로를 페르시아 왕으로 칭하고 부하들을 이끌고 황궁으로 향했다. 그러나 맹렬히 추격해온 알렉산드로스에게 결국 잡히고 말았다. 베수스가 다리우스 3세를 죽였다는 말에 분노한 알렉산드로스는 그를 잔혹한 방법으로 처형한다. 두 그루의 야자나무를 구부려 양손에 묶은 다음 구부린 나무를 튕겨내는 형벌이었다.

알렉산드로스는 다리우스 3세의 장례를 훌륭히 치러주고 멸망한 아케메네스 왕조를 이어받았노라고 선언했다. 정치적 수완까지 돋보이는 행동이었다.

## 히다스페스 전투, 인도 원정과 위대한 정복왕의 최후

내친김에 알렉산드로스는 인도까지 원정을 감행한다. 여기서 4대 전투 중 마지막 전투인 히다스페스 전투를 치르는데, 알렉산드로스의 군대는 히다스페스강을 건너는 와중에 인도군의 맹공을 받고 거의 전멸에 가까운 타격을 받고 만다. 이에 알렉산드로스는 자기의 대역을 써서 인도군의 시선을 끈 뒤, 비밀 병력을 이끌고 상류에서 도강에 성공, 인도군의 배후를 급습함으로써 인도군을 엄청난 혼란에 빠뜨린다. 이 틈을 타서 마케도니아군 전체가 도강에 성공하고, 인도군을 완전 격파해버린다. 인도 원정 과정에서 알렉산드로스군을 가장 공포에 떨게 했던 인도의 비밀 병기는 바로 코끼리 부대였다. BC 5세기경부터 인도에서는 코끼리를 전투에 사용했는데, 아프리카 코끼리에 비해 아시아 코끼리가 온순해서 전투에 사용이 가능했다. 코끼리 등에 상자를 만들어 그 안에 두세 명의 궁수가 탑승했고, 조련사는 코끼리 목에 타고 코끼리를 조종했다.

'고대의 탱크' 격이었다는 비장의 무기인 코끼리의 위력은 무시무시했다. 거대한 몸과 속도를 살려 사정없이 진격하면 적진을 쑥대밭으로 만들 수 있었다. 최초로 코끼리 부대를 맞닥뜨린 알렉산드로스의 군대는 엄청난 공포에 빠져 전투를 제대로 치르지도 못할 정도였다. 하지만 코끼

고대 전쟁의 탱크 격인 코끼리 부대. 공포의 대상임에는 분명하나 운용에는 리스크가 50퍼센트이다. 인도군의 코끼리 부대를 처음 본 알렉산드로스의 부대는 혼비백산했다.

리의 운용은 말처럼 쉽지 않았다. 코끼리는 적군과 아군을 구분하지 못했으므로 '팀킬', 말하자면 그냥 모조리 밟아 죽여버리는 경우가 적지 않았으며, 조련사가 사망할 경우 코끼리는 완전히 통제불능에 빠지곤 했다.

또, 한 번 달리기 시작하면 방향 전환이나 정지가 어려워 보통 단독으로 행동해야 했다. 무엇보다도 가장 큰 문제는 운용비용이었다. 특히 대량의 먹이를 필요로 하는 보급의 문제는 코끼리의 원거리 운용을 매우 곤란하게 만드는 결정적 요인이었다. 코끼리 부대를 격파한 알렉산드로스

알렉산드로스의 인도 원정 때 벌어진 결전, 히다스페스 전투를 묘사한 그림.

는 일부를 자기 군대에 편입시키기도 했으나 그다지 큰 활약은 하지 못했다.

알렉산드로스는 겨우 서른의 나이에 유럽, 아프리카, 아시아에 이르는 대제국을 건설했다. 문제는 알렉산드로스가 페르시아를 점령하고 나서 변하기 시작했다는 것이다. 부하들도 마찬가지였다. 점령 직후부터 알렉산드로스는 철저하게 페르시아식의 향락을 즐기기 시작했고, 여기에 더해 부하들을 숙청했다. 원정 갔다와보니 그야말로 마케도니아군 전체의 기강이 문란해진 것이다. 그리고 알렉산드로스는 33세에 의문의 죽음을 맞이했다. 해군 제독이었던 네아르코스와 파티를 한 뒤 아침이 될 때까지 포도주를 과음했으며 바로 쓰러졌다. 그리고 몸에서는 고열이 나기 시작했다. 몸 상태는 계속 나빠졌고 종국에는 말조차 할 수 없었다. 결국 일주일 만에 알렉산드로스는 숨을 거두었다. 참으로 허망한 죽음이었다. 이 석연치 않은 죽음 때문에 갖가지 추측이 난무했다. 가장 유력한 학설로는 알렉산드로스가 모기에 물리는 바람에 일종의 풍토병인 말라리아로 죽었다는 것이다. 야심만만한 청년의 너무나도 이른 죽음이었다.

어찌되었든 위대한 정복왕은 요절했고, 이후 마케도니아는 심한 분열 끝에 별 볼 일 없는 나라로 전락한다. 정복왕이었으나 성군은 되지 못했던 알렉산드로스는 전사였지만 제국을 경영하는 경영자는 되지 못한 것이다. 하지만 그가 원정하는 곳마다 헬레니즘 문화를 전파했고, 군사적 측면에서 알렉산드로스의 전술은 모든 현대 전술의 교본이 될 정도로 시대를 앞서나간 혁신적인 것이었다.

5

# 진시황의 통일전쟁

**전국시대 7웅의 하나였으나, 중국 최초의 통일왕조로 우뚝 선 진나라**

두 사나이의 눈앞에 믿을 수 없는 광경이 펼쳐졌다. 광장에는 수천의 군사들이 창을 들고 질서정연하게 도열해 있었고, 창끝은 햇빛을 받아 무지개색으로 빛나고 있었다. 군사들 사이로 단 하나의 길이 나 있었다. 그 길은 계단으로 이어져 있었고, 계단의 끝 저 높은 곳에는 하늘에 닿을 듯 웅장하게 치솟은 지붕이 있었다. 그리고 지붕 아래 검은 옷을 입은 남자가 앉아 있었다. 그의 주변에는 신하들과 호위병들이 있었지만, 누구 하나 고개를 들지 못하고 검은 옷을 입은 남자의 위엄에 눌려 있었다. 신하 하나가 두 사나이에게 다가와 말했다.

"왕께서 올라오라 하신다."

그런데 신하의 눈에 이상한 장면이 들어왔다. 두 사나이 중 한 명은 의젓하게 있는 반면, 다른 한 명은 얼굴이 하얗게 질린 채 식은땀을 흘리며 벌벌 떨고 있었다. 신하가 묻는다.

"저자는 왜 이리 떨고 있는가?"

의젓한 자가 대답한다.

"변방의 촌놈이 황궁에 와 폐하의 위엄을 보고 기가 질린 것 같습니다. 괘념치 마시옵소서. 제가 직접 올라가 폐하께 연나라의 비밀지도를 해석해 드리고자 합니다."

신하는 약간 미심쩍었지만, 검은 옷을 입은 남자에게 아뢴다.

"정사가 올라와 폐하께 연나라에 대해 아뢸 말이 있다고 합니다. 어찌 할까요?"

검은 옷을 입은 남자는 두 사나이를 보고 있었다. 그리고 답한다.

"정사를 올려 보내라."

의젓한 자는 연나라의 비밀지도 두루마리를 가지고 천천히 계단을 오르기 시작했다. 그런데 그가 검은 옷을 입은 남자에게 거의 다가갔을 무렵, 계단 아래에서 떨고 있던 자가 두려움을 이기지 못하고 큰 소리로 울부짖었다. 순간, 검은 옷의 남자는 손을 들어 의젓한 자에게 정지를 명한다.

"정사는 멈춰라. 아래에 있는 부사의 행동이 수상하다."

의젓한 자는 멈추어 섰다. 그러나 그는 자신의 일을 멈출 생각은 없었다. 그는 웃옷에서 한 자루의 단도를 뽑아들고, 검은 옷을 입은 남자를 급습했다.

검은 옷을 입은 남자. 그는 중국 최초의 통일왕조를 세운 진시황제였다. 그는 지금 왜 자객이 달려드는 절체절명의 순간에 빠져 있을까? 이 사건은 진시황의 통일전쟁에서 비롯되었다.

## 전국시대와 일곱 명의 왕

BC 11세기 중엽, 고대 중국의 왕조 주나라는 중원을 통일했다. 주나라는 봉건제도를 운용했는데, 봉건제란 일족이나 공신들에게 일정한 토지를 나눠주고 제후로 삼아 그 지역을 대신 다스리게 하는 것이다. 주나라의 군주인 천자가 각 제후국에 내린 공, 후, 백, 자, 남의 5등급으로 작위를 주고 작위에 따라 제후국의 영토, 세금, 군대 등 규모를 차등화했다. 처음에는 그런대로 잘 굴러가는 듯했다. 하지만 시간이 지날수록 힘이 세진 제후들이 나오기 마련이고, 이러면서 주나라의 봉건체제가 흔들리기 시작한다. 이른바 약육강식의 시대가 열리면서 주나라 천자를 명목상 천자로 모시되 실질적인 패자가 되기 위해 제후들이 경쟁을 펼치는 춘추시대가 시작되었다. 즉 왕은 그대로 두고 제후들끼리 '왕초'를 뽑기 위해 피 터지게 싸운 시대가 춘추시대였다. 춘추시대에는 다섯 명의 패자, 즉 '춘추 5패'가 있었고 그들은 제환공, 진문공, 초장왕, 오왕 합려, 그리고 월왕 구천이었다. 춘추시대의 뒤를 잇는 전국시대는 주나라의 봉건제가 완전히 무너지고 '왕'이라는 칭호를 사용할 정도로 성장한 7개의 나라**전국 7웅**가 천하의 패권을 다투던 대혼란의 시기를 말한다. 전국 7웅은 진, 초, 한, 위, 조, 제, 연나라를 일컫는다.

춘추시대까지만 해도 전쟁은 상대를 완전히 멸망시키려는 것이 아니라 이른바 '왕중왕전' 같은 싸움이었기 때문에 나름 스포츠맨십 비슷한 느낌이 있었다. 하지만 전국시대는 죽이지 않으면 죽는, 그야말로 약육강식이 판치게 된 시대라 싸움의 최종 목표는 상대국의 멸망이었다. 따라서 잔혹한 섬멸전이 다반사로 벌어졌다. 또한 이 무렵부터 철기 보급이 보편

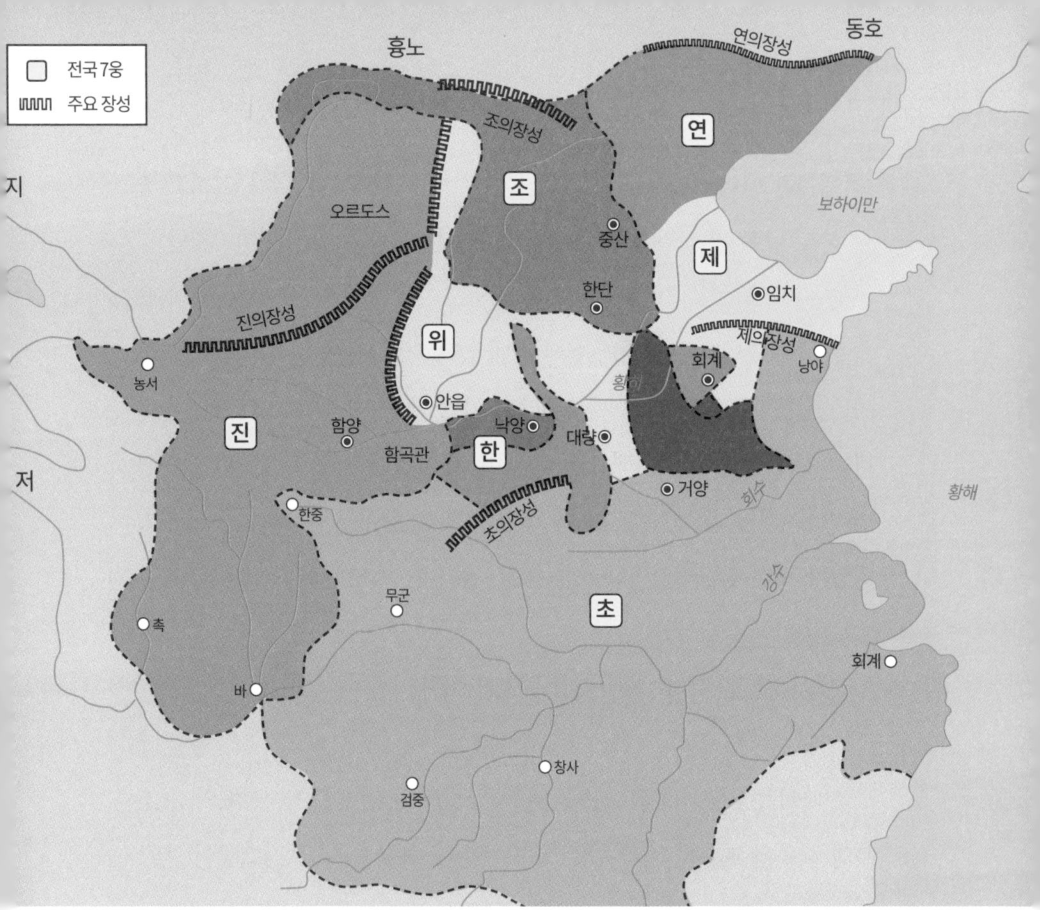


전국 7웅의 위치 | 진나라는 중원 한가운데를 차지한 문명국이나 부유한 나라가 아니었다. 오히려 서쪽 변방에 위치한 나라였다.

화되면서 철기무기가 등장하게 되고, 이에 따라 전투력이 향상되며 전투의 규모도 커지게 된다.

전국 7웅을 좀 더 자세히 살펴보자. 지도에서 보듯이 먼저 중원에는 한, 위, 조가 떡하니 자리를 잡고 있었다. 이들은 진나라에서 분열된 국가들로서 가장 앞선 문명을 보유한 선진국이었다. 그리고 이들을 둘러싸듯이 자리 잡은 연, 제, 초, 진이 있었는데, 특히 제나라는 오늘날 산둥반도에 위치한 나라로서 소금과 철의 산지로 매우 부자 나라였다. 그리고 중국 본토 남쪽 땅을 대부분 차지한 초나라는 문명은 조금 떨어지지만 넓은 영토와 막강한 병력을 보유하고 있었고, 7웅 중에 가장 먼저 '왕'의 호칭을 쓴 나라였다. 초나라가 워낙 강대국이었기 때문에 당시 사람들은 초나라가 통일을 할 것으로 예측했다. 그리고 전국 7웅 중 마지막으로 진나라는 서쪽 변방에 위치해 있었다. 서쪽 끝이라는 지정학적인 위치는 변방이라는 약점과 동시에 중원에 대한 공격 및 방어에 유리하다는 장점이 있었다. 또한 진나라의 땅은 비옥했고, 철이 풍부하게 매장되어 있었다.

## 진왕 정과 서쪽 변방 진나라의 약진

진나라는 BC 9세기 무렵에 제후국이 된 나라이다. 진시황제의 고조부인 혜문왕 때부터 '왕'의 칭호를 사용했다. 혜문왕 이후 진소왕이 등극했는데 그에게는 아들이 둘 있었다. 당연히 맏아들 도가 태자가 되었고, 둘째아들 안국군은 소실 얻는 재미로 살아가고 있었다. 덕분에 안국군은 20명이 넘는 '아들 풍년'이었다. 그런데 맏아들인 도 태자가 사망하고 둘째아들 안국군이 태자로 승격된다. 안국군의 아들 중 한 명이었던 영이인은 조나라에서 볼모생활을 하며 미래가 불안한 삶을 살고 있었는데, 위나라 출신 거상 여불위呂不韋가 장사 차 조나라의 수도인 한단에 갔을 때 영이인을 눈여겨보았다. 여불위는 그때부터 불우한 인질 신세였던 영이인을 도와 마침내 진나라 왕위를 이어받게 하는 데 성공한다. 그가 바로 진나라 장양왕이다. 그리고 여불위는 진나라 재상으로 부귀영화를 누리게 된다. 사마천이 쓴 〈사기〉에서는 여불위가 애첩 조희를 임신시킨 상태에서 영이인에게 시집보내 왕비가 되게 하였고, 조희가 낳은 아들이 바로 진시황제라 적혀 있지만, 오늘날에는 픽션으로 여겨진다.

아무튼 장양왕은 인생역전에 성공했으나 불과 3년 만에 급사하고, 13세의 어린 아들 영정이 보위를 이어받는다. 이 아들이 훗날의 진시황이다. 하지만 당시에는 아직 '진왕 정'이었다. 진왕정은 약관 20세에 친정을 시작하자마자 선조들이 추진하였던 부국강병책을 더욱 강화하였다. 진 나라의 부국강병책 가운데 가장 중요한 것은 법치주의였다. 춘추시대에서 전국시대로 넘어오면서 중원의 한, 위, 조나라에는 개혁사상을 가진 수많은 학자들이 등장했으나 이들의 개혁사상은 그곳에서 꽃을 피우지 못했다. 반면 진나라는 이들을 대거 수용하였고, 특히 BC 4세기 중엽에 위나라 사람이었던 상앙을 중용하여 개혁을 단행하였다. 상앙은 새로운 토지, 조세, 징병제도를 만들고 법치주의를 통해 부국강병의 기초를 다졌다. 또한 상앙은 국가를 법에 따른 메뉴얼로 통치하는 시스템을 구축하였다. 상앙은 백성들에게 땅을 주어 토지를 경작케 하고, '호' 단위로 가구를 분할하고, 가구당 병사 한 명을 차출하는 방식으로 군사력을 키웠다. 상앙의 이런 개혁은 서쪽 변방의 이류 국가인 진나라를 중원을 위협하는 군사대국으로 성장시켰다. 진왕 정은 상앙이 수립한 법치의 원칙을 사회 전반으로 확산시켰고, 특히 군대 육성에 힘썼다.

진나라의 강력한 법치주의를 통한 국가 경영 방식은 군대에서도 고스란히 나타났다. 사마천의 〈사기〉에는 다음과 같은 기록이 있다.

> '진의 병사는 전투에서의 공적에 따라 그에 걸맞은 상과 작위를 받았다. 전투에서 공을 세우지 못한 사람은 아무리 왕족이라도 가차

진나라 전투병 | 전차병들은 극과 노궁으로 무장했다.

없이 처단했다.'

바로 이런 이유 때문에 진나라 병사들은 전투에서 끝까지 적을 추격해 섬멸을 시도했고, 무조건 적의 머리를 베는 수대로 진급할 수 있었다.

진나라는 특히 외국인 인재등용에 적극적이었다. 이는 진나라뿐만 아니라 당시 7개국 모두의 공통사항이었는데, 외국인 인재등용을 통해 치열한 첩보전의 인맥라인으로 활용하기도 했다. 무엇보다도 진왕 정의 통치철학은 '국가 경영에서 이상주의는 금물'이라는 것이었다. 따라서 현실적인 시스템 정비로 군의 조직력을 키우고 이를 바탕으로 부국강병을 완성할 수 있었다.

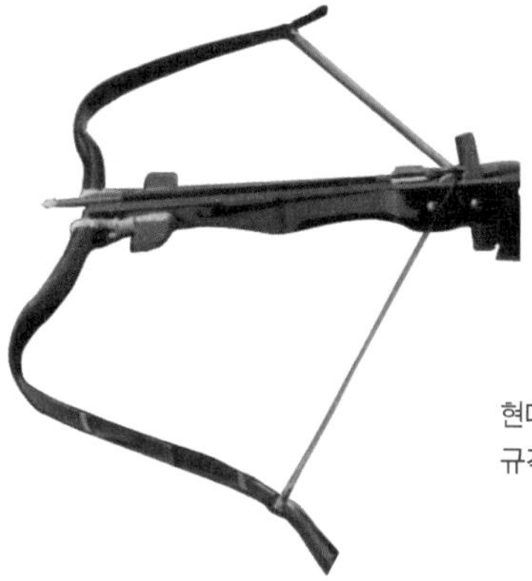

현대에 복원된 진나라 노궁 | 진나라의 노궁은 부품 규격화라는 점에서 가히 혁신적인 무기였다.

## 노궁, 400미터를 날아가는 혁신적인 신무기

진나라가 중국 천하를 제압할 수 있었던 이유는 단연 앞선 테크놀로지에 있다. 그것은 새로운 철공기술로서, 주물 방식으로 무기를 대량생산하는 것이었다. 주물이란 거푸집에 쇳물을 부어 생산하는 방식이다. 진나라는 BC 200년이란 고대에 이미 대량생산을 시작한 것이다. 전쟁이 항상 기술혁명을 가져왔다는 것은 의심할 여지가 없지만, 새로운 소재를 새로운 제작 방식에 적용했다는 점은 주목할 만하다.

진나라 무기의 핵심은 '노궁'이라 불렸

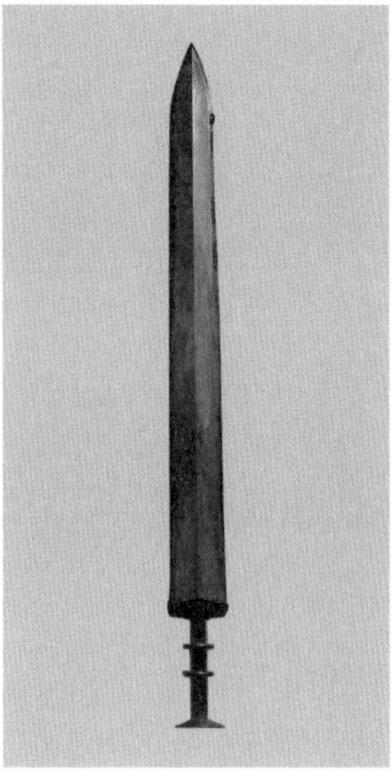

진나라시대의 장검 | 진나라의 청동 검은 철제 못지않은 성능을 발휘했다.

꺾쇠창인 과의 모습 | 아래쪽 창대는 소실된 상태이다.

던 석궁이었다. 활시위가 거의 60센티미터까지 당겨졌던 진나라의 석궁은 같은 시기, 유럽식 석궁에 비해 훨씬 강력한 힘을 낼 수 있었다. 특히 화살은 철로 된 철심 화살이었다. 철이 풍부한 진나라만이 만들어낼 수 있었던 이 철심 화살은 노궁으로 쏠 경우 최대 400미터까지 날아갔다고 한다. 더욱 놀라운 점은 부품의 규격화였다. 이로 인해 진나라 군대는 늘 여분의 부품을 충분히 가지고 있었고, 따라서 고장 난 병기도 신속하게 수리할 수 있었다.

노궁을 이용한 진나라의 전술도 무시무시했다. 세 명이 한 조로 교대로 발사하며 스텝바이스텝으로 전진하는 전술이었다. 석궁을 연속발사하여 계속 적을 압박하며 진격로를 열면 후방의 전차와 보병이 쇄도해 들어가는 매우 공격적인 전술이었다.

당시 진나라 군대의 검은 청동 검이었다. 얼핏 생각하기에 철제 검에게 상대가 될 것 같지 않지만, 진나라 청동 검의 경우 동과 주석의 비율을 적절히 섞고, 심지어 크롬 도금이 되어 있어서 철제 무기와 대등한 전투

진나라 일반병이 사용한 창인 '피'의 창날 | 창끝이 양날이어서 찌르고 베는 것이 모두 가능했던 피는 우리가 아는 창과 거의 유사한 날이다.

가 가능했다고 한다. 다만, 철광석의 매장량이 훨씬 풍부했기 때문에 한나라 이후부터 철이 무기의 주재료로 쓰인다.

당시 진나라에 기병은 거의 없었고 말에 수레를 연결한 전차가 주력 기동무기였다. 전차는 당시에 최정예 돌파부대로 평가되었다. 수레에는 보통 기수와 궁수가 탑승했고 때로는 창병이 함께 타기도 했다. 궁수는 노궁과 활을 사용했고, 창병은 '과'라는 꺾쇠 모양의 창을 이용해 상대방 전차에서 적병을 걸어 떨어뜨렸다.

하지만 전차는 말에 비해 기동력과 범용성이 많이 떨어졌다. 특히 기동로의 환경에 따라 이동의 제약이 심했다. 말을 타고 가면 비교적 쉽게 통과할 수 있는 지형도 전차는 이동이 불가능한 경우가 허다했다. 병마용

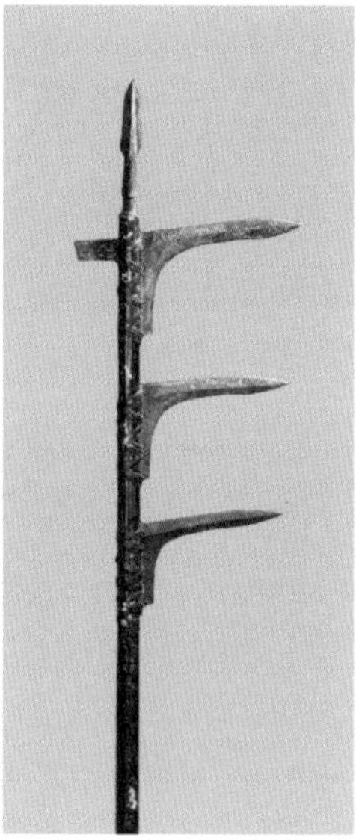

'과'가 3중으로 붙은 극 | '과'와 '피' 둘의 장점을 가진 '극'은 단숨에 진나라 군대의 주력 병기로 부상했고, 극으로 무장함으로써 보병도 기병에게 일정 정도 대항할 수 있게 되었다.

일반 보병용 개갑 | 진나라 병사들이 착용한 개갑은 청동과 가죽을 이어 붙여서 만들었으며, 이후 중국 병사들의 갑옷에 큰 영향을 미친다.

출토 당시 말 모형의 발견은 대단히 놀라운 것이었다. 아마도 중앙아시아에서 들여온 말로 추정되는데, 진나라 군대의 말은 전차를 끄는 힘과 지구력이 우수한 것으로 알려져 있다.

병마용에서 출토된 석개갑.

일반 병사들은 '피'라는 창을 썼다. '피'는 창끝이 양날이어서 찌르고 베는 것이 모두 가능했다. 그리고 얼마 지나지 않아 '과'와 '피' 모두의 장점을 가진 '극'이 등장한다. '극'은 진나라 군대의 주력 병기로 급부상했고, 이로써 보병도 기병에게 제한적이나마 대처를 할 수 있게 되었다.

진나라 병사들은 청동과 가죽이 혼합된 '개갑'이라는 갑옷과 투구를 착용했다. 가죽과 청동 조각을 이어 만든 개갑은 이후 중국의 갑옷에 지대한 영향을 미친다. 병마용에서 출토된 개갑은 돌로 만들어진 '석개갑'이었으나 이는 실전에서 쓰이지 않았던 것으로 추정된다.

진나라 무기체계의 특성을 간략히 정리하면 대량생산과 표준화로 대변할 수 있다. 즉, 대량생산으로 무기가 풍족해지고 표준화로 풍족함의 효과를 배가시킨 것이다. 이는 당연히 진나라를 중국 최강의 군대로 만들었고, 전쟁의 승리로 귀결될 수 있었다. 어느 중국 역사가는 이렇게 말했다.

"대지를 잠식하는 진시황의 군대는 마치 뽕잎을 갉아먹어 오는 누에와 같았다."

## 통일전쟁의 시작-한·위·조, 노른자위부터 먹자

부국강병을 완성한 진왕 정은 본격적으로 통일전쟁을 시작한다. 진나라의 통일전쟁 과정을 살펴보면 이른바 화북회랑, 즉 중원 한복판을 차지

### 소진과 장의의 합종연횡책

사실 진나라가 하루아침에 강해진 것은 아니다. 진나라는 상앙의 개혁법을 통해 강대국으로 발돋움할 수 있었다. 강력한 법치국가를 지향했던 상앙은 신상필벌의 엄벌주의를 내세워 국가의 기강을 바로잡았다. 서릿발 같은 법 집행으로 법의 적용엔 직위나 신분의 고하가 없었다. 이는 무엇보다도 군기를 드높이는 원동력이 되어, 가장 서쪽에 자리잡고 있던 진나라가 일약 강대국으로 떠올랐다. 상앙은 비록 너무나도 엄격한 법 적용을 시행한 까닭에 많은 이의 미움을 사 결국 거열형을 당해 죽었지만, 이미 강대국이 된 진나라는 나머지 연, 조, 제, 위, 한, 초나라를 위협하는 존재가 되었다.

여기서 소진과 장의가 등장한다. 귀곡선생 문하에 있었던 두 사람은 출중한 실력으로 세상에 나갈 준비를 하고 있었는데, 졸업시험에 먼저 통과한 소진이 스타트를 끊는다. 그는 연, 조, 제, 위, 한, 초나라가 힘을 합쳐 신흥 강대국인 진나라를 막아야 한다고 생각했다. 이를 합종책合縱策이라 한다. 그는 먼저 연나라로 달려가서 기막힌 말발로 연나라 왕을 사로잡았다. 덜커덕 재상 자리를 꿰찬 소진은 조나라로 가서 동맹을 맺겠다고 길을 떠났다. 그리고 그는 조나라에서도 재상이 된다. 마침내 나머지 네 개 나라도 설득

하고 있는 한·위·조, 세 나라를 한 번에 쓸어버리는 전략을 사용한다. 그런데 문제가 있었다. 이 세 나라 방향으로 진격하기 위해서는 남쪽에 자리한 초의 배후공격을 경계해야 했기 때문이다. 여기서 그 유명한 소진과 장의의 합종연횡책이 나온다. 설상가상으로 초나라는 제나라와 동맹관계였다. 진나라 입장에서는 초나라를 치기 위해서는 먼저 굳건한 초-제 동맹을 깨뜨려야 했다. 진은 초에 밀사를 보내 다음과 같이 제안한다.

"너희는 제나라를 쳐서 먹어라. 난 한, 위, 조를 치겠다. 그럼 우린 중원

---

해 6국의 연합 재상이 되는 데 성공한다.

한편, 이 무렵에 귀곡선생은 또 한 명의 제자인 장의를 불러 졸업시험을 치르게 한다. 장의는 졸업시험에서 합종책에 반대되는 연횡책連衡策을 주장했다. 연횡책이란 강력한 리더십을 가진 나라가 나머지 제후국들을 다스려야 천하가 태평하다는 이론이다. 장의 역시 졸업시험을 무사히 통과하고 천하로 나간다. 이 무렵에 진나라가 조나라를 침공하려 한다는 소문이 돈다. 만약 진나라의 침공이 시작되면 소진의 합종책은 위기에 빠질 것이 분명했다. 소진은 진나라의 침공을 막을 사람은 딱 한 명, 귀곡선생 밑에서 동문수학한 장의뿐이라 판단했다. 그래서 세상에 나왔으나 아직 출세를 못하고 있는 장의를 진나라 정계에 진출하도록 도와준다. 장의의 연횡책에 감복한 진나라 왕은 장의에게 재상자리를 내준다. 장의는 소진과의 신의를 지켜 진나라의 동쪽 진출을 한사코 막아준다.

소진과 장의가 살아 있는 동안은 불안하지만 천하가 균형을 이루며 안정을 구가했다.

그러나 소진이 죽고 나자 장의의 연횡책도 잘 먹히지 않았고, 천하는 다시 혼란에 빠지게 된다.

을 양분하는 거다."

하지만 초나라는 조나라와 동맹을 파기하는 것도 부담스러웠고, 중원에 덩치 큰 라이벌이 등장하는 것도 달갑지 않았다. 초나라가 시큰둥한 반응을 보이자 진나라에서는 딜이 하나 더 들어간다.

"우리 땅 600리를 떼어주겠다!"

자, 이러면 이야기가 달라진다. 초나라는 바로 '콜!'을 외쳤다. 하지만 진왕 정은 치밀하고 음흉했다. 바로 제나라에 밀사를 파견해 진-제 동맹을 맺고 초나라를 공격하는 이간질을 획책한다. 이른바 원교근공의 전법이다. 진-제 동맹을 통해 초나라가 배후공격을 못하도록 못을 박은 뒤, 진왕 정은 화북회랑을 전격적으로 도모한다. 맨 먼저 한나라로 진군, 순식간에 멸망시킨다. BC 260년의 일이었다. 그리고 진나라와 조나라는 장평에서 맞짱을 뜬다. 당시 조나라는 명장 염파가 총사령관으로 있었다. 양쪽 모두 20만, 도합 40만이었다. 이때 염파 장군이 쓴 전술은 2년 동안 성만 지키는 것이었다. 전체적인 국력에서 열세한 조나라로서는 당연한 전략이었다. 더구나 당시 진나라는 워낙 여러 곳에 전선을 형성한데다 6국이 합종책으로 일제 공격을 할 것이라는 소문에 시달리는 등 사정이 여의치 않았다.

여기서 진나라는 다시 한 번 첩보전을 감행한다. 조나라 간신 곽개를 매수한 후 이를 통해 염파를 경질시키고 지휘관을 조괄로 교체시킨다. 그런데 조괄은 실전 경험이 없는 장수였다. 진나라는 최전선 지휘관 백기로 하여금 일부러 조나라 군대에게 패배해 조나라 군대를 유인했다. 그리고 매복 지점에서 조괄의 군대를 격파했다. 조괄은 바로 항복했으나 백기가 조괄의 군대를 생매장시켰다. 한나라가 멸망한 2년 뒤인 BC 228년에 조

진시황의 병마용 군대 | 이보다 훨씬 많은 수의 군대가 중원으로 쏟아져 들어갔다.

나라도 멸망한다. 한마디로 장평대전은 조나라의 몰락과 진나라의 천하 통일 기반을 다진 전투였다. 그리고 다시 3년 후인 BC 225년, 위나라마저 진나라에게 먹히며 중원의 노른자위는 모조리 진나라 차지가 되었다. 중원을 호령하게 된 진나라의 다음 타깃은 연나라였다. 그런데 배후의 초나라가 여전히 근심덩이였다. 진나라는 아예 화근의 싹을 없애기 위해 강대국 초나라와 먼저 전쟁을 치를 것을 결심한다.

## 명장 왕전, 초나라 군대를 격파하다

진왕 정은 만조백관을 불러놓고 대초나라 전략을 고심했다. 진왕 정이 물었다.

"초나라를 멸망시키기 위해서는 어느 정도의 군사력이 필요한가?"

명망 높은 노장 왕전이 대답했다.

"60만 대군은 족히 필요할 것이옵니다."

그러자 젊은 장군 이신이 깝죽댔다.

"아아~, 뭔 60만씩이나……. 20만이면 떡을 칩니다."

진왕 정은 젊은 장수의 패기가 마음에 들었다.

"좋다, 이신. 그대에게 20만을 주겠노라. 가서 초나라를 멸망시켜 내게 바쳐라."

이신은 호기롭게 20만 병력을 몰고 초나라로 향했다. 당시 초나라 총사령관은 항연. 〈초한지〉의 영웅 항우의 할아버지이다. 항씨 집안은 대대로 초나라 사람들로부터 추앙을 받아오던 장군가였다. 최대의 국난을 맞은 초나라 백성들은 항연 장군의 지휘 아래 똘똘 뭉쳐서 진나라 침략군에 대항했다. 쉽게 이기리라 생각했던 이신은 초나라와의 전투에서 대패하는 개망신을 당했다. 얼굴을 들 수 없었던 이신은 진왕에게 편지만을 보내 패전을 알렸다. 진왕 정은 쓴웃음을 짓고는, 60만 대군이 필요하다고 했던 노장 왕전을 불렀다. 그리고 60만 대군을 내어주며 출정을 부탁했다. 진나라 병력 전부가 왕전의 지휘 아래로 들어간 것이다.

그런데 전쟁터로 나가는 왕전이 진왕 정에게 이상한 부탁을 했다.

"앙망하옵건데, 신이 전투에서 이기고 돌아온 후에 이 늙은 몸을 쉴 수 있도록 넓은 전답과 영지를 내려주소서."

진왕 정이 대답했다.

"이기고만 돌아오라. 내 무엇인들 아니 주겠는가?"

왕전은 출정하기 직전까지도 끊임없이 왕에게 전답을 달라고 졸라

진나라의 명장 왕전 | 60만 대군을 이끌고 초나라를 멸망시킨 유능한 베테랑 장수였던 왕전은 왕의 심정까지 헤아릴 줄 아는 사람이었다.

댔다. 진왕 정은 도장 꽝 찍은 문서까지 써주면서 왕전의 부탁을 받아들였다. 이윽고 왕전은 60만 대군을 이끌고 초나라군과 대치했다. 그런데 왕전은 전선에서도 여러 차례 글을 올려 전답을 요구했다. 보다 못한 부하가 한마디 했다.

"장군님, 이건 좀 지나친 것이 아닙니까?"

여기에 대한 왕전의 대답이 걸작이었다.

"지금 진나라 병력은 모두 내 손안에 있어 힘으로 나를 당할 자가 없다. 그러나 나는 땅때기나 구걸하는 장수, 다른 뜻은 추호도 없다는 것을 왕께 보여주고 있는 것이다."

왕전은 초나라와의 전쟁이 지구전이 될 것임을 잘 알고 있었다. 따라서 왕이 불안해하지 않도록 최선을 다한 것이다. 진왕 정은 참 인복도 많다. 이번에도 초나라 총사령관은 항우의 할아버지인 항연이었다. 초나라는 지난번 승리에 고무되어 사기가 하늘을 찔렀다. 초나라군이 진나라군 진영 앞에 나가 온갖 조롱을 하며 싸움을 부추겼다. 진나라군은 꿈쩍도 하지 않았다. 하지만 고수끼리는 통하는 법. 베테랑 장수 항연은 단박에 왕전의 작전을 눈치 챘다.

"적장의 의도를 알았다. 우리로 하여금 지치게 해 방심하게 만든 뒤 기습을 하려는 것이다."

항연은 왕전의 작전을 역이용하기로 한다. 동쪽으로 후퇴해서 진나라 군의 보급선을 길게 늘려 군량 수송에 애를 먹게 할 참이었다. 초나라 군대는 조심스럽게 후퇴를 하며 진나라 군대의 기습을 경계했다. 칼날같이 신경을 곤두세우며 천천히 후퇴를 했다. 그러나 진나라군 진영에서는 미동도 없었다. 30리 두 번, 100리 한 번을 후퇴해도 진나라 군대가 쫓아오지 않았다. 이에 항연이 마음을 놓는 순간, 절묘한 타이밍에 진나라 군대가 들이닥쳤다.

왕전의 기습은 번개같이 시작됐고, 단 한 번의 전투에서 초나라 군대는 박살이 났다. 사령관 항연 역시 이 전투에서 전사했다. 진나라군의 승리요인은 실전형 지휘관 양성, 그리고 워낙 여러 나라와 전쟁을 하다 보니 속전속결에 특화된 군대가 되었다는 점이다. 초나라는 자기들 기준에서 판단하고 후퇴 전술을 이용했지만, 진나라 군대의 능력은 초나라의 그것 이상이었다. BC 223년, 위나라가 멸망한 지 불과 2년 만에 초나라도 역사 속으로 사라졌다.

## 천하통일, 동쪽의 연과 제도 무릎을 꿇다

이제 남은 것은 동쪽의 연나라와 제나라, 단 둘이었다. 군사력으로는 도저히 진나라를 당해낼 수 없음을 잘 알고 있던 연나라 태자 단은 킬러

진시황 | 많은 초상화에서 진시황의 의복을 검은색으로 묘사하는데, 검은색은 진나라의 국색(國色)이었다.

를 보내기로 한다. 낙점된 것은 형가라는 사나이. 형가는 당대 다섯 손가락 안에 꼽히는 검객이었다. 형가는 진왕 정에게 접근하기 위해 진왕에게 쫓기던 번어기란 자의 목과 연나라 비밀 군사지도, 그리고 부하인 소년장사 진무양을 데리고 진나라로 갔다.

앞에서 묘사한 대로 형가가 막 진왕 정에게 가까워진 순간, 계단 아래에 있던 진무양이 긴장감을 이기지 못하고 소리를 지르고 만다. 모든 것이 들통난 형가는 비밀지도 두루마리 안에서 단도를 꺼내 진왕 정에게 달려들었다. 하지만 왕 역시 몸이 날랜 사람이었나 보다. 형가의 칼을 이리저리 피하며 여러 차례 위기를 넘긴다. 어전 주위에 호위무사와 신하들이 있었지만, 왕이 부르기 전에 왕에게 접근할 수 없는 것이 진나라의 법이었던지라 어느 누구도 왕을 구하러 가지 못했다. 사실 진왕 정은 호위무사를 부르지도 못할 만큼 급박한 상황이었다. 그는 허리에 긴 칼을 차고 있었지만, 어쩐 일인지 칼이 칼집에서 빠지지 않았다. 형가가 회심의 일격을 날리려 했을 때, 어의인 하무저가 약주머니를 던져 왕을 위기에서 구했다. 그리고 좌우에서 신하들이 왕에게 소리쳤다.

"폐하! 칼을 등에 지고 뽑으소서!"

진왕 정이 긴 칼을 등에 지고 힘주어 뽑았더니, 칼이 드디어 칼집에서 뽑혀나왔다. 그리고 단 일격에 형가를 거꾸러트린다. 형가는 쓰러지면서도 단도를 왕에게 던졌으나, 단도는 기둥을 맞고 튕겨져 나가고 만다. 왕은 형가에게 다가가 무려 여덟 차례나 칼질을 해 완전히 숨통을 끊어놓는다.

이 암살미수 사건은 진왕 정을 분노케 했다. 그는 곧바로 대군을 보내 연나라를 짓밟아버렸다. 연나라는 태자 단을 처형해 그 목을 진왕에게 바치고 용서를 구했지만, 진왕 정이 원하는 것은 그런 너절한 망자의 머리 따위가 아니었다. 결국 연나라 왕은 멀리 요동까지 도망갔지만, 압록강 근처에서 잡히고, BC 222년에 연나라는 멸망했다. 그러자 제나라는 싸워보지도 않고 이듬해 진나라 앞에 무릎을 꿇었다.

진왕 정은 22세에 통일전쟁을 시작해 다른 6국을 상대로 불과 17년 만에 대륙통일이라는 위업을 달성한다. 그야말로 질풍노도와 같은 진격이었다. 그때 그의 나이 불과 39세였다.

## 통일제국의 위업, 그리고 시황의 탄생

그는 스스로를 왕이 아닌 '삼황오제'에서 따온 황제로 칭한다. 바로 진나라를 시작한 황제, 진시황이 된 것이다. 통일 후 진시황은 하나의 국가로 통일된 진나라를 유지하게 하는 토대를 닦았다. 그러기 위해서 표의문자로 통일, 언어통일, 화폐통일 및 경제순환, 도량형통일 등 국가 시스템의 표준화에 힘썼다. 특히 운하를 파서 중국 전체를 하나의 경제권으로 묶었는데, 이는 중국 전체를 내수로도 충분히 풍요하게 만든 훌륭한 원동력이었다. 돈과 물자가 돌고 경제기반을 활용하는 데에는 토목공사가 필요했고 이것의 결과가 만리장성과 운하였던 것이다.

그렇다면 오늘날 진시황은 왜 폭군의 이미지가 있을까? 그는 반대자에 대한 잔혹한 형벌을 일삼았고, 분서갱유 등 언론 및 문화를 탄압했으며, 상황을 유연하게 인정하지 않고 지나치게 엄격한 법 집행에 몰두했다. 이런 경직된 사회구조는 제국을 경영하는 데 좋지 못하다. 제국은 탄압보다는 내 편을 만드는 것이 중요하기 때문이다. 이 원칙을 무시하고 독단으로 나아갔던 진 왕조는 진시황이 죽은 지 불과 4년 만에 멸망하고 말았다.

어느 날엔가 진시황이 신하들에게 물었다.

"우리 진나라가 통일에 성공한 비결이 무엇인가?"

신하들은 다음과 같이 아뢰었다.

"일찍이 상앙이란 자가 실행한 개혁법에 뿌리를 둔 정치제도 덕분입니다."

"실리주의를 과감히 도입한 결단성이 아니올런지요."

"상대적으로 다른 6국이 부패한 정치체제로 스스로 쇠약해졌기 때문이옵니다."

진시황은 대답했다.

"개소리 마라. 강력한 군주인 과인의 능력. 그것이 다한 것이니라."

# 6

# 한무제의 흉노 정벌

**한나라와 흉노의 길고 질긴 악연, 그리고 위대한 역사서 〈사기〉의 탄생 비화**

죄인은 조용히 처벌을 기다리고 있었다. 어둡고 습기 찬 감옥 안이 이미 그의 건강을 많이 갉아먹었지만, 그는 꼿꼿이 앉아 한 치의 흐트러짐 없이 눈을 감고 기다렸다. 대대로 태사령을 지낸 명문가의 후손이었던 그는, 자신 역시 태사령의 직무를 수행하다가 황제의 노여움을 사서 옥에 갇힌 몸이 되었다. 태사령이란 당시 천문, 역법, 역사 등의 기록과 저술을 맡았던 관직이다. 황제가 왜 그토록 노여워하는지, 그리고 자신이 정말로 죽을죄를 지었는지 아직 이해가 되지 않았지만 그는 담담히 운명을 받아들이고 있었다. 이윽고 형리가 다가왔다.

"내일 당신이 죽는 날이다. 각오는 되어 있는가?"

죄인은 내일 참형에 처해질 예정이다. 하지만 그는 죽음을 받아들이기 어려웠다. 무서워서가 아니었다. 그의 머리에 그동안 배우고 익혔던 역사의 줄거리, 발로 뛰며 보고 깨달았던 생생한 현장들이 주마등처럼 스쳐 지나갔기 때문이었다. 이 모든 것들을 후세에 전하지 못하는 것이 너무나도 억울했다. 이때 형리가 넌지시 말을 건넸다.

"하지만 당신이 살아날 수 있는 방법이 두 가지 있다. 첫째는 금전속죄. 황금 3만 8,000근을 바치고 서인으로 떨어지면 목숨은 건질 수 있다. 두 번째는 궁형! 히히히, 그대의 거시기를 싹둑 잘라버린다는 뜻이야."

형리의 음흉한 웃음이 귀에 거슬렸다. 녹봉을 받아먹고 사는 관리에게 3만 8,000근의 황금이 있을 리 만무했다. 그렇다고 남자로서의 존재의의를 포기하란 말인가?

잠시 침묵이 이어졌다. 그리고 죄인은 나직이 말했다.

"잘라라."

형리는 웃으며 말을 한다.

"역시 사나이는 목을 택하는 거지. 알겠다."

"아니다. 나는 궁형을 택하겠다."

형리의 눈이 동그래졌다.

"뭐? 궁형을 택하겠다고? 이런 구역질 나는 자식!"

형리는 거칠게 침을 뱉고 돌아섰다. 결국 죄인은 거세당하고 세간의 조롱과 비웃음 속에 묵묵히 붓을 놀려 역사서를 써내려갔다. 그렇게 20여 년에 걸쳐 무려 130편에 이르는 방대한 양의 역사책을 완성했다. '동양 역사서의 근간이 되는 역사서'로 평가받는 사마천의 〈사기〉는 그렇게 태어났다. 그렇다면 왜 사마천은 황제의 노여움을 사서 궁형을 당했을까? 그 뒤에는 일곱 번에 걸친 한무제의 흉노 정벌 스토리가 자리 잡고 있다.

## 유방의 굴욕, 흉노에게 60년 넘게 조공을 바치다

중국 입장에서 보면 흉노족은 우리로 치면 거의 왜구급이다. 사실 '흉노'는 중국에서 유목민족을 통틀어 낮춰 부르는 의미의 말이었다. 그들은 동쪽으로 시베리아 일대에서 몽골, 서쪽의 중앙아시아 등지의 유목민족들이었다. 중국은 자신들이 사는 곳을 천하의 중심, 이른바 '중원'이라고 불렀는데, 이 중원을 중심으로 동서남북 각각의 이민족오랑캐을 동이, 서융, 남만, 북적으로 불렀다. 북적에 해당하는 흉노족은 전형적인 유목민족인데, 유목민족이 농경사회를 침략하는 일은 고대에서부터 빈번히 일어난 일이다. 이는 어찌 보면 당연하다. 유목민족의 생활터전은 대단히 척박하기 때문에 곡식에서부터 생필품까지 모든 것을 약탈에 의존할 수밖에 없었다. 이런 연고로 중국 본토에 강력한 왕조가 수립될 때마다 흉노를 몰아내려는 시도가 있었다.

흉노 같은 유목민족의 가장 큰 문제점은 단합이 매우 힘들다는 것이다. 당연히 부족 개념이기 때문에 민족의식이 매우 약한, 이른바 '자유로운 영혼들'이라 할 수 있다. 한 번 사이가 틀어진 부족끼리는 불공대천의 원수로 박 터지게 싸우는 것이 유목민족의 특성이다. 그러면서도 중국에 통일왕조가 세워지기만 하면 흉노는 손에 손을 잡고 어김없이 침략을 시작했고, 중국 대륙에 통일왕조의 존립은 항상 유목민족과의 전쟁에서 성패가 났다.

그런데 한나라 때 흉노에서 묵특선우?~BC174라는 걸출한 리더가 출현한다. 그는 유목세계의 패권을 잡은 인물이다. 아버지와 다른 형제들을 모두 죽이는 골육상쟁을 통해 선우왕에 오른 그는 통합하기 힘든 유

묵특선우 흉상 | 묵특선우는 진시황 통일과 비슷한 시기에 유목민족의 패권을 잡았다.

목민족 세력을 조직화하는 데 성공한다. 묵특선우는 유목민족으로서 자신들의 강점을 잘 알고 있었다. 당시 한나라 기병은 전차에서 단기필마의 기병으로 넘어가는 과도기였다. 따라서 질주하는 말 등에서 활을 쏘아대는 흉노의 궁기병을 상대하기엔 역부족이었다. '한나라 기병 100명을 흉노 기병 세 명이 이긴다'는 말이 있을 정도로 야전에서는 흉노족을 당해낼 수가 없었다. 더군다나 광대한 지역에 점점이 흩어져 사는 유목민족의 특성상 전략거점을 찾기가 매우 힘든 구조여서 포착 섬멸은 불가능에 가까웠다.

가장 큰 문제는 보급문제였다. 지속적으로 보급을 받아야 하는 한나라 군대와 달리 흉노는 유목민족 특유의 시스템이 있었다. 유목민족은 항상 이동생활을 하므로 가족 구성원은 자연스레 병참기지가 되었고, 한 가정당 4~5마리의 말을 보유하고 있었으므로 전투 직전에 가장 상태가 좋은 말을 골라 타고 나갈 수 있었다. 특히 소규모 부대로 기병을 편성해 '히트앤드런' 같은 팀플레이가 가능했다. 이렇게 되니 먼 길을 와서 기진맥진한 한나라 군대 앞에 컨디션 좋은 말을 탄 흉노족이 맞짱을 뜨면 승패는 뻔했다. 또한, 한나라 군대는 말을 달리며 멀리멀리 도망다니는 흉노족을 쫓아다니다가 지칠 대로 지쳐서 토벌을 때려치우고 돌아오기 일쑤였고, 토벌은커녕 오히려 흉노에게 큰 화를 당하기도 했다.

최초의 통일왕조 진나라가 불과 15년 만에 멸망하자 중국은 다시 내전에 돌입했고, 중원이 어지러운 와중에 흉노는 세력을 키울 수 있었다. '역발산기개세'의 영웅 항우의 초나라를 물리치고 한나라를 세운 한고조 유방은 대규모 군사를 동원해 흉노 토벌에 나섰지만, 흉노의 영토인 '평성 오늘날 산서성 일대'을 공격했다가 오히려 흉노족의 반격을 받아 백등산에서 7일 동안이나 포위되어 절체절명의 순간을 맞기도 했다. 유방이 이 위기를 벗어난 지략은 어찌 보면 약간 치졸하다. 당시 흉노족은 선우의 부인, 즉 왕비도 자기의 군대를 거느리고 있었는데, 한나라 밀사가 왕비에게 찾아와 넌지시 한마디 건넸다.

"지금 그대의 남편이 한나라를 멸망시킨다면, 그는 분명 한나라 여자를 왕비로 맞을 것이오. 액면가에서 흉노 여자는 상대가 안 되거든."

왕비의 눈초리가 하늘을 향해 치솟았음은 당연지사. 여자의 질투심을 유발한 이 작전은 대성공을 거두었고 유방은 구사일생으로 위기를 벗어났다. 그러나 유방은 흉노와 매우 굴욕적인 화친을 맺고 해마다 술, 비단, 곡식 등의 조공을 바치고 한나라 공주를 선우에게 시집보내야 했다. 유방이 흉노와 맺은 화친의 조건은 다음과 같았다.

첫째, 한의 공주를 흉노 선우에게 의무적으로 출가시킨다.

둘째, 한이 매년 술, 비단, 곡물을 포함한 일정량의 공물을 바친다.

셋째, 흉노와 한은 형제맹약兄弟盟約을 맺는다.

넷째, 만리장성을 경계로 양국이 서로 상대의 영토를 침범하지 않는다.

장건을 서역으로 파견하는 한무제 | 둔황 막고굴 제323굴 북벽의 장건출사서역도, 당나라 초기.

심지어 유방은 "흉노와 전쟁하지 말라."는 유언을 남기기까지 했다. 그러나 조공에 한번 맛을 들인 흉노는 걸핏하면 국경을 넘어 한나라를 위협해 삥을 뜯곤 했다. 이렇듯 눈물과 설움의 '삥 뜯김' 당하기를 60여 년, 마침내 한나라에 7대 황제 한무제漢武帝가 등극하면서 대반전의 막이 올랐다.

## 위청과 곽거병, 한무제가 사랑한 두 영웅

전한시대의 황금기를 이끌어 오늘날까지 중국인들로부터 가장 사랑받는 황제인 한무제 유철은 BC 141년에 16세의 나이로 즉위했다. 그는 사실 아버지인 한경제의 열한 번째 아들이었으며 심지어 후궁의 소생이었다. 따라서 원래는 왕위계승 서열에서 한참 뒷줄에 선 인물이었다. 그러나 어머니 효경황후의 뛰어난 모략에 의해 옥좌를 차지할 수 있었다. 22세 때부터 수완을 보이기 시작하는데, 화폐개혁을 실시해 지하경제를 양지로 이끌어냈고, 소금과 철, 술의 전매제도를 통해 국가재정을 튼튼히 하였다. 이때 확립된 염철 전매제도는 이후로도 중국 세수의 근간이 된다.

왕위에 오른 지 2년 뒤인 BC 139년, 한무제는 먼저 장건을 서역 월지국에 사신으로 파견했다. 이때 장건이 개척한 길이 그 유명한 비단길실크로드이다. 당시 한나라의 주요 생산품은 비단이었는데 이 비단을 서역에 많이 팔아야 수익이 날 것 아닌가. 그런데 서역으로 가는 도중에 흉악한 흉노 놈들이 떡하니 버티고 있으니 비단을 안정적으로 많이, 잘 팔기 위해서는 이들을 반드시 제거해야 했다.

마침내 한무제는 흉노 정벌을 결심한다. 유방의 굴욕적 화친 이후 새로 제위에 오르는 선우마다 한나라를 침략했는데, 한나라는 그때마다 돈으로 평화를 사는 어리석은 짓을 반복했다. 한무제는 60년 이상 지속된 악순환의 고리를 끊기로 결심한 것이다. 당근을 버리고 채찍을 선택한 한무제의 용단 이후 약 220년에 걸쳐 한과 흉노는 전쟁을 벌였고 이 전쟁의 최종 승자는 한나라였다.

한무제의 흉노 정벌은 여러 차례에 걸쳐 행해졌는데, 그중 흉노에게 막대한 타격을 입힌 전쟁은 네 차례 정도였다. 1차 정벌의 영웅은 위청衛青과 곽거병霍去病이다. 먼저 위청 이야기부터 해보자. 위청은 천한 양치기 출신이었는데 위청의 여동생 위자부가 한무제의 누나인 평양공주의 노비였다. 그런데 이 여인 위자부가 '한 미모' 했다. 누나가 데리고 다니는 계

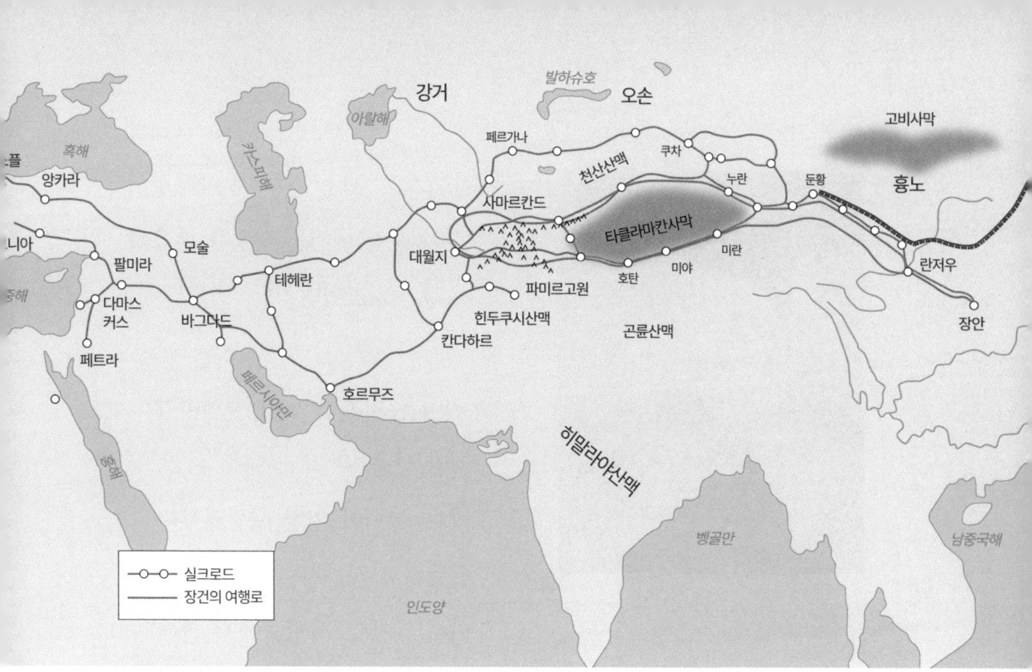


장건의 여행로와 실크로드.

집종의 빼어난 미모에 홀라당 반해버린 한무제는 그녀를 후궁으로 들여 놓았다. 그리고 정실이 애를 못 낳자 폐서인시키고 위자부를 덜컥 황후로 봉했다. 한방에 인생역전에 성공한 황후가 한무제 귓가에 속살거렸다.

"폐하, 제 오라버니에게도 인생역전 기회를 한번 주세요. 오라버니가 나름 한 싸움 한답니다."

"그래? 내가 그대를 얼마나 아끼는지 증명해보이지."

다음 날 한무제는 흉노 정벌 장군의 한 사람으로 위청을 임명한다. 오늘날로 치면 명백한 '낙하산 인사'지만 당시에는 신분을 따지지 않고 인재를 등용하던 시절이었기에 딱히 황제가 여자 때문에 권력을 남용한 것으로 볼 만한 사건은 아니었다. 아무튼, 이로써 남매는 연타석 인생역전 홈런을 날린 셈이다. 또한 다행히도 위청은 자리에 걸맞은 실력을 갖춘

곽거병의 초상화 | 저돌적인 성격이 드러난다.

사람이기도 했다. 북송 때 사마광이 쓴 〈자치통감〉에서는 위청을 다음과 같이 평가하고 있다.

'위청은 비천한 노비 출신이었지만 말을 잘 타고 활을 잘 쏘았다. 능력이 일반 사람들보다 월등하고 사대부를 만나면 예의를 갖추고 사병들에게 관대했다. 모두 그의 지휘를 받기 원했고 장군의 자질이 있어서 매번 출병하면 공을 세웠다.'

위청 이야기를 하면 그의 조카인 곽거병까지 언급하지 않을 수 없다. 위청은 총 일곱 번 원정을 갔는데, 곽거병은 5차 원정 때 18세의 나이로 처음 전투에 참가했다. 천부적인 전투 능력을 발휘한 곽거병은 특히 기병을 이끌고 적진을 휩쓸었는데 이 모습에 한무제가 감탄했다고 한다. 곽거병의 능력을 높이 산 한무제는 정예 병력을 곽거병에게 몰아주었다. 하필 그때가 위청이 흉노에게 크게 패배했던 순간이었다. 바로 그때 곽거병의 부대만 홀로 승승장구했고, 이에 한무제는 20세의 곽거병을 일약 장군으로 임명한다. 글자 그대로 파격적인 승진이었다.

곽거병은 숙부인 위청과는 생김새부터 성격까지 정반대였다고 하는데, 전형적인 형님 리더십을 가지고 있었던 곽거병은 특유의 카리스마로 병사들을 휘어잡는 기술이 대단했다고 한다. 이렇듯 흉노와의 전쟁에서

전형적인 한무제 군대의 병사들 | 진나라 때와 큰 차이가 없다.

는 일약 스타로 등극한 사람들이 많았다. 하지만 빛이 있으면 어둠이 있는 법. 한나라 장수 이광은 위청 못지않게 평생을 흉노와 싸웠지만 번번이 전공을 인정받지 못했던 비운의 장수이다. 특히 BC 119년, 대대적으로 흉노 정벌을 할 때, 위청의 지시로 후방을 맡은 이광은 초행길로 진군하다 길을 잃어 제때 전투 현장에 나타나지 못했다. 사실 이는 위청의 실수였다. 아무튼 조정에서는 조사관을 파견했는데, 수모를 견디지 못한 이광은 자살해버렸다. 여기서부터 일이 커졌다. 이광의 큰아들이 위청을 원망하고, 급기야 위청을 구타하는 사건이 발생했다. 그런데 위청은 묵묵히 맞고만 있었다. 그리고 이 사실을 위청은 불문에 붙였으나 곽거병은 대노하여 이광의 큰아들을 죽여버린다. 두 인물의 극과 극을 보여주는 일화

조직화된 한무제의 군대 | 병과 사이의 협동으로 흉노기병과 전투가 가능했다.

이다.

사마천은 〈사기〉에서 위청에 대해 "사람됨이 인자하고 선량하며 겸허했고 온화한 성품으로 황제의 환심을 샀다."고 높이 평가한 반면, 곽거병에 대해서는 이렇게 말했다.

젊어서 이미 높은 벼슬을 지냈고 짧은 시간에 고귀한 신분이 됐기에 사병을 돌볼 줄 몰랐다. 군사를 거느리고 출정하면 황제가 그를 위해 수십 대 수레분의 음식을 보내주었는데 돌아올 때는 양식 실은 수레를 버렸고, 남은 양식과 고기가 있었음에도 병사들 중에는 굶주린 자가 있었다. 병사들은 배고픔을 참고 견디고 있었지만 표

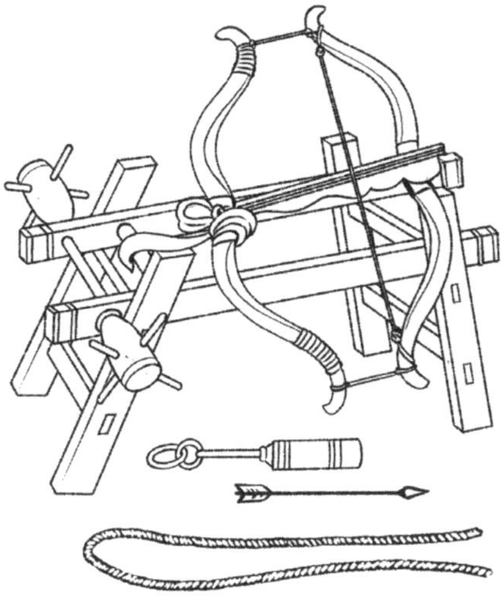

대형 노궁 쇠뇌 | 한나라판 발리스타라 할 수 있다.

기장군은 구역을 표시해 놓고 공차기를 즐겼다. 그에게는 이와 같은 일이 많았다.

## 피처럼 붉은 땀을 흘리는 그 말을 구해오라!

전한시대 한무제의 군대는 병과 사이의 분업이 잘 이루어진 선진적인 군대였다. 이에 반해 유목민족이었던 흉노는 전형적인 기병 위주의 군대였다. 한무제의 군대는 특히 진법이 상당히 발달해 있었는데, 보병 위주의 군대였음에도 불구하고 흉노의 기병에 일방적으로 당하지 않고, 어느 정도 흉노 기병에 대한 전투가 가능했다는 점은 주목할 만하다.

진나라 때부터 써온 노궁은 한무제의 군대에서도 여전히 주력 병기였다. 한무제의 노궁병들은 화살을 입에 물고 장전하는 것이 특징이었는

흉노기병 | 사실 유목기병은 몽골이나 흉노나 거기서 거기다.

데, 이는 신속한 재장전을 위해서였다. 심지어 노궁을 연속발사할 수 있는 장치들도 개발되었다. 다만 연속발사 장치는 재장전이 까다롭고 효과도 생각만큼 크지는 않았던 것 같다.

한무제의 군대는 노궁기병도 운용했다고 알려져 있다. 하지만 효과는 신통치 않았는지 이 이후에 노궁을 이용한 기병은 찾아보기 힘들다. 그도 그럴 것이 아무래도 활보다는 재장전이 까다로운 노궁을, 그것도 말 위에서 운용하는 것은 쉽지 않았을 것이다.

또한 노궁을 대형화시킨 쇠뇌와 함께 다양한 종류의 투석기도 사용

노궁기병 | 노궁기병이 있었다는 말은 있는데 활약상은 확인되지 않는다.

되었다. 즉 한무제의 군대는 고대 군대임에도 원거리 무기에 상당히 신경 썼다는 이야기이다.

반면 아시아 최초의 유목민족이었던 흉노는 모든 성인 남성이 기마와 기사말 위에서 활쏘기가 가능한 전형적인 궁기병 군대였다. 흉노가 사용한 활은 단일 목재로 만든 일반적인 '환목궁'이 아닌, 두 가지 이상의 소재를 혼합한 '합성궁'이었다. 환목궁은 어느 정도 이상 힘을 주면 부러지기 때문에 위력에 한계가 있었지만, 합성궁은 앞면에는 동물의 뿔과 같은 강한 소재를, 뒷면에는 동물의 힘줄과 같은 부드러운 소재를 사용해 활 자체

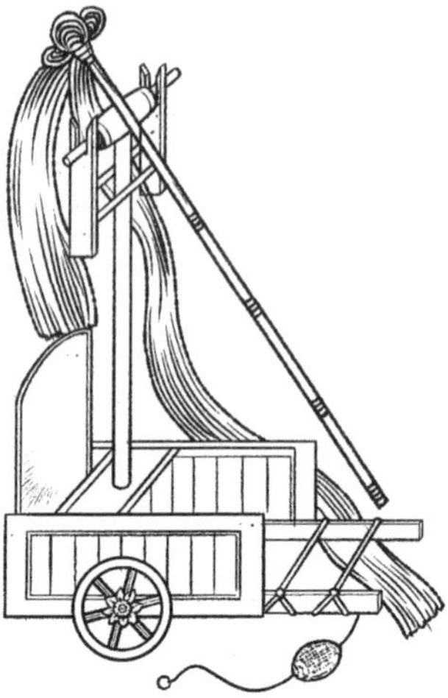
고대 중국의 투석기 | 공성은 모르겠지만 대기병용으로는 부적합하다.

의 탄성 강도를 비약적으로 늘릴 수 있었다. 다만 합성궁은 연강수량이 250~500밀리미터 미만인 스텝 기후 지역에서만 사용할 수 있다. 습기가 많은 지역에서는 합성궁의 탄성이 급격히 감소하기 때문이다. 따라서 합성궁은 중원 북쪽에 위치한 내륙 지역 유목민족의 전형적인 무기로 간주된다. 스텝 기후가 아닌 우리나라에서 합성궁인 각궁이 사용된 것은 매우 이례적인 일이다.

고대 전쟁에서 말의 중요성은 두말할 필요가 없을 것이다. 흉노족은 중앙아시아 특산인 말을 사용했는데, 이 말은 추위와 거친 먹이에 잘 견디며 지구력이 강할 뿐 아니라, 다른 짐승에 대한 저항력도 강하다는 특징이 있었다. 또한 흉노족 전사들은 항상 말 서너 필 이상을 끌고 다니며 사냥 직전에 항상 새 말로 갈아타는 유목민족 특유의 전통을 전투에서도 그대로 활용했다. 당연히 전투력과 기동력이 좋을 수밖에 없었다. 한무제는 흉노를 제압하려면 흉노의 말보다 더 힘 좋고 빠른 말이 필요하다고 판단했다. 그런 한무제의 귀에 서역의 대완국오늘날 투르크메니스탄에 하루 천 리를 달리고 피처럼 붉은 땀을 흘리는 말한혈마이 있다는 정보가 들어왔다. 한혈마는 실제로 물 한 모금 마시지 않고 360킬로미터나 되는 카라쿰사막을 횡단하는 뛰어난 능력을 가지고 있었다고 하는데, 한무제는 무려 7만의 병사를 소모하

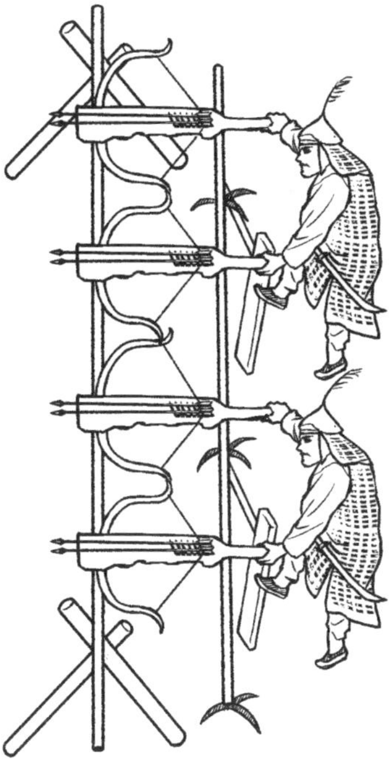

노궁 연속발사 장치 | 아마도 산탄총처럼 여러 발을 한꺼번에 발사하는 방식이었으리라 추측된다.

며 가까스로 암수 합쳐서 한혈마 3,000마리를 구할 수 있었다. 한혈마는 오늘날에도 세계 최고의 명마로 취급되며, 투르크메니스탄에서는 천연기념물로 지정되어 있다.

## 1차 흉노 정벌, 위청과 곽거병의 활약

장건을 보내 비단길을 개척한 지 딱 10년 뒤인 BC 129년, 마침내 1차 흉노 전쟁 첫 번째 원정의 장대한 막이 올랐다. 하지만 이 원정에서 한나라는 무참하게 패배한다. 당시 최전선의 장군 넷은 전부 패배했고 위청만

한무제 때 한혈마 동상 | 확실히 아시아 품종은 아니다.

이 소소한 전과를 올렸다. 이에 한무제는 전격적으로 위청을 총사령관으로 임명한다. 위청은 지금의 간쑤성 북쪽에 있는 오르도스 지역에서 흉노를 밀어내는 역할을 했는데, 오르도스 지역은 고원과 사막, 구릉과 평원으로 이뤄진 지형으로, 교통상의 요충지였다. 위청은 흉노를 외몽골로 몰아내서 오르도스 지역을 수복하고 마지막 일곱 번째 원정에서는 흉노의 선우를 잡기 위해 대격전을 치렀다. 원래 위청의 전투 스타일은 균형과 안전이었다. 따라서 사생결단의 섬멸전보다는 적을 밀어내는 데 치중했다. 하지만 저돌적인 스타일인 곽거병이 뜨자 각성한 위청은 마지막 전투에서 과감한 돌격을 시도, 대격전 끝에 대승을 거둔다. 흉노의 선우는 소수의 부하와 간신히 도망갔다는데 도중에 길을 잃고 헤맬 정도로 형편없이 패배했다.

앞서 곽거병이 5차 원정부터 참전했다고 했는데, 공교롭게도 이 5차 원정은 위청의 일곱 차례 원정 중에 가장 실패한 원정이었다. 그런데 하필 이때 곽거병 혼자만 대전과를 올린다. 사실 한나라 군대는 기병의 전력에 있어서 흉노와는 상대가 되지 못했고, 흉노 땅에 들어가 작전할 수 있는 한계가 불과 40일 정도였다. 그럼에도 불구하고 곽거병이 흉노를 격파할 수 있었던 비결은 한나라 내에 몽골족으로 구성되는 기병부대를 보유했기 때문이다. 다시 말해 이이제이, 즉 오랑캐로 오랑캐를 친다는 전법인데, 한나라는 전투마 훈련 및 육성을 위해 몽골족의 말 품종 수입 및 사육과 훈련법까지 받아들이고, 몽골족 기병부대까지 받아들여 흉노와 싸울 전력을 상승시켰다. 이 시스템을 받아들인 곽거병의 기병부대는 유목민족처럼 전투를 벌였고 이 전략은 대성공을 거두었다. 더욱이 이때쯤 되면 한무제의 군대는 각 병과 사이의 협동까지 능수능란해지는데, 한나라 군대는 흉노의 기병을 막기 위해 강력한 위력을 발휘하는 노궁과 ㄱ자 날과 창이 모두 장착된 '극'을 이용, 보병이 어느 정도 흉노기병에 대항할 수 있었다. 또한 '쇠뇌'라는 대형 노궁 발사 장치를 적극 활용해 흉노기병을 상대했다. 그리고 후방에는 기병이 대기, 1차적으로 흉노기병의 공격을 흡수한 다음에, 흉노가 후퇴할 때 기병으로 추격 섬멸하는 전법으로 흉노를 상대했다.

곽거병은 마지막 7차 원정에서 중국 칭하이성과 간쑤성의 경계에 걸친 험준한 기련산맥을 넘어 우루무치 일대까지 진출해 서쪽의 흉노를 섬멸했다. 일이 이렇게 되니 흉노와 같은 유목민족의 약점이 드러나기 시작했다. 유목민족은 통합된 부족이 아니기 때문에 신나게 털어먹을 때는 비교적 단합이 잘 되지만, 일이 여의치 않다 싶을 때는 바로 분열하는 약점이 있다. 아니나 다를까, 흉노족의 일부 부족이 한나라에 투항하기 시작했다. 위청과 곽거병의 활약으로 하서지구를 획득한 한나라는 이른바 하서 4군(장액, 주천, 돈황, 무위)을 설치하여 서역으로 가는 길을 확보, 흉노에 결정적인 타격을 주었다. 이로써 흉노는 물러가고 1차 원정이 마무리 되었다.

## 2차 흉노 정벌, 여자로 흥한 자 여자로 망한다?

연이은 패배로 위축된 흉노는 전열을 가다듬고 BC 91~90년에 걸쳐 상곡·오원과 오원·주천으로 다시 쳐들어왔다. 이에 한무제는 2차 흉노 정벌을 단행한다. 2차 원정에서도 여자가 등장한다. 위 부인이 나이가 들자 한무제는 급격히 흥미를 잃었고, 때맞춰 절세 미녀인 이씨가 등장한다. 이씨에게 홀라당 빠진 한무제는 바로 이씨를 후궁으로 들어앉힌다. 후궁 이씨는 한무제의 마지막 사랑으로, 죽을 때까지 총애한 여인으로 잘 알려져 있다. 아무튼 위청 때와 마찬가지로 이번에도 한무제의 기술이 들어간다.

"그대 오라비가 기골이 장대하다며? 뭐 하고 싶은 것 없대?"

"어머나, 폐하! 스윗가이."

후궁 이씨의 큰오빠 이광리는 바로 장군으로 등용된다. 그리고 이광리에게 흉노 정벌에 앞서 특별한 말을 구해오라고 지시한다. 흉노가 쓰는 저 거친 말보다 훨씬 강한 말을 원했던 것이다. 그래서 나온 것이 앞에서도 말했던 한혈마였다. 한무제는 한혈마를 얻기 위해 이광리에게 약 7만의 병력을 주어 대완국을 정벌케 했고, 우여곡절 끝에 한나라의 군대는 3,000의 한혈마로 구성된 기병을 구성할 수 있게 된다. 그리고 드디어 2차 원정이 시작되었다. 당연히 총사령관은 후궁 이씨의 오라비인 이광리였다. 한무제는 정예 기마군단을 그에게 내준다. 그런데 옆에 있던 젊은 장군 이릉도 병력을 나누어달라 한무제에게 청한다. 이릉은 명문 장군가의 후예이다. 한무제는 이광리 휘하의 보급부대를 이릉에게 맡기려 했다. 아니, 그런데 이놈이 보급부대 따위는 싫다며, 부득부득 전투부대를 달라고 조르는 것 아닌가.

"그대에게 줄 기병은 없다."

"보병이라도 좋습니다. 병력을 내어주소서."

한무제는 마지못해 5,000의 병력을 내어줬다. 하지만 심기는 불편하기 짝이 없었다. 주위의 신하들도 수군거렸다.

"하~. 이릉 저 분위기 파악 못하는 놈. 왕이 지금 후궁 이씨한테 눈이 돌아가 이광리 밀어주는데 왜 나대는겨?"

"저러다 지면 죽고, 이겨도 미움받게 될걸?"

아니나 다를까. 이광리는 연속해서 전투에서 대패를 하고 3만의 기병 중 무려 2만을 잃고 만다. 곧이어 이릉은 5,000의 보병으로 흉노 기병 3만과 맞선다. 치열한 전투가 벌어졌고, 몇 번의 전투에서 이릉은 놀랍게도 승리를 거두었다. 하지만 보급이 원활히 되지 않아 이릉은 궁지에 몰렸다. 흉노의 대병력이 이릉의 부대를 포위하고 맹공을 퍼부었으나 이릉의 부대는 무려 8일을 잘 버텨냈다. 하지만 중과부적으로 결국 흉노에게 항복하고 말았다. 이 소식을 들은 한무제는 그 자리에서 사형을 때렸다.

"그놈, 내 그럴 줄 알았다!"

그런데 이때 분위기 파악 못한 태사령 사마천이 입바른 소리를 해댔다.

"이릉은 죄가 없습니다. 그는 3만의 대군에게 포위되어 끝까지 분전했습니다. 임전무퇴의 그 정신은 오히려 상을 받아 마땅합니다."

한무제 | 20대 때부터 수완을 보인 한무제는 중국 역사상 가장 사랑받는 왕 중 한 명이다.

신하들이 다시 수군거렸다.

"여기 분위기 파악 못하는 놈 또 있네."

한무제의 노여움을 산 사마천은 곧바로 체포되어 옥에 갇히고, 결국 궁형에 처해진다. 사마천이 이런 수모를 겪게 된 것은 살아 있는 권력 앞에서 당당하게 '입바른 소리'를 했기 때문이다. 그리고 그는 허망한 죽음 대신에 치욕적인 삶을 택함으로써 역사에 길이 빛나는 위대한 저서를 남길 수 있었다.

어쨌든 한무제는 이광리를 교체하지 않고 계속 기회를 주었다. 그랬더니 대병력을 손실하고 간신히 승리하긴 했지만, BC 91년 2차 흉노 전쟁 마지막 원정에서 이광리는 대패했다. 여기서 그냥 가만히 있었으면 되는데 누이가 낳은 창읍왕을 황태자에 오르게 하려 한 혐의로 일족이 멸족

당하고 자신마저 위태롭게 되자 흉노로 홀라당 망명해버렸다. 처음에 흉노는 이광리를 환대하고 잘 대접했다. 그런데 흉노 선우의 어머니가 몸져눕자 계략에 의해 불길한 점괘를 무당이 내놓게 되고, 이에 따라 이광리는 인신공양 신세가 된다. 산 제물로 바쳐진 것이다. 여동생 잘둔 덕에 높은 자리에 오른, 능력 없는 자의 비참한 최후였다.

## 서쪽으로 쫓겨간 흉노, "가축을 먹일 땅이 없다"

한무제는 중국에서 가장 인기 있는 황제 중에 한 명이다. 그러나 정치적으로는 불행한 인물이었는데, 여기에 등장한 인물 모두가 끝이 불행했다. 그나마 한무제의 누이 평양공주와 결혼했던 위청만이 천수를 누렸다. 그러나 그 사후, 자식들이 정치적 사건에 휘말려 전부 죽임을 당한다. 한무제 역시 자식에게 역모의 누명을 씌워 손자들까지 처단하는 비정함을 보인다.

아무튼 한나라의 흉노 정벌 이후, 고비사막 건너로 쫓겨간 흉노는 더 이상 한나라 약탈이 불가능해졌다. 일단 예전보다 지정학적으로 한나라에서 엄청 멀어졌기 때문이다. 약탈 한 번 하려면 일단 고비사막을 사흘이나 걸려서 건너야 하는데, 뜨거운 모래투성이 사막을 건너면 사람이건 말이건 기진맥진할 것은 불 보듯 뻔했다. 〈사기〉 '흉노열전'에는 "고비사막 이남에서 흉노를 찾아볼 수가 없다."고 기록되어 있다.

그리고 또다시 흉노족의 분열이 시작되었다. 강력한 한나라의 압박과 극심한 천재지변이 겹친 가운데, 수대에 걸쳐 선우들이 일찍 세상을 뜨자 장자상속의 전통이 무너지고 내분에 휩싸이게 되었다. 그리고 BC 97

사마천 | 남성을 잃고도 불굴의 신념으로 위대한 역사서 〈사기〉를 남겼다.

년, 호록고선우가 등극할 무렵에는 동족 간의 세력다툼이 극심한 가운데 많은 눈까지 내려 가축들이 굶어죽고 흉년이 들었다. 수십 년에 걸친 흉노의 내분과 피폐해진 틈을 타 한나라는 오손과 협공하여 우곡려 왕의 본거지를 습격하여 3만 9,000명을 생포하고 가축 70만 마리를 포획하는 등 치명타를 입혔다. 이때가 BC 71년. 이로써 흉노는 한나라에 대한 세력을 완전히 상실하고 그저 그런 유목민족으로 전락하여 떠돌이 생활을 하게 된다. 이때의 상황을 흉노인들은 다음과 같이 탄식했다고 한다.

> "우리가 기련산을 잃어 가축을 먹일 땅이 없고 연지산을 잃어 여인들의 얼굴을 물들일 수도 없다."

BC 87년, 한무제는 평생의 소원이었던 흉노 정벌의 완성을 보지 못하고 눈을 감았다. 40년이 넘는 세월을 바쳤으나 끝장을 보지는 못한 것이다. 그러나 그가 죽은 뒤, 흉노는 지도자의 부재와 부족 간의 내분으로 세력이 크게 쇠퇴하여 역사의 뒤안길로 물러났다. 한무제의 흉노 정벌은 한-흉노의 역학관계를 역전시킨 사건이었을 뿐만 아니라 세계사의 '나비

효과'도 낳았다. 장건의 비단길 개척은 서양과 동양을 연결하는 통로를 뚫은 셈이었고, 고비사막 서쪽으로 옮겨간 흉노족 일부가 게르만족의 대이동을 촉발시켜 결국 서로마 제국의 멸망으로 이어졌다. 동양사가 서양사까지 바꿔놓은 사건이었다. 또한 입바른 소리 하다가 궁형을 받은 사마천은 〈사기〉 여러 곳에서 한무제에 대해 비판적인 시각을 드러내고 있지만, 그럼에도 불구하고 〈사기〉 '율서'에서 자신이 받은 형벌을, 나라를 다스리는 군주로서 정치를 했다며 '쿨하게' 받아들인다. 물론 "운용을 정당하고 적절하게"라는 한마디 쓴소리도 잊지 않았지만.

> "집안을 다스릴 때 훈계와 처벌을 하지 않을 수 없고, 나라를 다스릴 때 형벌을 버릴 수 없고, 천하 차원에서 정벌전쟁을 폐할 수 없다. 단지 운용을 정당하고 적절하게 해야 한다."

60여 년 동안 굴욕적인 화친으로 조공을 바쳤던 역사를 역전시켜 중국인의 자존심을 회복시켜준 한무제는 오늘날까지 중국인이 가장 사랑하는 황제로 손꼽히며 추앙받고 있다.

7

# 포에니 전쟁

**로마, 부자 식민도시 카르타고와 100년 넘게 싸워서 지중해의 패권을 잡다**

그는 전날 파울루스가 한 말을 생각했다.

'절대 그들의 계략에 말려들어선 안 되오. 항상 신중하게 움직이시오. 한니발은 뱀 같은 작자입니다.'

한니발? 뭐 명성은 익히 들어 알고 있었지만, 압도적인 병력이 있는 지금, 소심한 파울루스의 걱정은 찌질한 소리로 들렸다. 하루씩 번갈아가며 지휘를 맡는 것부터 짜증이 났는데 시어머니 잔소리까지 들으니 그는 심기가 영 좋지 않았다. 다행히 그가 지휘를 맡은 날 카르타고군이 싸움을 걸었다. 얼마나 다행인가. 그는 이번 기회에 원로원에 자신의 실력을 증명하고 싶었다. 제1선의 보병 전열은 이미 카르타고군과 접촉한 것 같다. 저 만치서 전령이 달려온다.

"바로 각하! 아군의 보병 대열이 적의 대열을 밀어붙이고 있습니다!"

뭐야? 이제 막 시작했는데 벌써 적을 밀어붙이고 있다고? 한니발이란 자가 명장이라더니, 역시 기나긴 원정길에는 장사가 없나 보다. 이렇게 맥없이 주저앉는 걸 보면 아마도 카르타고군은 싸우기도 전에 이미 만신창이가 되었음이 분명했다. 그는 여기서 서둘러 끝장을 봐야겠다고 생각했다.

"전 군단! 전진하라!"

그의 명령에 대기하고 있던 보병군단 전체가 질서정연하게 앞으로 나아가기 시작했다. 부하 하나가 말한다.

"각하, 아직 제1선의 상황을 잘 모릅니다. 한꺼번에 보병 전체를 투입하는 것은 좀……."

"개소리 마! 지금 우리 애들이 밀고 들어가는 거 안 보여? 너도 파울루스과냐?"

테렌티우스 바로의 핀잔을 들은 부하는 더 이상 말을 잇지 못했다. 로마 보병군단은 질서정연하게 제1선의 보병 대열에 합류했다. 이미 로마 보병은 거대한 직사각형이 되어 카르타고군을 밀어내고 있었다. 누가 봐도 로마군의 승리가 확실했다. 로마군은 카르타고군을 손쉽게 격파할 수 있을까? 아니, 도대체 왜 카르타고군은 스페인에서부터 로마까지 이 먼 원정의 길을, 그것도 로마를 향해 가는 것일까?

## 로마, 카르타고의 지중해 무역권에 군침을 흘리다

포에니 전쟁은 이탈리아반도에서 뻗어나가려던 로마와 페니키아의 돈 많은 식민도시 카르타고가 지중해 패권을 둘러싸고 무려 세 번이나 크게

페니키아 문자 | 알파벳의 근간을 이루는 문자이다.

붙었던 전쟁이다. 모두가 알다시피 세 차례에 걸친 대결은 모두 로마의 승리로 끝났다. 로마는 어떻게 카르타고를 이겼을까?

'포에니'란 식민도시 카르타고를 세운 페니키아인을 가리키는 라틴어였다. 말하자면 로마가 카르타고를 부르는 이름이 '포에니'였던 것이다. 페니키아는 고대에 대단한 문명을 꽃피운 나라였는데, 알파벳의 원형도 페니키아 문자다. 페니키아는 현재의 이스라엘, 레바논, 시리아 해안 지역에 자리했던 지중해 해상무역강국이었다. 사실 고대문명의 끝판왕은 이집트였다. 그런데 페니키아는 이집트 문명뿐만 아니라 메소포타미아 문명을 포함한 전 지중해 문명을 흡수해 그리스와 로마로 전파해주는 역할을 했다. 문자 이외에도 종교, 역사, 사상 등 전 분야에 걸쳐 방대한 문명을 전파해주었다. 페니키아의 이런 역할에 대해 19세기 독일의 고전학자 테어도어 몸젠은 다음과 같은 멋있는 말을 했다.

> "페니키아는 문명의 씨앗을 뿌린 농부가 아니라 문명의 낟알을 물어다준 새다."

무역으로 떼돈을 벌어들인 페니키아는 돈이 안 되거나 힘든 일은 스스로 안 하고 무조건 돈으로 해결하는 나쁜 습관을 가지게 된다. 식민지 개

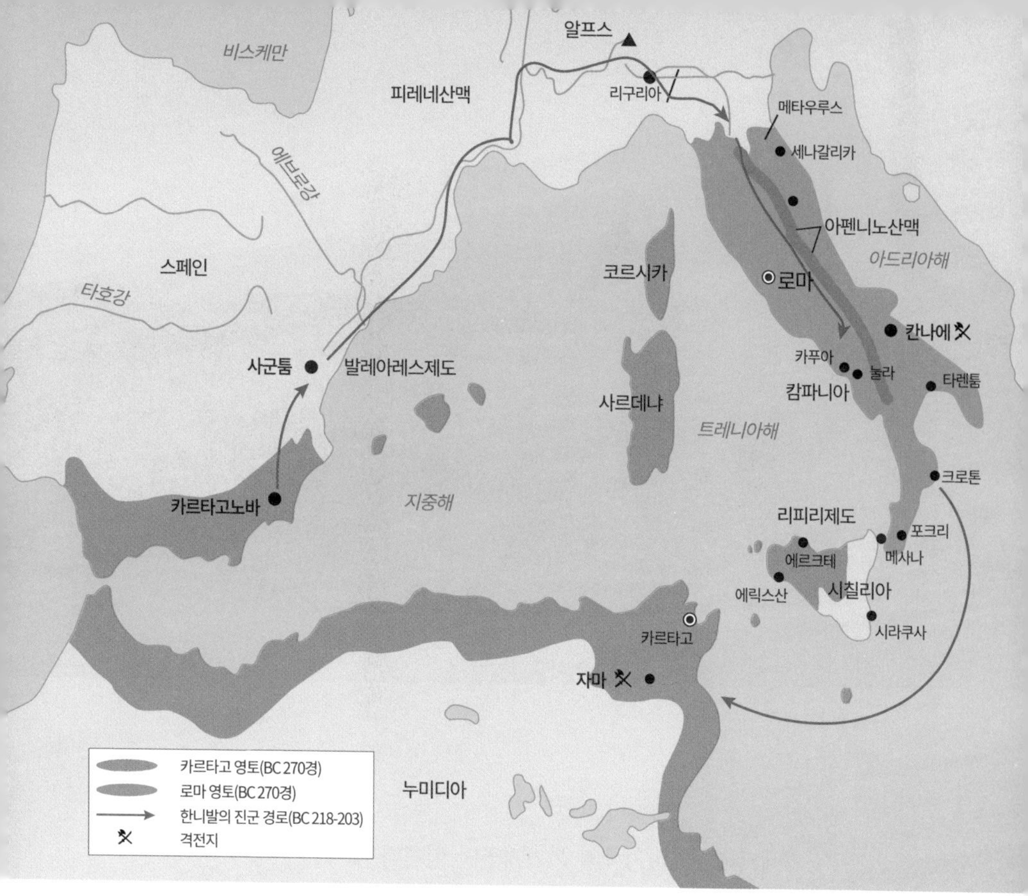


카르타고 영토 | 카르타고의 영토는 해안선을 따라 항구 위주로 형성되어 있다. 무역으로 한 시대를 풍미한 국가다운 모습이다.

척의 목적도 농업과 상업, 그리고 시장 확보였다. 이는 페니키아인들이 세운 카르타고의 영토를 보면 극명히 알 수 있다. 위의 지도를 보면 알 수 있듯이, 이베리아반도 남부 끝자락에서부터 리비아 동부 키레나이카를 포함한 북아프리카 북부 해안선 전체가 카르타고의 영토였다. 즉 항구도시들이 연결된 선을 따라 긴 띠처럼 국가를 세운 것이다. 부족한 식량은 무역이나 노예를 동원해 농사를 지어 해결했다. 뭐든지 돈으로 해결했다.

카르타고 유적.

BC 7세기 초, 페니키아의 본거지였던 현재의 레바논 지역이 아시리아에 점령당하자 페니키아인들은 오늘날 튀니지 북부인 카르타고로 중심지를 옮겼다. 이때부터 시스템이란 것이 필요하다는 사실을 절감한 페니키아인들은 국가의 모양새를 갖추려 노력했는데, 군대만큼은 단시간 내에 구성하기 힘들다는 것을 깨달았다. 그래서 그들이 생각해낸 것은 용병으로 군대를 대체하는 것이다. 군대 역시 '얼마면 돼?' 정책, 즉 돈으로 해결한 것이었다. 아무튼 카르타고는 지중해 요소요소에 거점도시들을 세우고 무역을 거의 독점했다.

그런 카르타고를 곱지 않은 눈초리로 바라보는 이가 있었으니 그것은 바로 로마였다. 당시 로마는 그리스와 같은 농업국가였지만 그리스와는 차원이 달랐다. 그들은 무역도 병행했으며 무엇보다도 강력한 군대를 보유하고 있었다. 이탈리아반도를 완전히 손아귀에 넣은 후, 로마는 항상 카르타고가 꽉 잡고 있던 지중해 무역에 군침을 흘리기 시작했다. 그리고 국가의 시스템에 눈뜨기 시작한 카르타고는 이제 국가를 넘어 제국을 꿈꾸기 시작했다. 로마는 더 이상 카르타고가 융성해지고 강해지는 꼴을 보고만 있을 수 없었다. 계속해서 영역을 확장하며 점차 제국의 길로 들어서는 로마에게 카르타고의 부는 너무나도 부러운 것이었다. 질투심을 불태우던 로마는 조만간 카르타고와의 한판 승부를 피할 수 없음을 예감했고, 전쟁을 통해 카르타고의 부를 자신들의 것으로 만들겠다는 계획을 세웠다.

때마침 그때 로마로서는 좋은 빌미가 생겼다. 당시 카르타고는 시칠리아 일부, 사르데냐, 코르시카 등 지중해 핵심 요지를 장악하고 있었는데, 야심만만해진 카르타고는 시칠리아에서 더욱 영토를 확장하려 했다. 로마는 이를 견제할 필요가 있다고 생각했다. 그리고 전쟁을 통해 시칠리아에서 카르타고를 쫓아내고 지중해까지 덤으로 장악하고자 했다. 하지만 두 나라 군대는 차이가 너무도 뚜렷했다. 지상전의 최강자가 로마라면 해상전의 최강자는 카르타고였다. 마치 그리스시대의 스파르타와 아테네 같은 형국이었다. 물론, 로마와 카르타고가 그리스 도시국가들보다 몸집이 몇 곱절 크기는 했지만.

## 로마와 카르타고의 무기

처음에 로마군의 시스템은 그리스군과 판박이였다. 로마도 태생은 그리스와 비슷한 도시국가였으니 당연히 그럴 수밖에 없었고, 따라서 자기

로마 병사들의 부조.

돈으로 칼과 방패와 갑옷을 살 수 있는 능력이 되는 사람들만 군대에 가는 시스템도 똑같았다. 그러다가 야만족이라고 업신여기던 지금의 프랑스 남부 켈트족의 침입으로 약 7개월간 도심을 점령당하는 굴욕을 겪기도 했다. 야만족에게 그런 치욕을 두 번 당하고 싶지는 않았던 로마는 군제개혁을 통해 군사혁신을 꾀했다. 군사혁신의 핵심 내용은 무엇보다도 훈련의 강화였다. 로마 군대의 훈련법은 다음과 같았다.

1. 30킬로그램 완전군장을 하고 5시간 안에 32킬로미터 주파.
2. 전투훈련 시, 약 두 배 무거운 훈련용 무기로 근력과 민첩성 강화.

왼쪽부터 벨리테스, 하스타티, 프린키페스, 트리아리 | 병종에 상관없이 창이나 다트 같은 원거리 무기를 지니고 있는 것이 이색적이다.

현대인의 시각에서 보면 완전 '지옥훈련' 아닌가. 무슨 특전사도 아니고. 만약 오늘날 군대가 이런 훈련 프로그램을 짠다면 아무도 군대에 가려 하지 않을 것이다. 로마군의 훈련 내용은 완전히 개인의 전투력 향상에 초점이 맞춰져 있다. 켈트족에게 당한 이유를 분석한 결과였다.

로마군은 하스타티, 벨리테스, 트리아리, 프린키페스로 불리는 4개의 부대로 구성되어 있었다. 하스타티는 젊은 병사들로 이루어진 경보병으로 전선의 맨 앞줄에 위치하여 적의 체력을 소모하는 역할을 수행했다. 쉽게 말해 칼받이, 요즘으로 치면 '총알받이' 격이었다. 벨리테스 역시 매우 가볍게 무장하였지만, 하스타티와는 성격이 조금 다른 부대이다. 이들은 여러 개의 투창을 들고 다니며 전투가 시작되면 최전방에서 창을 던

무장한 로마군단을 재현했다.

지는 임무를 맡았다. 즉, 다가오는 적에게 피해를 줘서 예봉을 꺾는 역할이었다. 대부분이 라틴 동맹국La Lega Latina, BC 7세기 무렵~BC 338년에 고대 로마 인근 라티움 지방에 있던 30여 마을과 부족들이 자신들에게 적대적인 이웃 지역에 대항해 서로 보호하고, 방어하기 위해 만든 연합체 병사들로 구성되어 있는 특징이 있었다.

트리아리는 나이가 많은 고참병으로 구성되어 있었고 이들은 최후방에 위치하며 여러 가지 전술적 움직임에 동원되거나 불리한 전선에 투입되는 등의 보조적인 역할을 했다. 얼핏 보면 강력한 예비부대 같지만, 그보다는 '땜빵부대'란 말이 더 어울린다.

마지막으로 프린키페스는 로마군의 핵심이자 주력을 이루는 병력으로, 이들은 젊고 전투 경험이 풍부한 30대에서 40대 초반의 시민으로 구성되어 있었다. 가장 결정적인 순간에 가장 결정적인 공격으로 전투를 마무리짓는 역할을 했다.

초기에 로마군은 그리스식 갑옷을 입었지만 곧 '로리카 하마타'라는 쇠미늘갈고리 갑옷으로 갈아입게 되었다. 로리카 하마타는 1세기가 될 때까지 로마군의 표준 갑옷이 된다. 하지만 이 갑옷은 칼에 베이는 것을 막는 효과가 있지만 찔리는 것까지는 막아주지 못했다. 로마군의 '갈레아' 투구는 둥근 형태에 그리스식과 마찬가지로 버컬러뺨 가리개가 있었고, 뒤쪽에는 작은 목 보호대가 달려 있었다. 당시 최선진국 군대답게 방어에 상당한 신경을 쓴 모습이다.

로마군의 방패는 '스쿠툼'이라고 불렸는데, 초기에는 그리스의 방패 호플론보다 조금 큰 정도의 타원형이었다. 로마시대를 배경으로 한 영화에서 많이 볼 수 있는 장방형의 스쿠툼은 중기 이후 로마 제국의 전성시대에 등장한 방패다. 스쿠툼은 나무판을 여러 겹 붙인 후 가죽과 철판으로 마무리하여 적의 창이나 활, 칼 등에 대한 방어력이 높았다. 하지만 나무와 가죽, 철판이라는 재료의 한계상, 도끼와 같은 타격 병기에는 취약한 편이었고 길쭉한 직사각형이라 집단이 대형을 이루는 방식에는 유리했지만 개인이 사용하기에는 너무 크고 무거우며 거추장스러웠다. 실제 로마시대 이후로 방패의 크기는 점점 작아지고 아직은 냉병기가 주류였던 15세기쯤에는 거의 자취를 감추었다.

두라 유로포스 유적에서 발견된 스쿠툼.

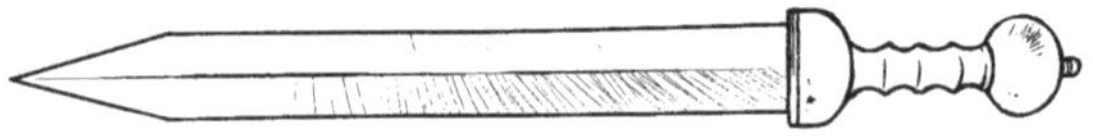

글라디우스 | 길이가 60센티미터 정도인 양날 검이다. 로마군은 전투 시에 밀집 대형을 이루었기 때문에 짧은 날의 검이 유리했다.

로마군은 전 기간에 걸쳐 '글라디우스'를 근접용 병기로 사용했다. 글라디우스는 베는 무기가 아닌 찌르는 무기로, 손잡이를 포함한 전체 길이가 60센티미터로 비교적 짧은 양날 검이다. 로마군은 보병이 밀집대형을 이루어 전투를 수행했기 때문에 긴 날보다는 짧은 날이 더 유리했다.

로마군이 즐겨 사용한 무기 중에 투창 '필룸'이 있다. 필룸은 창의 앞부분에 무게 추를 달아놓은 것이 특징이었는데, 무게 추가 달려 있어서 비행궤적이 비교적 안정적이었으며 타격 시에도 훨씬 강한 운동에너지를 가질 수 있었다. 특히 필룸은 적에게 명중하거나 적의 방패에 꽂히면 구부러져버렸기 때문에 적이 그것을 뽑아서 재사용할 수 없다는 장점도 있었다. 말하자면 '1회용 창'인 셈인데, 이 때문에 필룸을 던지는 병사 뒤에는 필룸을 한 아름 가지고 계속해서 창을 공급해주는 병사가 따로 있었다. 공급자와 사용자가 팀을 이루어 세트로 움직이는 시스템이었다.

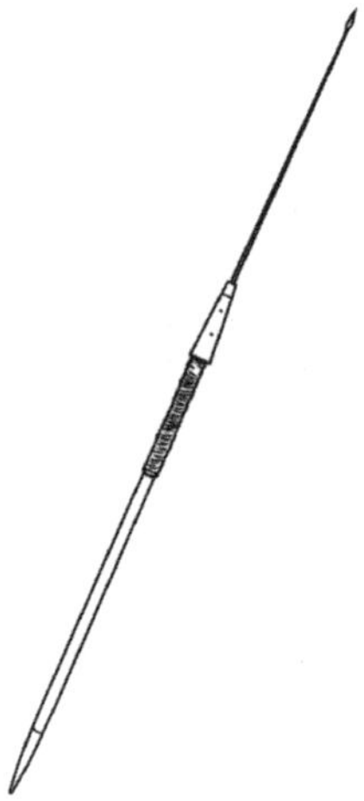

로마군의 투창인 필룸 | 목표물에 꽂히면 구부러져서 재사용이 불가능한 '1회용 창'이었다.

반면 카르타고군은 여러 민족과 용병으로 구성되어 훈련이 매우 부족했는데, 스파르타

누미디아 기병대 | 승마술이 매우 뛰어나 카르타고의 용병 가운데 최강의 전력으로 꼽혔다.

출신의 지휘관인 크산티프스의 지도 아래 강력한 훈련을 받으면서 점차 전투력이 강화되었다. 그러나 장비와 전술 면에서는 과거 마케도니아 군대의 장비와 전술을 그대로 차용했다. 하지만 카르타고령에 속한 누미디아 기병은 뛰어난 승마술로 당시 최강의 전력으로 통했다. 한편 카르타고에는 또 하나의 비밀병기가 있었다. 그것은 아프리카 코끼리를 이용한 코끼리군이었다. 코끼리군은 로마군에게 공포의 대상이었지만, 아프리카 코끼리는 성질이 사나워 조련이 쉽지 않았다. 카르타고의 코끼리군 운용에는 여러 가지 이야기가 있는데, 비교적 약한 개체나 어린 코끼리를 전투에서 사용했을 가능성이 제기되고 있다.

해군은 어땠을까? 당시 카르타고 해군은 지중해 최강이었다. 카르타고는 인공항까지 만들 정도로 해군력 증강에 과감한 투자를 해왔다. 당시

카르타고군 | 카르타고군은 마케도니아군과 구분이 불가할 정도였다. 그도 그럴 것이 스파르타 출신의 명장 크산티푸스가 총사령관이었기 때문이다.

는 3단 노선이 주력이었던 시대가 저물고 다단 노선이 새로이 등장했는데, 5단 노선은 기본이고 심지어 16단 노선까지 등장했다. 그러나 '다단'이라고 해서 반드시 노가 여러 층으로 설치된 것은 아니다. 노선의 수는 노를 설치하는 층수로 세기도 했지만, 하나의 노를 몇 명이 젓는가를 기준으로 세기도 하였다. 따라서 상하 2열로 노가 배치되어 있어도 이를 젓는 인원이 다섯 명이면 5단 노선이다. 카르타고의 함선은 로마군의 함선보다 속도가 빨랐다. 하지만 선상에 소수의 병력만 배치할 수 있었고, 추가된 무기도 없었다. 그러나 로마군의 함선은 상대적으로 속도가 느린 대신 배의 크기는 커지고 갑판의 넓이도 넓어졌다. 따라서 로마 함선은 대형 쇠뇌인 '발리스타'나 투석기를 배에 탑재하기 시작한다. 다만 이런 무기들은

카르타고 해군의 인공군항 | 규모가 어마어마하다.

배를 격침시킬 정도까지는 못 되었고, 적함의 노꾼들이나 갑판 위 병사들에게 피해를 입히는 정도에 그쳤다.

이때의 주 전술도 여전히 충각 돌격이나 선상 백병전이었다. 지금까지는 갈고리 달린 밧줄을 적선에 걸거나, 혹은 충각을 들이받은 상태에서만 적의 배로 건너가 백병전이 가능했지만, 이마저도 높은 파도로 인해 이따금 두 배가 분리되곤 해 선상 백병전을 즐겨하던 로마군은 이를 해결할 방법을 모색한다. 그리고 그 결과 로마군은 '코르부스Corvus' 즉 까마귀라는 특수한 장치를 개발한다. 까마귀는 배의 갑판 위에 장착되는 가교의 일종이다. 길이 11미터, 넓이 약 1.2미터의 목재 가교 끝에는 쇠로 된 무거운 스파이크가 달려 있었다. 이 까마귀를 도르래로 조종해 적 함선에 걸친 다음, 이를 통해 배 위에 대기하고 있던 병사들이 적함으로 쉽게 건너가 백병전을 벌일 수 있었다.

BC 260년 밀라이 해전에서 로마군은 까마귀를 처음 사용해 대대적인 전과를 올렸다. 그러나 까마귀 자체가 무척 무거웠기 때문에 배의 기동에 지장을 주었고, 까마귀를 들어올린 상태에서 바람이 불거나 파도가 높아지면 자칫 배가 뒤집힐 위험마저 있었다. 하지만 로마군으로서는 선택의 여지가 없었다. 로마군이 최강의 카르타고 해군을 상대하려면 까마귀의 도움이 절대적이었기 때문이다.

## 1차 포에니 전쟁, 로마군의 까마귀가 대활약하다

BC 3세기경, 카르타고가 지중해의 해상무역강국으로 일어설 때까지, 로마는 이탈리아반도에서의 전쟁으로 정신이 없었다. 일단 내부적인 전쟁을 마무리하고 눈을 카르타고로 돌렸는데, 갈수록 카르타고의 해군이 만만찮게 성장하는 것을 로마는 불안한 눈으로 바라보고 있었다. 카르타고군의 주력 함선은 해상무역강국답게 5단 노선이었는데, 막강한 해군력으로 지중해 일대의 제해권을 확실히 틀어쥐고 있었다. 이에 로마군은 자신들의 장점을 살리기로 결심하고 신무기인 코르부스까마귀를 이용해 적의 함선으로 건너가 백병전을 실시하는 전법으로 카르타고군과 대결하기로 결심한다. 더욱이 로마군은 전투병이 까마귀를 건너는 동안에도 뱃전에서 투창과 발리스타대형 쇠뇌로 공격할 수 있는 시스템도 동시에 준비했다. 사실 카르타고군의 함선은 로마군 함선보다 속도가 빨랐지만, 군선이라기보다는 무역선에 가까웠다. 그들이 벌였던 전투란 것도 정규군과

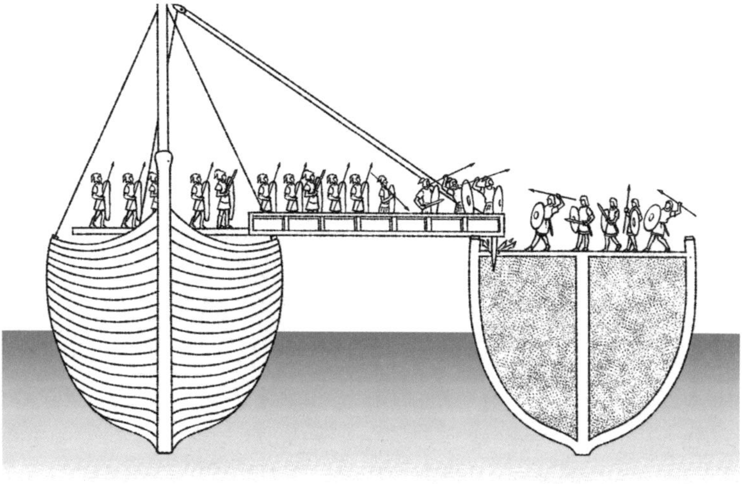

까마귀 사용 원리 | 그림처럼 적의 배에 가교를 놓아 보병을 적의 배에 승선시킨다는 원리지만 파도가 일렁이는 바다 위에서 이 방법도 결코 쉽지 않았다.

의 싸움이 아닌 해적 소탕 정도였기 때문에 로마의 정규 해군과 붙었을 경우 과연 승리를 장담할 수 있을지는 의심스러웠다. 선상에서 백병전을 벌일 병력도 그다지 많지 않았다. 반면 로마군은 함선 한 척에 전투병력만 50~100명이 탑승해 카르타고군과는 비교할 수 없을 정도였다.

1차 포에니 전쟁은 주로 해전이었고, BC 260년부터 BC 241년까지 다섯 차례의 해전에서 벌어졌다. 이 해전에서 로마군은 5전 5승, 전승을 거두었다. 역시 까마귀라는 신무기가 결정적인 역할을 했다. 한때 승리감에 도취된 로마군이 무모한 상륙전을 감행해 전멸당하는 수모를 겪기도 했고, 폭풍우에 함대 전체가 거의 궤멸당하는 위기를 맞기도 했지만, 카르타고는 해전에서 워낙 참패했던지라 이 기회를 살리지 못하고 결국 로마에게 지중해 제해권을 빼앗겼다. 그래도 1차 포에니 전쟁은 카르타고에

현대 그리스 해군이 제작한 복제 3단 노선 올림피아스호의 이미지를 바탕으로 만든 3단 노선 함대.

게 완전항복이 아닌 불리한 종전 정도로 끝났다. 시칠리아에서 확보한 영토의 양도와 배상금, 그리고 사르데냐와 코르시카까지 양도를 골자로 한 협상조건은 로마로서는 꽤 만족스러운 성과였다. 하지만 당시 어마어마한 부자였던 카르타고 입장에서는 '응, 쬐끔 부담스럽네?' 정도였다. 심지어 별도로 세금을 거두어들이지 않고도 카르타고는 배상금 전액을 지불했다. 로마는 카르타고 부의 규모에 경악했다.

1차 포에니 전쟁 이후 카르타고는 강력한 육군을 양성하기로 결심했다. 그리고 그 핵심 인물은 한니발의 아버지이자 시칠리아의 책임자였던 하밀카르였다. 하지만 카르타고인들의 의식구조를 바꾸는 것은 쉽지 않았다. 당시 카르타고 사람들의 생각은 단순했다.

한니발의 아버지 하밀카르가 그려진 은화 | 하밀카르는 카르타고인들이 가지고 있던 의식구조를 타파하려 했다.

'군인 징집을 왜 해? 돈으로 용병을 사면 되지.'

그런데 용병의 속성 중에 하나가 약한 놈이면 털어먹지만 강한 상대 앞에선 줄행랑을 쳐버리는 것이다. 국가 간의 운명을 건 전투에 투입하기에는 '갈대 같은 마음'을 가진 용병은 신뢰도가 낮았다. 하밀카르는 로마와의 전쟁에서 다음과 같은 중요한 사실을 깨달았다.

"용병이냐 징집병이냐가 중요한 게 아니다. 군대는 지휘관과 병사가 서로 신뢰하면 최고의 군단이 될 수 있다."

사실 이 개념은 로마 전성기 때 로마군단의 기본 모토였다. 즉 로마군단 개념의 아버지는 카르타고의 하밀카르였다. 하밀카르는 스페인으로 건너가 식민지를 건설하고 카르타고 최고의 군대를 양성하기 시작한다. 이런 하밀카르의 행보를 로마가 가만히 놔둘 리 없었다. 로마는 당대 최고의 킬러를 고용해 하밀카르를 암살해버렸다. 이제 하밀카르의 유지는 아들 한니발이 잇게 되었다. 그리고 그는 아버지가 키운 군대를 이끌고 로마 정복길에 나선다. 로마의 허를 찌른 것이다. 이것이 2차 포에니 전쟁이다.

하밀카르는 어린 한니발에게 평생 로마를 적으로 삼겠다는 맹세를 하게 했다. 한니발의 맹세를 소재로 그려진 19세기 유화.

## 2차 포에니 전쟁, 한니발의 전설과 칸나에 전투

한니발이 로마로 가는 길은 험난했다. 1차 포에니 전쟁 이후 로마에게 제해권을 빼앗겼기 때문에 바닷길로는 로마로 갈 수 없었던 한니발은 불가피하게 육로를 선택해야 했다. 그것도 험준한 피레네산맥과 알프스를 넘어야 하는 길이었다. 한니발은 예하의 최정예 부대였던 누미디아 기병뿐만 아니라 수십 마리의 코끼리도 데려갔다. 프랑스에서는 론강을 건널 때, 코끼리용의 거대한 뗏목을 만들었다. 그런데 문제는 코끼리가 도무지 뗏목 위에 올라가려 하지 않는 것이었다. 이에 한니발의 군대는 코끼리의

알프스를 넘기 전에 전투 코끼리를 싣고 론강을 건너는 카르타고 군대 | 1878년에 그려진 그림이다.

정신적 안정을 위해 뗏목 사이사이를 나뭇가지로 메운 다음, 그 위에 흙과 코끼리의 배설물을 깔아 코끼리로 하여금 육지로 착각하게 해서 겨우겨우 강을 건널 수 있었다. 하지만 험난한 원정 과정에서 수많은 병력을 잃어버렸다. 보병은 9만에서 2만으로 줄었고, 기병은 1만 2,000에서 6,000으로 반토막이 났으며. 코끼리는 수십 마리 가운데 37마리만 남았다. 워낙 험준한 산맥에서 낙상이 속출했기 때문이다.

카르타고 원정대는 보급을 해결하기 위해 가던 중에 갈리아족을 약탈했다. 그러면서 일부 갈리아족을 포섭해 원정대의 병력을 보충할 수 있었다. 그러나 효과는 미미했다. 대부분의 전력을 손실한 상태에서 과연 로마와 싸우는 것이 가능할까 하는 의문이 군대 전체에 퍼지기 시작했다. 실제로 실패한 것이나 다름없는 한니발의 원정대는 전체 규모가 25퍼센트로 확 줄어든 상태였기 때문이다.

하지만 한니발은 이 병력으로 정복을 감행했다. 여기서부터 한니발의 전술적 천재성이 빛나기 시작하는데, 그는 주어진 상황에 맞춰 즉흥적으로 전술을 운용하는 탁월한 재주를 가지고 있었다. 예를 들어 추운 어느 날, 아침식사 중인 로마군 진지에 기병을 보내 기습을 한다. 이에 분노한 로마군 지휘관이 카르타고군을 향해 무조건 돌격을 감행하면, 그들은 고스란히 카르타고군이 파놓은 함정에 걸려들어 깨끗이 전멸하곤 했다. 한니발은 지형과 기후, 전술뿐만 아니라 상대의 심리까지 이용해 200퍼센트 효과를 창출할 수 있는 인물이었다.

사태가 심각하다고 판단한 로마 원로원은 새로운 사령관으로 파비우스를 파견했다. 파비우스가 세운 전략은 지연작전이었다. 이것은 오랜 원정길에 파김치가 된 카르타고군을 상대하기 위한 당연하고도 기본적인 전략이었다. 하지만 여기에 정치가 개입한다. 로마 원로원은 다음과 같은 메시지를 파비우스에게 보냈다.

"위대한 로마군이 겨우 소수의 병력에 맞서 지연전을 펼친다는 것은 있을 수 없는 일이다. 전면전을 거행해 하루속히 카르타고라는 종기를 뽑아내라."

이때부터 파비우스와 원로원의 설전이 오가기 시작했다. 그리고 이 사실을 알아차린 한니발은 맹랑한 작전을 썼다. 원정길에 많은 로마 영지를 약탈하며 유독 파비우스의 영지만은 건드리지 않는 전략을 쓴 것이다.

알프스를 넘는 한니발의 병사들과 코끼리 부대 | 험준한 알프스를 넘다가 여러 마리의 코끼리가 죽고, 37마리만 살아남았다.

당연히 원로원에서는 파비우스에게 의심의 눈초리를 보냈고, 결국 상황에 떠밀려 로마군은 전면전을 펼칠 수밖에 없었다.

사실 한시가 급한 한니발로서는 전면전을 서둘러야 했다. 결국 로마군은 두 명의 야전지휘관에게 한니발을 섬멸하라고 명령한다. 이것이 바로 칸나에 전투이다. 칸나에 전투 당시 로마군은 두 명의 현장 지휘관이 있었다. 한 명은 아이밀리우스 파울루스, 다른 한 명은 타렌티우스 바로. 이들은 서로 하루씩 교대로 지휘했다. 신중한 성격의 파울루스는 다음과 같이 말했다.

"한니발과 평원에서 절대 붙으면 안 된다."

반면에 바로는 실전 경험이 전무했음에도 과격한 전법을 선호하는 성격이었다. 칸나에에서 로마군은 약 8만의 보병과 7,000의 기병을 보유했고, 한니발의 카르타고군은 2만의 보병과 6,000의 기병, 그리고 코끼리 37마리가 전부였다 **도중에 갈리아족 용병을 포섭하여 새로이 2만의 보병과 2,000의 기병을 확보할 수 있었다**. 결과적으로 카르타고군은 기병에서는 약간 앞섰지만, 보병은 로마군의 절반에 불과했다. 로마군 지휘관들의 성향을 곧바로 파악한 한니발은 실전 경험이 없는 바로를 싸울 상대로 골랐다. 바로는 자신만만하게 곧바로 1진의 보병들에게 진격 명령을 내렸다. 그 사이 양익에서는 로마군과 카르타고군 기병이 격돌하고 있었다. 로마군이 밀고 들어오는 순간, 카르타고군은 초승달 형태로 늘어지면서 로마군을 마치 자루처럼 감쌌다. 하지만 바로는 이를 깨닫지 못하고 1진이 카르타고군을 밀어붙이는 것으로 착각, 곧바로 보병 2진에게 진격을 명하며 다음과 같은 말을 했다.

"2진은 1진의 틈을 메워 함께 적의 중앙을 돌파하라."

19세기 화가 하인리히 로이테만이 그린 〈칸나에 전투에서의 한니발 바르카〉 | 칸나에 전투에서 로마군은 대량학살을 당한다.

이는 다시 말해 병사 한 명이 서 있을 공간에 두 명의 병사가 비집고 들어가라는 말이다. 이로써 로마군 보병들은 몸을 움직일 수조차 없을 정도로 운신의 폭이 좁아졌다. 그리고 이 무렵, 카르타고군 기병들은 로마군 기병들을 완전히 격파했다. 이제 카르타고군은 거대한 자루 형태로 로마군을 포위했고, 로마군의 배후에는 카르타고군 기병이 탈출로를 막고 있었다. 그리고 카르타고군의 일방적인 학살이 시작됐다. 한나절이 지나자 칸나에 들판은 6만여 명의 로마군 시체로 온통 붉게 물들었다. 이제 로마군의 최정예 부대는 없어졌으며, 로마군의 처지는 바람 앞의 등불이었다. 로마군 중 유일하게 탈출한 부대는 스키피오의 일부 기병부대였다. 이 전투 덕분에 한니발은 영웅에서 전설이 되었다.

## 한니발은 왜 로마를 점령하지 않았나?

이제 로마의 멸망은 시간문제였다. 시민들은 동요하였고, 로마군의 사기는 바닥까지 떨어져 한니발의 군대가 로마에 입성하기만 하면 모든 것이 끝장날 판이었다. 하지만 칸나에 전투 이후, 한니발은 무려 15년 동안이나 로마 외곽 지역으로만 빙빙 맴돈다. 도대체 어찌된 일일까? 왜 한니발은 곧장 로마로 진격하지 않았을까?

한니발의 로마 원정 목표는 로마의 동맹국들을 이탈시켜 전쟁에서 승리하는 것이었다. 따라서 한니발은 포로들 중에 로마군 포로와 로마의 동맹국 포로들을 나누고, 로마군 포로들은 모조리 처형한 반면, 동맹국 포로들은 아무 조건 없이 귀향시켰다. 상황이 이렇게 되자 로마는 발등에 불이 떨어졌다. 그리고 이 시점에서 로마는 어마어마한 정치력을 발휘한다. 바로 로마 시민권을 이용해 동맹의 이탈을 막은 것이다.

여기서 로마 시민권에 대해 좀 알아볼 필요가 있다. 로마 시민권이란 로마 시민이 누릴 수 있는 권리를 뜻한다. 로마인들은 자신의 뿌리를 크게 두 가지로 보았다고 한다. 고대 트로이에서 건너온 아이네이아스아시아계와 로물루스이탈리아 원주민가 그것이다. 로마인들은 자신의 혈통을 순혈이 아닌 혼혈이라고 여겨왔기 때문에 타문화와 타민족에 관대했으며, 심지어 이민족 출신 노예들의 경우 10~15년을 일하면 대개 해방되었고, 자

한니발 흉상 | 한니발은 뛰어난 전략가였지만, 정치에는 무능했다.

녀들은 로마 시민이 될 수 있는 자격이 주어졌다. 개인의 혈통이나 문화, 종교는 시민권 자격에 포함되지도 않았다. 오직 로마를 위해 어떤 일을 했는지가 기준이었다.

칸나에 전투의 지휘관 파울루스 역시 이민족 출신이었다. 심지어 칸나에 전투로부터 400년쯤 뒤인 서기 193년에 로마의 새로운 황제로 즉위한 셉티미우스 세베루스는 로마를 멸망시킬 뻔했던 한니발의 나라 카르타고의 후예였다. 당시 원로원 역시 의원의 절반이 식민지나 이민족 출신이었다. 자신들을 멸망 직전까지 몰고 갔던 적국의 후손조차 황제로 받아들일 만큼 로마는 포용적인 사회였다. 즉 로마 제국에 편입된 이주민과 도시국가들한테 로마는 충성해야 할 주인이 아니라 자신들이 가꾸어 나가고 지켜야 할 소중한 무언가가 되어 있었다.

로마는 바로 이 시민권 부여정책으로 동맹의 이탈을 방지하는 데 성공한다. 그리고 이것은 한니발을 크게 당황시키기에 충분했다. 사실 한니발의 부하들은 바로 로마로 밀고 들어가자고 강력하게 한니발에게 권고했다. 하지만 한니발이 말을 듣지 않자 다음과 같이 넋두리를 했다고 한다.

> "신은 인간에게 두 가지 재능을 주지 않는다. 한니발은 승리하는 재주는 탁월하지만 승리를 이용할 줄 아는 재주는 없다."

공교롭게도 한니발의 롤 모델은 알렉산드로스 대왕과 피로스였다. 이 둘의 공통점은 전투에는 탁월하나 통치력은 심히 부족했단 점이다. 다시 말해 칸나에 전투는 한니발의 천재성과 한계성, 두 가지를 모두 보여준 전투였다. 사실 본국인 카르타고에서 지원을 받을 길이 요원했던 한니발에게는 무리한 로마 진공이 두려웠을 수도 있었을 것이다. 왜냐하면 당시 지중해 제해권은 여전히 로마에게 있었기 때문이다.

한니발의 의도를 간파한 로마는 오히려 카르타고 본국으로 원정을 떠난다. 먼저 스키피오가 카르타고의 가장 유력한 식민지인 스페인으로 원정을 떠났다. 이때 스키피오 가문이 총출동하게 되는데 공교롭게도 아버지와 아들 이름이 모두 스키피오로 같았다. 하지만 아버지 스키피오는 스페인에서 카르타고군에게 포위돼 전사하고, 아들 스키피오가 재차 원정을 떠나 스페인을 휩쓸어버린다. 이 원정에서 스키피오는 한니발의 유연성 있는 전술을 적극 벤치마킹해 큰 성공을 거두었다. 그리고 스키피오는 카르타고 본국에 대한 공격을 결심한다. 바로 이 점이 스키피오와 한니발의 차이였다.

한니발이 알렉산드로스 대왕과 더불어 롤모델로 삼은 피로스. 에페이로스의 왕으로, 초기 로마의 강력한 적수였다.

상황이 이렇게 되자 카르타고 의회는 전령을 띄워 한니발에게 급히 돌아오라고 종용했다. 15년 동안 밀 한 톨 지원해준 적 없으면서 말이다. 한니발은 로마군의 해상전력이 카르타고로 모두 출전한 틈을 타 바닷길을 통해 본국으로 귀환했다. 이때 한니발에게 남은 병력은 보병 1만 5,000과 기병 2,000이 전부였다. 귀환하자마자 쉴 틈도 없이 한니발은 이 병력을 끌고 로마군을 막기 위해 출전했다. 한니발은 평원에서의 전투를 피하고 보급만 원활하다면 승산이 있다고 판단했다.

하지만 여기서 또 쓸데없이 정치가 개입한다. 카르타고 의회는 위험하게시리 카르타고시에서 싸우지 말고 멀리멀리 떨어진 외곽으로 나가서 싸우라고 한니발을 닦달했다. 결국 한니발은 카르타고 중심에서 멀리 떨어진 자마 평원에서 로마군과 대치했다. 여기서 한니발은 스키피오에게 협상을 시도한다.

자마 전투를 묘사한 판화 | 1567년에 만들어진 작품이다.

"식민지인 스페인을 양도할 테니 철수해달라."

그러나 스키피오는 일언지하에 거절했다. 왜냐? 천하의 한니발이 협상을 건다는 건, '나 자신 없소'라고 말하는 것과 같았기 때문이다. 결국 양군은 자마에서 격돌했다. 스키피오는 한니발의 전매특허인 양익 포위를 예측했다. 따라서 스키피오는 한니발군의 절반만을 에워싸고 기동전으로 대응한다. 결국 중과부적이었던 카르타고군은 자마 전투에서 완전히 궤멸하고 만다.

한니발은 가까스로 탈출에 성공했지만 고국으로 돌아가지는 않았다. 자마 전투의 패배 이후 더 이상 카르타고에 희망이 없다고 판단하여 소아시아로 도망을 간 것이었다. 하지만 한니발이 살아 있는 한, 발 뻗고 잘 수 없었던 로마는 한니발을 제거하기 위해 집요하게 추적했다. 한니발은 결국 소아시아의 비티니아 왕국으로 망명했다. 그리고 곧 로마 원로원에서 온 사신이 비티니아를 방문하여 한니발의 신병을 인도하라고 요구한다. 결국 운이 다했음을 깨달은 한니발은 독배를 마시고 자살했다. 자마 전투로 영웅이 된 스키피오 역시 뇌물 스캔들로 로마를 떠나 이탈리아 중남부의 시골 도시인 리테르눔Liternum에서 은거하다가 사망했다. 그는 도시 로마의 귀족들에 염증을 느껴서 자신을 로마시에서 멀리 떨어진 곳에 묻어달라고 유언했다고 전한다. 한니발과 스키피오, 숙적이었던 두 사람은 같은 해에 나란히 눈을 감았다.

로마인이 평가한 '한니발의 잔혹함'이란 거친 군인을 뜻한다. 군대와 전술밖에 모르는 군인으로 해석한 것이다. 그러나 15년의 원정 동안 단 한 명의 탈영병도 없었음을 감안한다면, 그는 탁월한 군사 지도자였음엔 틀림없다. 스키피오는 한니발의 전술 원리를 이해하고 이를 한층 더 발전시킨 인물이다.

자마 전투 패배 이후, 결국 방법이 없었던 카르타고는 다시 한 번 로마에게 막대한 배상금을 지불했다. 또한 카르타고의 모든 해외 식민지를 로마에게 양도하는 조약까지 맺게 된다. 하지만 워낙 돈이 많았던 카르타고는 로마가 요구한 배상금을 30년 만에 다 갚아버린다. 이번에도 따로 세금을 거두지 않았다.

## 3차 포에니 전쟁, 3년을 버틴 카르타고 무너지다

사실 카르타고의 문명은 찬란한 것이었다. 세계 최초의 아파트도 카르타고에서 나왔고, 진흙과 조개껍질을 섞어 방수하는 방법도 카르타고가 원조였다. 이렇게 찬란했던 카르타고가 왜 정치나 외교, 그리고 전투에서는 로마에게 궁극적으로 패배했을까? 카르타고는 상업에 치중한 나머지 그 외의 성장은 지지부진했다. 특히 군사력을 지속해서 용병에 의존하는 매우 좋지 않은 정책을 고수했다. 뭐든지 돈으로 해결할 수 있다는 생각에서였다.

아무튼 2차 포에니 전쟁에서 카르타고는 로마와 매우 굴욕적인 조약을 맺게 되는데, 그중 하나가 정말 기가 막히게도, '로마의 허락 없이 전쟁을 할 수 없다'는 것이었다. 일이 이렇게 되자 카르타고의 많은 식민지들이 독립하게 되고, 그중 누미디아는 항상 막강한 군사력으로 카르타고의 편에서 싸웠으나, 이제는 오히려 호시탐탐 카르타고를 노리는 존재가 되었다. 그리고 누미디아의 도발과 위협에 카르타고가 맞서자 강화조약 위반을 빌미로 로마는 카르타고를 다시 침공한다. 카르타고는 바로 로마 앞에 납작 엎드렸다. 로마가 말했다.

"너희가 사과하니 받아주겠다. 단, 조건이 있다. 카르타고의 모든 무기를 로마에 넘겨라."

카르타고군은 어처구니없게도 로마에 모든 무기를 넘겨주었다. 그런데 로마군은 약속을 어기고 철수를 하지 않았다. 로마는 이번 기회에 카르타고를 멸망시키기로 결심했던 것이다. 로마군의 의도를 뒤늦게 알아챈 카르타고는 모든 시민이 성 안으로 들어가 농성에 돌입했다. 최후의 순간

19세기 영국 화가인 에드워드 포인터가 그린 〈투석기〉(1868) | BC 146년, 3차 포에니 전쟁에서 로마군이 투석기(캐터펄트)를 이용하여 카르타고의 성문을 부수고 카르타고를 멸망시키는 장면을 묘사하고 있다. 거대한 투석기의 나무 기둥에는 로마의 정치가 대 가토의 유명한 말인 "카르타고는 멸망되어야 한다(Delenda est Carthago)"가 새겨져 있다. 이로써 카르타고는 로마에 의해 역사에서 지워지게 된다. 평화는 절대 돈으로 살 수 없다.

에야 비로소 카르타고는 국가다운 저항을 시작한 것이다. 여자들의 머리카락을 잘라서 활시위로 만들면서 카르타고는 보급이 단절된 상태에서 무려 3년을 버텼다. 그러나 때는 이미 늦었다. 3년 만에 성벽을 무너뜨린 로마는 시가전을 벌여 카르타고 시민들을 학살했다. 25만의 시민 중 무려 20만이 죽고 나머지 5만은 노예로 세계 각지로 팔려나갔다. 로마군은 잔인하게도 황폐해진 카르타고 땅에 소금을 뿌려 무려 100년간 불모지로 만들었다.

포에니 전쟁이 주는 교훈은 실로 간단하다. 돈으로 국가를 유지할 수 없고, 평화를 얻을 수 없다는 것이다. 칼을 내려놓는 순간 평화는 저 멀리 사라진다. 3차에 걸친 포에니 전쟁 결과, 카르타고는 지도에서 완전히 지워졌고, 지중해의 패권을 장악한 로마는 유럽으로 눈을 돌리게 된다.

# 8

# 로마 전쟁과 팍스 로마나

### 두 번의 삼두정치, 그리고 황제파의 승리 끝에 '전쟁 없는' 200년을 누리다

100년 이상에 걸쳐 벌어진 3차의 포에니 전쟁으로 로마에서 일어난 변화는 자영농의 몰락과 귀족 지주들의 대농장라티푼디움 발달이었다. 자영농이 몰락했다는 것은 더 이상 시민군을 구성할 수 없게 되었다는 뜻이다. 그럼으로써 이제 로마의 군대는 완전히 직업군인으로 전환된다. 그리고 이때부터 로마는 해외정복으로 영토를 확장하고 노예 노동력을 수입하는 정책을 펼쳤다. 이른바 제국의 길로 들어선 것이다. 그렇다면 그 많던 로마의 농민들은 모두 어디로 갔을까? 몰락한 로마의 농민들은 대거 도시로 몰려들어 도시 빈민이 증가하게 되는 원인이 되었다. 이렇게 되자 귀족들이 도시 빈민들을 먹여 살려야 하는 아이러니한 상황이 발생했다. 이런 상황을 겪으면서 로마의 정치체제는 원로원, 집정관, 호민관 등이 권력을 분산하고 서로 견제하던 체제가 무너져버렸다. 힘 있는 자들

1차 삼두정치의 인물들 | 왼쪽부터 카이사르, 크라수스, 폼페이우스. 시작점에서는 카이사르의 처지가 가장 안 좋았다.

이 권력을 차지하기 위해서 수단 방법을 가리지 않고 싸우는 정치 혼란이 지속되면서 시민들의 목소리는 갈수록 커졌다. 도시의 시민들이 자기들에게 빵을 더 많이 제공하는 쪽을 지지하게 되면서 민중의 힘이 커졌고, 이러면서 로마는 귀족파와 평민파의 혼란기를 겪게 된다. 그리고 이런 혼란의 결과 1차 삼두정치가 출현했다. 삼두정치란 한마디로, 독재자가 한 명이 아니라 세 명인 정치 형태이다. 그리고 우리가 너무나도 잘 아는 카이사르가 등장하는 것도 이때이다. 해외 총독의 임무를 마치고 41세의 나이에 처음으로 집정관에 선출된 카이사르는 지중해 해적 소탕으로 명성이 드높았던 폼페이우스, 로마 최대의 부호이자 스파르타쿠스의 난을 진압했던 크라수스와 함께 삼두정치를 실시했다.

이것을 1차 삼두정치라 하는데, 사실 카이사르는 이들 틈에 낄 인물은 아니었다. 당시 권력을 놓고 폼페이우스와 크라수스가 한참 싸우고 있었으나 카이사르는 이 둘을 화해시키는 법률을 만들어 통과시키면서 슬쩍 자기도 낀 것이다. 그런데 일단 삼두정치를 하고 나니 자기 위치가 제일 초라한 게 아닌가. 게다가 카이사르는 패가망신의 3대 조건인 술, 여자, 도박으로 로마 빚쟁이 랭킹 1위를 달리고 있던 상황이었다. 그럼에도 민원 해결엔 귀신같은 능력을 발휘했기 때문에 민중들에게 비교적 호감을 산 인물이었다. 여기서 카이사르는 과연 지금 자신에게 필요한 것이 무엇인가를 고민했다. 그리고 군사적 평판이라 결론 내렸다. 이제껏 군사적 재능을 보여준 적이 없었던 카이사르는 과감하게 갈리아 원정을 결심한다. '갈리아'는 오늘날 프랑스와 벨기에, 스위스 서부, 라인강 서쪽의 독일을 포함하는 지역으로 당시 로마의 기준에서 보면 야만족이 득실거리는 험지였다.

## 카이사르의 야심 찬 갈리아 원정

갈리아 전쟁의 계기는 헬베티족의 이동이었다. 스위스의 원주민이었던 헬베티족이 대규모 이주 도중에 로마의 속국을 침범하자 카이사르의 군단은 헬베티족을 격파해 다시 스위스로 쫓아 보냈다. 헬베티족 사건이 중요한 이유는 헬베티족이 막강한 전투력으로 갈리아 통일을 꿈꿨던 만만치 않은 종족이기 때문이다. 이 사실을 알게 된 카이사르는 야만족이 갈리아 지역을 통일한다면 이는 로마 팽창에 걸림돌이 될 것이라고 판단했다. 그리고 카이사르는 로마가 먼저 들어가 이 지역을 접수해야 한다고 원로원을 설득하는 데 성공했다. 비록 4개 군단 2만 병력밖에 없었지만, 이는 시대의 흐름을 포착한 카이사르의 탁월한 통찰력의 결과였다. 이것

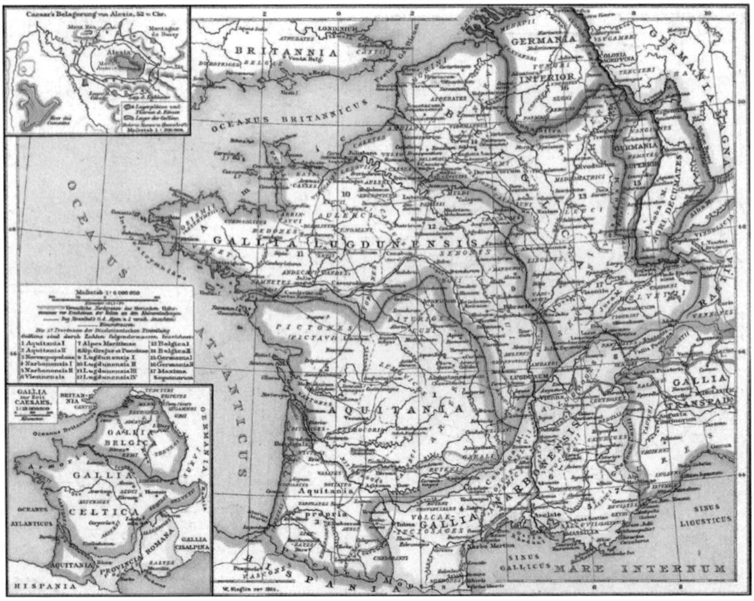


요한 구스타프 드로이젠이 그린 로마령 갈리아 지도(1886).

이 지금까지 그가 추앙받는 이유이기도 하다.

카이사르의 군단은 처음에 야만족들의 경보병에 혼쭐이 났다. 왜냐하면 카이사르의 원정군은 전형적인 로마 중장갑보병과 기병으로 구성되어 있었기 때문이다. 기동력이 빠른 야만족 경보병들은 히트앤드런을 구사하며 상대적으로 대형변화나 기동력에 제한을 받았던 로마군 보병을 괴롭혔다. 카이사르는 즉시 전술을 개량해 보병과 기병을 분리시키지 않고 함께 보조를 맞춰가는 시스템으로 야만족들의 경보병을 격파할 수 있었다. 또한 보병의 전투도 로테이션 방식을 도입했다. 당시 보병의 전투는 선형으로 싸우는 방식이었다. 보통 4~5열로 이루어졌는데, 맨 앞 열의 병사가 싸우다 쓰러지면 바로 뒤에 있던 병사가 빈 공간을 메우는 방

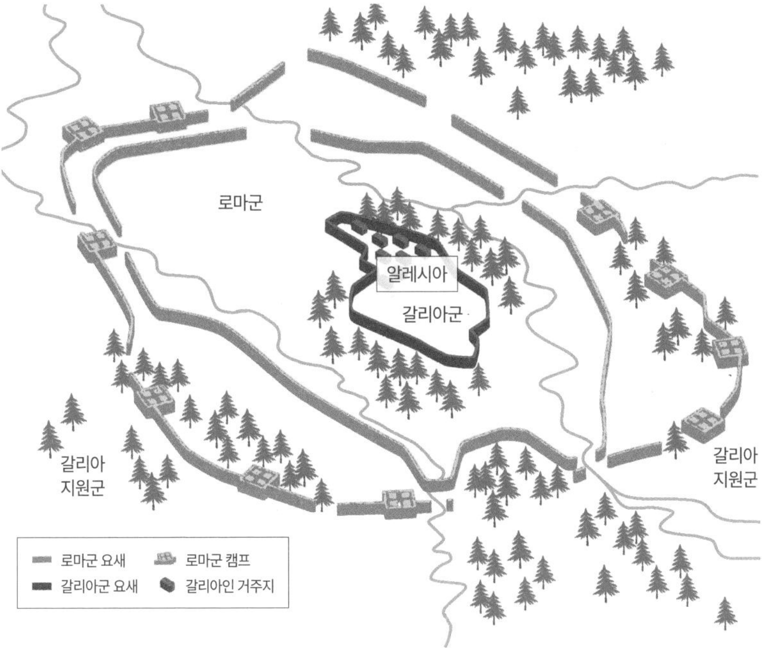


알레시아 공방전은 갈리아군이 들어간 성을 로마군이 포위하고, 그 로마군을 갈리아 지원군이 포위한 2중 포위라는 독특한 형태의 전투였다.

식이었다. 하지만 로마군은 일정시간 싸우면 지휘관이 호각을 불어 바로 앞 열에서 싸우던 병사들이 뒤로 빠지고, 다음 열의 병사들이 전투를 하는 방식을 사용했다. 축구로 치면, 감독이 적절한 타이밍에 선수 교체를 해준 격이었다. 이런 방식을 취하면 상대는 지치는 반면, 로마군은 전체적으로 체력 안배를 하며 병사들 모두를 골고루 전투에 임하게 할 수 있었다. 그리고 이런 유연한 전술은 병사들로 하여금 전투 현장에 맞는 응용력을 습득하게 했다.

갈리아 원정은 무려 8년 동안이나 계속되었는데, 카이사르를 가장 괴롭힌 갈리아 전사는 베르킨게토릭스였다. 현재 프랑스 남동부 지역 아르베니족의 부족장이었던 그는 로마의 전술을 그대로 익혀서 로마군을 상당히 애먹였다. 사실 갈리아 지방은 워낙 많은 부족들이 복잡한 이해관계에 얽혀 있었기 때문에 단합은 요원한 상태였다. 하지만 베르킨게토릭스는 부족 간의 단합을 이끌어내고, 끊임없는 히트앤드런 작전으로 로마군을 괴롭혔다. 특히 로마군의 보급로를 끊어 로마군은 거의 굶어죽을 뻔하기도 했다. 하지만 야만족의 단합이란 원래 어려운 법. 영화같이 배신자가 나와 베르킨게토릭스는 로마군에 패배하고 차선책으로 현재 프랑스 디종 부근 구릉지대에 자리한 성채도시 알레시아로 도망을 갔다. 알레시아는 높게 솟은 분지 위에 도시가 자리하고 있고, 그 주위를 강이 둘러싼 천혜의 요새였다. 그는 그곳에 가서 스스로 로마군에 포위되었다. 그리고 전 갈리아에 호소문을 보내 카이사르에 맞서도록 부추겼다. 로마군은 애초에 워낙 적은 병력으로 왔기 때문에 결코 유리하지 않은 상황이었다. 그리고 전 갈리아가 봉기해 달려왔다. 이제 로마군이 알레시아를 포위했고, 그 로마군을 다시 어마어마한 숫자의 갈리아 연합군이 포위한 희한한 2중 포위 형태가 펼쳐졌다. 즉, 로마군은 샌드위치 신세가 된 것이다.

하지만 당시 로마군은 토목기사나 건축기사를 능가하는 뛰어난 공병들이기도 했다. 로마군은 자신들의 앞뒤 양쪽으로 견고한 방어 진지를

카이사르의 알레시아 공성전을 묘사한 16세기의 그림. 그런데 그림을 보면 좀 이상한 부분이 있다. 고대 로마시대에 풀 플레이트 갑옷을 입은 기사들이 있고, 앞 열의 보병들은 심지어 화승총을 들고 있다. 시대적 고증은 개나 줘버린 그림이다. 하지만 이는 당연하다. 르네상스 시절부터 17세기까지, 대규모 전투 장면의 묘사에서는 그림을 그릴 당시의 전투를 바탕으로 그리는 것이 유럽의 상식이었다. 때문에 고대 로마제국의 전투를 묘사했음에도 이런 시대착오적인 장면들이 그림에 나타나 있는 것이다. 하지만 18세기부터는 고증에 맞게 그리는 그림이 자리 잡게 된다.

QVANTA STRA
GE VIRVM SVBLI
MIS ALEXIA CESSIT
CÆSAREIS AQVI
LIS. PICTA TABEL
LA NOTAT

BC 52년, 알레시아 공성전에서 승리하고 베르킨게토릭스의 항복을 받는 카이사르. 1899년 리오넬-노엘 루와이예가 그렸다.

구축하고 버티기 작전에 들어갔다. 앞뒤에서 갈리아족들이 파상공세를 펼쳤지만 카이사르는 높은 망루에 올라 전투를 지휘하며 적재적소에 지원군을 보내는 형식으로 매번 이들을 격퇴했다. 시간이 흐르면서 문제는 오히려 갈리아족에게서 발생했다. 가운데 낀 로마군 때문에 성 안에 있는 베르킨게토릭스와 성 밖의 갈리아 연합군이 전혀 연락이 되지 않으니 어느 한 지점에 대한 동시 공격이 불가능했다. 따라서 로마군은 효과적인 방어전을 펼칠 수 있는 반면, 베르킨게토릭스는 식량 부족, 갈리아 연합군은 통합지휘 부재에 시달리게 된다. 결국 갈리아 연합군 사이에 분열이 일어나 포위를 풀고 물러나버렸다. 베르킨게토릭스는 이제 완전히 낙동강 오리알 신세가 된 것이다.

결국 베르킨게토릭스는 무기를 버리고 항복했다. 이 전투가 말해주는 것은 잘 조직된 제국의 군대와 부족 개념이 남아 있는 군대의 전투는 질적으로 다를 수밖에 없다는 것이다. 베르킨게토릭스는 2년 동안 감옥에 있다가 화형을 당한다.

이후 로마군은 갈리아를 약탈하고 많은 갈리아인을 노예로 삼았다. 그리고 이 원정을 통해 엄청난 부를 거머쥔 카이사르는 마침내 빚더미에서 벗어날 수 있었다. 그런데 여기서 그쳤다면 카이사르는 그저 잔학한 정복자로서만 역사에 이름이 남았을 것이다. 갈리아 정복 이후 이 지역에 로마로부터 상인들이 오기 시작했다. 즉, 돈과 문명이 물밀듯이 갈리아로 쏟아져 들어온 것이다. 많은 갈리아인들이 선진적인 로마문명에 매료되고 동화되기 시작한다.

또 하나 더 중요한 것은 로마의 편이 되는 순간 야만족에 대한 차별은 사라지고 로마가 우리들을 보호해줄 것이라는 확신이 생겼다는 점이다. 로마가 칼의 힘만 믿었다면 결코 제국이 될 수 없었을 것이다. 문명의 힘을 알고 그것을 적절히 이용할 줄 알았기 때문에 로마는 위대한 제국이 될 수 있었다.

## 원정 당시 로마군의 무기

여전히 로마군의 주력 근접병기는 '글라디우스'였다. 특히 이때부터 근접전투 시 적의 배를 찌르는 강력한 훈련을 실시했는데, 복부에는 뼈가 없으므로 제대로 찌르기만 하면 적에게 치명상을 입힐 수 있었기 때문

로리카 세그먼타타 | 우리가 익히 알고 있는 로마군의 갑옷으로, 얇은 쇠 철판을 가죽 끈으로 연결했다. 착용 방법이 복잡하여 혼자서는 입을 수 없었다.

이다. 이에 반해 켈트족이나 게르만족 등 갈리아 지방의 야만인들은 베기 전용의 칼을 썼다. 하지만 로마군의 글라디우스에 깊은 인상을 받은 이들은 곧 로마군의 글라디우스와 비슷한 검을 쓰기도 한다. 그리고 확실히 이들의 검이 로마군의 검보다 길었다.

1세기 초부터 로마군은 얇은 쇠 철판을 가죽 끈으로 연결한 갑옷 '로리카 세그먼타타'를 착용했다. 우리가 영화 등에서 익히 본 바로 그 갑옷이다. 이전에 착용했던 '로리카 하마타'도 역시 같이 사용했다. 이들이 갑옷의 변화를 가져온 이유는 켈트족들의 긴 칼 공격에 하체보다 상체보호가 필요했기 때문이었다. 다만 로리카 세그먼타타는 착용 방법이 복잡해

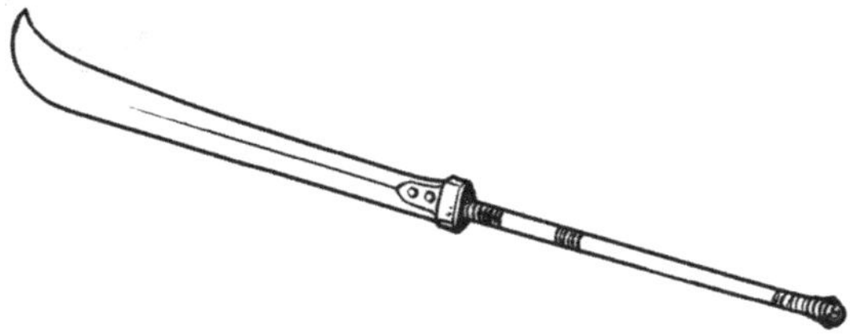

길이가 1~2미터나 되는 S자형 도검인 롬파이아 | 트라케인들이 주로 방패 아래의 다리를 공격했기 때문에 로마군에게는 끔찍한 악몽이었다.

혼자서는 착용이 불가능했다. 그러나 야만족은 다양했고 그들의 무기 또한 다채로웠다. 예를 들어 로마군이 그리스 북부에서 마주친 트라케인들은 로마군이 전혀 상상하지 못한 무기를 썼다. 바로 '롬파이아'였다. 롬파이아는 주로 로마군의 다리를 공격하는 무기로 쓰였다. 롬파이아에 혼쭐이 난 로마군은 급히 그리스식 정강이받이 '그리브'를 착용하기 시작한다.

이 무렵 로마군은 두 종류의 투척용 창을 사용했는데, 전통적으로 사용하던 '필룸'과 함께 훨씬 가벼운 '필라'가 그것이다. 필라에는 필룸과 같은 무게 추가 없었다. 그냥 지극히 일반적인 창이라고 보면 된다. 로마 창병들은 먼저 가벼운 필라를 마구 던져서 적에게 충격과 공포를 준 후, 재빨리 접근해 무거운 필룸을 던져 적의 갑옷을 꿰뚫거나, 또는 방패에 맞혀 그 무게로 적이 방패를 떨어뜨리

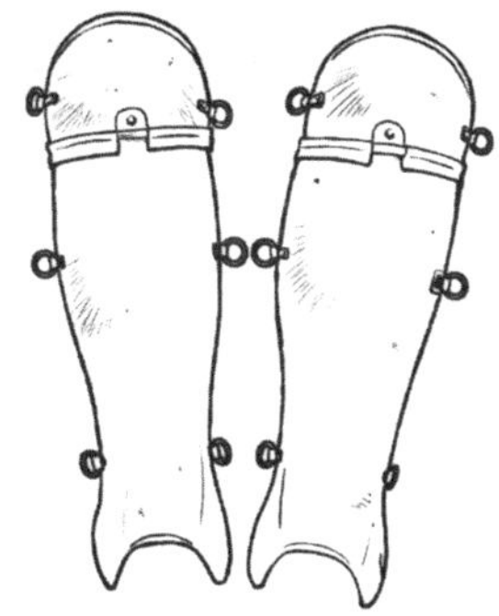

롬파이아에 혼쭐이 난 로마군이 착용하기 시작한 정강이받이 그리브 | 병사들에게 다리는 소중하니까.

필라를 운반하는 병사들 | 필라는 기존의 필룸보다 간략화된 창이다.

게 하는 전략을 썼다. 이 전략은 꽤 효과적이어서 글라디우스를 든 병사들이 본격적인 백병전에 앞서 적에게 상당한 선제적 피해를 입힐 수 있었다.

로마군의 방패인 스쿠툼은 크기가 점점 커져 장방형의 대형 방패로

테스투도 방진 | 이런 형태의 방진을 짜기 위해서는 강력한 조직력이 필요하다.

진화했다. 장방형임에도 불구하고 곡선으로 만들어져 몸 전체를 보호할 수 있었고, 이 방패를 집단으로 사용하여 놀라운 전술을 창안해냈다. 바로 '거북이대형'이라고 알려진 '테스투도 방진'이다. 테스투도는 라틴어로 '거북이'를 뜻하는데, 글자 그대로 거북이 머리와 발을 쏙 집어넣은 모양처럼 사면과 상면 전체를 스쿠툼으로 둘러싸는 방진을 말한다. 동양에서는 '귀갑형 방진'이라고 하는데, 이 전술을 사용하면 비교적 안전하게 적에게 접근해 전투를 수행할 수 있었다. 갈리아 원정 당시 켈트족이 활이나 '재블린'이라는 투창으로 공격하면 로마군은 즉시 스쿠툼으로 방어하며 전투를 치렀다.

'투창'인 재블린을 든 켈트족 전사.

로마는 제국의 길로 들어서면서 많은 공성무기를 배치해 사용했다. 로마군의 기본 공성병기는 발리스타와 캐터펄트가 기본이었는데, 발리스타는 BC 5세기경부터 로마군이 사용한 거대한 쇠뇌이다. 시간이 지나면서 개량을 거듭하여 1세기경에는 발리스타의 프레임을 목재가 아닌 금속으로 제작하고, 더욱 강한 밧줄 스프링을 사용해 사정거리를 늘렸다. 특히 밧줄 스프링을 통 안에 넣어 사용했기 때문에 비바람으로부터 밧줄을 보호해 발리스타의 수명을 늘릴 수 있었다. 다만 발리스타는 크고 무거워 야전에선 기동성이 부족했으므로 주로 공성전에서 활약했다.

캐터펄트는 고대의 가장 흔한 공성병기였다. 로마군은 백인대에 캐터

로마군이 애용한 공성무기였던 캐터펄트 | 1581년에 그려진 판화 일러스트다.

펄트를 1기씩 배치해 전장에서 요긴하게 써먹었다. 캐터펄트는 스프링을 청동으로 만드는 등 개량을 거듭해 90킬로그램의 거대한 돌을 400미터 밖까지 날릴 수 있었다. 심지어 화기가 발달하는 중세까지 주력 공성병기로 쓰인다. 캐터펄트를 더욱 대형화한 '망고넬' 또는 '트레뷰셋'으로 불리는 투석기도 있었다. 50~140킬로그램이나 되는 바위를 200~500미터까지 날릴 수 있었다. 지렛대의 원리를 사용한 투석기로써 주로 적의 성벽을 직접 무너뜨리는 역할을 했다.

로마군은 '아리에스' 즉 '숫양'이라고 불리는 파성추를 사용했다. 양머리 모양의 추를 흔들어 적의 성벽을 격파할 목적이었는데, 양머리는 금속으로 만들어졌다. 아리에스 위에 덮개를 씌워 사용하기도 했는데, 이는 상부로부터의 공격을 방어할 목적이었다.

트레뷰셋 | 당시 로마군 투석무기 중 가장 강력한 위력을 자랑했다.

대형 쇠뇌인 발리스타 | 고대 그리스 가스트라페테스의 발전형이다.

로마군 파성추 아리에스 | 동서고금을 막론하고 공성무기는 형태가 비슷하다.

로마군은 그리스식 공성탑인 헬레폴리스도 사용했다. 특히 로마군의 공성탑은 높이 30미터 이상의 거대한 공성탑이 많았다. 로마 공성탑의 특징은 파성추나 투석 병기뿐만 아니라, 적의 성 안에 들어가기 위한 가교 등이 종합세트로 탑재되어 있었다는 점이다.

제국의 번영기에 로마는 공성보다는 성을 지킬 수 있는 방어용 무기도 다양하게 개발했다. 특히 '세르부스', '리리움', '스티머러스'는 방어용 무기 3종 세트였다. 세르부스는 뾰족하게 깎은 나무꼬챙이를 성벽에 설치해 성벽을 기어오르는 적을 방어하기 위한 무기였다. 스티머러스는 땅에 박아놓은 나무꼬챙이를 부르는 이름이었는데, 긴 것과 짧은 것 두 종류가 있었다. 긴 것과 짧은 것을 적절히 섞어놓으면 적은 성벽에 접근하기가

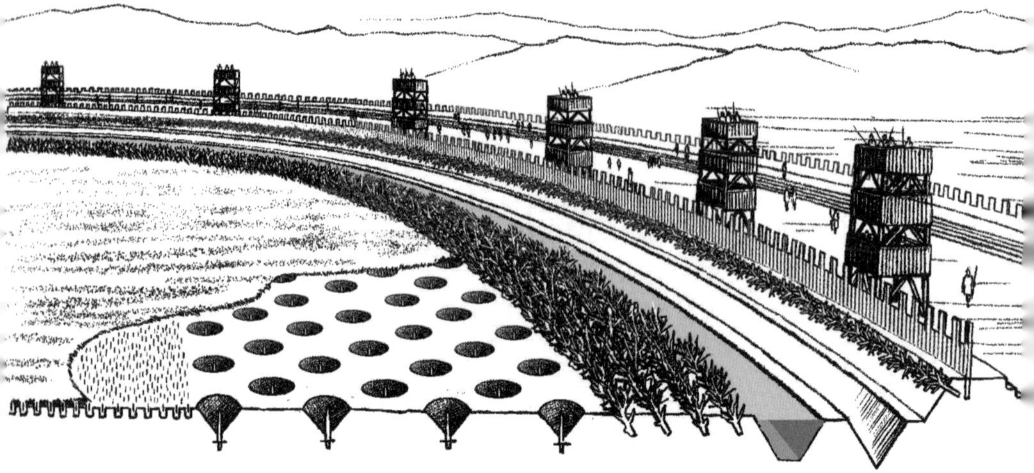
왼쪽부터 리리움과 스티머러스, 그리고 세르부스이다. 이들의 조합도 당시로선 난공불락이었을 것이다.

매우 힘들었으며, 이 과정에서 적지 않은 피해를 입었다.

여기에 함정 형태인 리리움을 배치하면 그 효과는 두 배가 되었다. 즉, 리리움과 스티머러스로 적의 병력을 최대한 손실 및 지연시키고, 세르부스로 적의 성벽 접근을 막음으로써 방어가 완성된다.

로마군은 BC 1세기를 전후하여 군제개혁을 단행하는데, 이를 '마리우스의 군제개혁'으로 부른다. 이 개혁의 핵심은 토지의 소유 유무와 관계없이 모든 로마 시민들에게 군대의 문호를 개방하는 것이다. 가난한 사람도 군대에 지원해 안정적인 직업군인으로서 시민 역할을 할 수 있었기 때문에 로마군의 숫자는 빠르게 증가하기 시작했다. 또한 병력의 운용과 제대 단위 구성에도 변화를 주었다. 초기에 그리스식 팔랑크스 방진을 쓰던 로마군은 이 방법이 기동 면에서는 매우 불리함을 깨닫고 새롭고 체

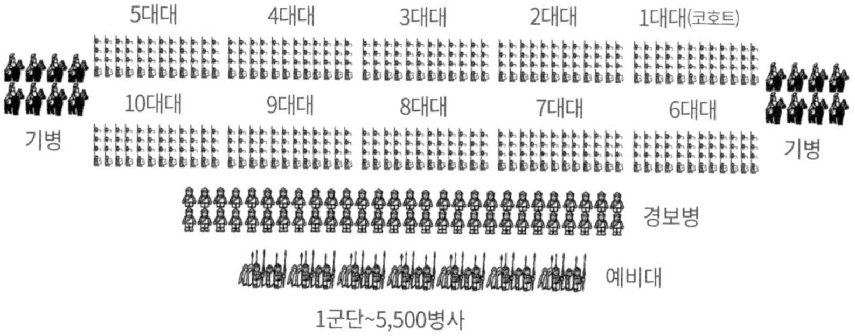


로마군단은 오늘날 연대나 사단 편제의 원조이다. 로마군단의 가장 큰 특징은 각 병과가 매우 균형 있게 조직되었다는 점이다.

계적인 군단을 구성한다. 이것이 '레기온'이다.

'레기온' 1개 군단은 4,800~5,500명으로 구성되었는데, 레기온은 480명 단위의 '코호트' 보병대로 나누어졌고, 코호트는 다시 '센츄리'라 불리는 6조의 백인대로 나누어졌다. 백인대라는 이름과 달리 정원은 100명이 아니라 80명이었는데, 백인대에는 함께 막사를 쓰는 '텐트'라는 여덟 명으로 구성된 분대 10개가 있었다. 오늘날의 천막을 가리키는 '텐트'라는 이름은 여기서 유래되었다.

군단 사령관은 주로 고위 관료들이었지만, 실질적으로 군대를 지휘하는 사람은 휘하의 장교들이었고, 백인대 대장인 센츄리온, 즉 백부장은 가장 핵심적인 역할을 맡은 지휘관이었다. 특히 백인대는 병사들의 숫자가 적당해 기동력이 뛰어나서 유연한 전술을 펼칠 수 있었다.

로마군의 근간은 보병이었으나 각 군단에는 300명의 기마병이 배속되

독특한 투구를 쓴 백인대장.

어 있었다. 등자가 없던 당시에 로마군은 '뿔 안장'을 사용해 그리스의 기병보다 훨씬 안정적인 마상전투가 가능했다.

하지만 당시 로마군의 가장 큰 무기는 바로 숙영지 건설 능력이었다. 로마군은 개개인이 뛰어난 건축가이자 토목기사였다. 로마군은 참호와 방벽을 세울 도구들을 직접 가지고 다녔으며, 개인병기, 식기 및 막사를 짓기 위한 도구 등 총 22킬로그램의 군장을 메고 하루 평균 40킬로미터를 이동할 수 있었다. 로마군은 캠프 둘레에 너비 1.5미터, 깊이 0.9미터의 방어 참호를 판 다음, 가지고 다니는 장대로 울타리를 세웠다. 다시 말해 로마군은 가는 곳마다 작은 도시를 만든 셈이었다.

이는 적들에게 로마군의 진군을 확실하게 과시하는 공포효과가 있

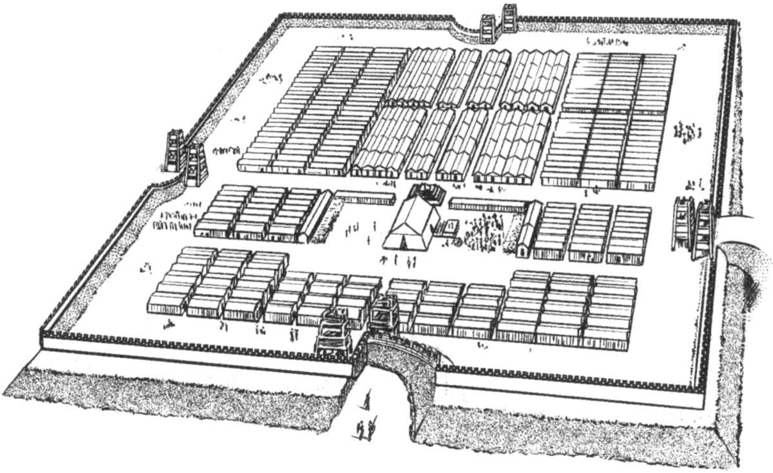

로마군 캠프는 표준화가 없었다면 건설이 불가능했을 것이다.

었다. 어디를 가든 매번 같은 위치에 막사를 지었기 때문에 병사들은 자기 막사를 손쉽게 찾을 수 있었다. 이런 캠프 건설 능력과 더불어 캠프 경계에 대한 중요성도 매우 강조되었다. 숙영지를 잘 세워놓고 경계를 소홀히 하여 기습을 허용하면 말짱 헛일이기 때문이다. 로마군은 혹여 보초병이 졸다가 걸리면 군단 전체를 위험하게 한 죄로 돌로 때려죽이는 가혹한 형벌을 내렸다.

## 루비콘강을 건넌 카이사르, 내전이 시작되다

카이사르의 갈리아 원정이 한창이던 와중에, 삼두정치 멤버 중의 하나였던 크라수스가 사망했다. 사실 크라수스는 카이사르의 승전보에 자극받아 자기도 히트를 쳐보겠다고 파르티아로 원정 나갔다가 참패하고

로마군 기병의 모습 | 아직 등자가 나오기 전이어서 마상에서 전투는 훨씬 힘들었다.

사망한 것이다. 이제 남은 것은 폼페이우스와 카이사르 둘뿐이었다. 여기서 나오는 것이 저 유명한 루비콘강 이야기이다. 루비콘강은 로마 본토와 속령을 나누는 경계선이었다. 당시에는 원정을 나갔다 오는 장군들은 무장한 채로 루비콘강을 건널 수 없다는 것이 불문율이었다. 그런데 폼페이우스와 결탁한 로마 원로원이 카이사르에게 군대를 해산하고 로마로 귀환하라고 명령하자 카이사르는 용단을 내렸다. 1개 군단을 이끌고 무장한 채로 루비콘강을 건넜다. 불문율을 깬 것이니, 한마디로 쿠데타였다. 루비콘강을 건널 때, 카이사르가 남긴 명언이다.

"이미 엎질러진 물이다. 이 강을 건너면 인간 세계가 비참해지고, 건너지 않으면 내가 파멸한다. 나아가자. 신들이 기다리는 곳으로. 우리의 명예를 더럽힌 적이 없는 곳으로. 주사위는 던져졌다!"

이제 로마는 내전 상태에 들어가게 된다. 카이사르가 들어온다는 말에 폼페이우스는 '걸음아, 날 살려라!' 하고 로마를 버리고 남쪽으로 아드리아항까지 도망갔다가 이마저도 불안해 멀리 그리스로 달아나버렸다. 사실 폼페이우스는 카이사르의 사위이기도 했다. 카이사르가 자신의 딸 율리아를 그에게 시집보내 결혼동맹을 체결했던 것이다. 폼페이우스는 젊고 예뻤던 그녀를 너무나 사랑하였다. 카이사르가 갈리아를 원정하고 있는 동안 폼페이우스는 부하와 군대를 방치하고 오로지 율리아와 여행을 하면서 세월을 보냈다. 그렇지만 율리아가 출산을 하다가 죽어버리자 더 이상 카이사르와 잘 지낼 필요가 없다고 생각하였다. 폼페이우스가 변심하자 카이사르는 무장한 채로 루비콘강을 건너 폼페이우스를 제거하려고 했다. 당황한 폼페이우스는 쫓기는 신세로 로마를 떠났다.

폼페이우스는 과거 해군 사령관이었던 경력을 살려서 그리스에서 해군을 비롯한 세력을 규합했다. 폼페이우스도 나름 명망 있는 장군이었던지라 상당수의 부하가 모이기 시작했다. 그리고 마침내 카이사르와 폼페이우스는 파르살루스에서 맞붙었다. 이때 폼페이우스는 보병 4만 5,000, 기병 약 7,000을 보유하고 있었고, 반면 카이사르는 보병 2만 2,000, 기병은 겨우 1,000이 전부였다. 누가 봐도 폼페이우스가 압도적으로 유리한 상황이었다. 다만, 폼페이우스의 병력은 숫자는 많았지만 실전 경험이 거의 없었던 오합지졸 군대였다.

카이사르는 바로 이 점을 노린다. 그는 최정예 보병 2,000을 따로 별동대로 뽑았다. 그리고 폼페이우스의 기병을 끌어내 어떻게 차단시킬까를 가장 고민했다. 카이사르는 단 1,000기의 기병으로 과감한 도발을 감행, 폼페이우스의 기병을 흥분시켜 별동대가 대기하고 있던 곳으로 유인했다. 이윽고 폼페이우스의 기병들이 함정에 빠지자 카이사르의 별동대는 일제히 필룸투창을 던져 폼페이우스의 기병들을 대혼란에 빠뜨렸다. 그리고 도망가던 카이사르의 기병들은 말을 돌려 혼란에 빠진 폼페이우스의 기병에게 돌격을 감행했다. 여기서 폼페이우스의 기병은 완전히 궤멸되고 만다. 이 광경을 지켜보던 폼페이우스는 기가 막혔는데, 바로 이 틈에 카이사르의 주력 보병들은 크게 우회해 폼페이우스를 포위하는 데 성공한다. 그리고 섬멸전으로 폼페이우스의 군대를 격파할 수 있었다. 전투 결과 카이사르 측의 전사자는 단 200명이었던 데 비해 폼페이우스 측은 사상자만 1만 5,000명에 포로는 2만 4,000명이 넘었다.

이로써 내전은 단 한 번에 정리된다. 폼페이우스는 이번에는 이집트로 도망을 갔다. 그는 당시 파라오였던 프톨레마이오스에게 의탁하려 했다.

대리석으로 조각한 클레오파트라 7세의 두상.

당시 이집트는 프톨레마이오스 13세와 클레오파트라 7세가 공동 왕이었던 시대였는데, 카이사르는 정치적 라이벌인 폼페이우스를 살려둘 생각이 없어 이집트까지 그를 쫓아갔다. 식겁한 프톨레마이오스는 폼페이우스를 죽여서 카이사르에게 바쳤다. 젊은 시절 빛나는 성공을 이루었던 폼페이우스는 정치적 수완이 부족하여 이렇게 비참한 최후를 맞이했다.

그런데 이집트에서 폼페이우스를 죽였다는 말에 카이사르는 대노한다.

"네가 뭔데 로마인을 죽여? 죽여도 내가 죽여, 인마!"

이제 엉뚱하게 이집트가 위기에 빠졌다. 여기서 클레오파트라가 승부수를 띄우고, 결국 카이사르와 결혼을 하면서 이집트는 로마의 편이 되었다. 이를 계기로 카이사르는 이집트마저 평정하고 클레오파트라를 파라오에 앉혔다. 이 사실은 대단히 중요하다. 왜냐하면 당시 이집트는 지중해 일대 부의 원천이어서, 로마에서 소비되는 곡물의 절대량이 이집트에서 수입되었기 때문이다. 카이사르는 뛰어난 군사적 능력과 정치력으로 라이벌을 제거함과 동시에 알토란 같은 이집트까지 차지한 것이다.

## 23번 찔려 죽은 카이사르, 그리고 또 한 번의 내전

카이사르는 사람을 파악하는 능력이 뛰어났다. 동시에 로마 시민들의 마음을 얻는 데도 뛰어났다. 하지만 부하 복은 없는 편이었다. 그가 암살당할 때 무려 23명에 의해 23번이나 칼에 찔려 사망했다는 것은 이를 방증한다. 심지어 암살파 중에는 갈리아 원정 당시 생사고락을 함께했던 군단장도 다섯 명이나 포함되어 있었다. 암살자 가운데 한 명이 우리가 잘

19세기 프랑스 화가인 아돌프 이본이 그린 〈카이사르〉(1875).

알고 있는 양아들 브루투스이다. 브루투스는 카이사르의 장례식에서 감동의 연설로 대중들을 휘어잡을 생각이었다.

> "왜 브루투스가 카이사르에 대항하여 그를 죽였는지 이유를 요구한다면 이것이 저의 대답입니다. 카이사르에 대한 나의 사랑이 결코 모자라서가 아니라 내가 로마를 더 사랑했기 때문입니다."

사나이의 피를 끓게 하는 감동적인 연설이다. 그런데 사실 브루투스는 이런 말을 한 적이 없다. 브루투스나 안토니우스 등이 연설을 한 것은 사실이나 그 내용은 역사서 어디에도 나오지 않는다. 그렇다면 이 연설문의 출처는 어디일까? 바로 영국이 자랑하는 대문호 셰익스피어다. 셰익스피어는 〈줄리어스 시저〉라는 희곡에서 실제 연설문으로 오해할 만큼 멋진 대사를 브루투스에게 선사했고, 이것이 오늘날까지 그의 명연설로 오해를 불러일으킨 것이다그런데 정작 셰익스피어 본인은 로마를 한 번도 가본 적이 없다고 한다.

그런데 바로 반전이 일어났다. 안토니우스가 카이사르의 유언장을 낭독하자, 분위기가 급변했다.

"모든 로마 시민에게 300세스테르티우스씩 준다. 그리고 내 땅은 로마 시민에게 기증하겠다."

300세스테르티우스는 현재 가치로 일반직 9급 공무원 두 달 치 월급에 해당하는 액수이다. 당시 생활이 넉넉지 않은 사람들에게는 결코 적은 돈이 아니었다. 로마 시민들은 즉시 분노하기 시작한다. 그리고 이때를 노린 안토니우스가 브루투스에게 일갈한다.

"너의 그 세 치 혀와 카이사르를 찌른 칼은 바로 네놈 브루투스의 심장에 있는 야심으로부터 나왔다."

이어서 최고의 반전이 일어났다. 카이사르는 유언장 마지막에 후계자를 옥타비아누스로 정한다고 써놓은 것이다. 당시 옥타비아누스는 로마인들에게 이른바 '듣보잡'이었다. 듣보잡 정도가 아니라 그때 나이 겨우 18세의 새파란 애송이였다. 옥타비아누스는 카이사르의 조카손자였는데, 당시 한창 후계자 수업을 받고 있는 중이었다.

전혀 예상치 못했던 후계자가 튀어나왔으니 분위기가 어땠을지는 짐작할 수 있다. 모두들 뜨악했을 것이다. 내심 자신이 권력을 차지할 꿈을 꾸고 있던 브루투스와 안토니우스도, 그리고 정작 후계자로 지목된 옥타비아누스도, 모두들 급변한 상황에서 주판알을 튕기기 시작했다.

이쯤에서 카이사르 사후 정국에서 가장 중요한 역할을 하는 네 명의 남자에 대해 간단히 정리해보자. 그 네 명은 브루투스, 안토니우스, 옥타비아누스, 아그리파다. 우리가 미술시간에 흔히 보는 석고상으로 유명한 아그리파는 젊고 유능한 장군으로서 카이사르에게 발탁돼 옥타비아누스를 보좌했던 인물이다. 브루투스는 알려진 대로 카이사르의 양아들이다. 그것도 애인의 아들을 양아들로 삼았다. 카이사르 최후의 말이 "브루투스 너마저!"였다는 데에서도 알 수 있듯이 카이사르는 브루투스를 매우 아꼈다고 한다. 하지만 브루투스는 로마 공화정을 위해 양부 제거에 가담했다. 안토니우스는 카이사르의 오른팔로 매우 충직한 부하였다. 이렇게만 놓고 보면 브루투스나 안토니우스, 둘 중 하나가 카이사르의 후계자가 될 가능성이 높았다. 하지만 왜 쟁쟁한 이들을 제치고 새파란 애송이 옥타비아누스가 후계자로 낙점되었을까?

카이사르는 뛰어난 군인이자 정치가였다. 하지만 카이사르는 자기 후대에는 군인보다 뛰어난 정치가가 로마를 다스려야 한다고 생각했다. 바로 그렇기 때문에 군인으로서의 역량은 부족하나 정치적 재능이 뛰어난 옥타비아누스를 후계자로 지목했다. 카이사르는 로마의 차세대 리더의 조건을 꿰뚫어본 것이다. 그에 반해 브루투스는 학자 타입이었고 안토니우스는 철저한 군인이었다. 아그리파는 옥타비아누스에게 부족한 군사적 재능을 키워줄 스승으로 카이사르가 발탁했다. 카이사르는 로마가 제국

18세기 이탈리아 화가인 빈첸초 카무치니가 그린 〈카이사르의 죽음〉(1798) | 삶도 죽음도 드라마틱했던 카이사르는 유언장 내용까지 드라마틱했다.

으로 성장하면서 정치와 군대가 분리되어야 한다고 생각했다. 후대인의 시각에서 보면, 그야말로 시대를 앞서간 리더였다. 그리고 아마도 이 과정에서 많은 부하들이 배신감을 느꼈으리라. 카이사르 자신은 종신독재관으로 권력을 장악했으나, 탁월한 지도자였기 때문에 그 누구도 맞설 수 없었다. 하지만 후계자 문제에서만큼은 그와 대립각을 세우는 세력들이 만만치 않았고, 그 때문에 카이사르는 비명횡사한 것이다.

한 가지 아이러니한 사실은 이 암살파들이 카이사르를 죽이고 난 다음에 대한 아무런 계획이 없었다는 점이다. 그저 로마 시민들이 호응해주겠거니 막연한 기대를 가지고 있었을 뿐. 이런 그들에 대해 키케로는 이렇게 비꼬았다.

2차 삼두정치의 인물들 | 말은 삼두정치였지만 옥타비아누스와 안토니우스의 양자 대결 구도였다. 셰익스피어의 희곡 〈줄리어스 시저〉에 삽입된 일러스트 역시 옥타비아누스와 안토니우스에게 겁먹은 레피두스(오른쪽)를 묘사하고 있다.

"영웅들인 줄 알았으나 두뇌는 어린아이들이었다."

이제 공식 후계자는 옥타비아누스로 정해졌다. 절대권력자가 남긴 유언이자, 공개석상에서 낭독했으니 누가 감히 거역하겠는가. 그런데 그 파장이 만만치 않았다. 그리고 가장 결정적인 문제는 이른바 '갈리아파'로 불리던, 지금까지 카이사르를 따르던 군단들이 그의 유언을 받들 것인가 하는 점이었다. 안토니우스는 자신의 전우이기도 한 그들이 당연히 자신을 지지할 것으로 생각했었다. 김칫국 한 사발 시원하게 들이킨 것이다. 하지만 세상일은 자기 뜻대로 안 되는 법. 갈리아파는 카이사르의 유언을 따르겠다고 선언한다. 선택의 여지가 없었던 안토니우스는 옥타비아누스를 동맹자로 인정하게 된다. 안토니우스는 레피두스라는 허수아비를 끌어들였다. 이로써 옥타비아누스, 안토니우스, 레피두스 세 명이 통치하는 2차 삼두정치가 시작되었다. 하지만 말만 삼두정치였지, 사실상 옥타비아누스와 안토니우스 두 사람이 실권을 나눠가진 '이두정치'였다.

한편 양아버지이기도 했던 카이사르를 암살한 브루투스는 동쪽 마케도니아 속주의 총독 자격으로 도망치듯 떠난 후 암살 공모자였던 카시우스와 함께 그곳에서 군대를 모집한다. 이로써 로마는 다시 한 번 삼두정치의 서방 군단과 공화파암살파의 동방 군단으로 나누어져 내전을 치르게 된다. 그리고 또 한 번의 역사적인 전투가 벌어진다. 이번 전장은 필리피였다.

## 필리피 전투, 황제파의 승리와 공화파의 몰락

필리피는 그리스와 마케도니아 사이 트라키아 지방에 위치한 곳이다. 이곳은 로마의 군사도로인 에그나티아 가도의 요충지이기도 했다. 이곳에서 삼두정치파와 암살파가 맞짱을 떴다. 이대로 암살파들을 가만히 놔두어서는 안 되겠다는 판단 하에 서방 군단의 삼두정치파가 먼저 선수를 친 것이다. 서방 군단은 22개 보병군단 약 10만의 보병과 1만 3,000의 기병을 보유하고 있었고, 동방 군단의 공화파는 19개 군단 약 7만의 보병과 2만의 기병을 보유하고 있었다. 필리피는 양쪽으로 언덕이 있고, 그 주변

오늘날의 필리피 위치. 로마 본토에서 멀리 떨어진 필리피에서 로마 제국의 황제파와 공화파는 비슷한 전력과 비슷한 전략으로 싸웠다. 필리피는 숲과 늪지가 있어 방어에 유리한 지형이었음에도 방어하는 측인 공화파가 패배했다.

에는 숲과 늪지가 있어 방어하는 측 입장에서는 매우 유리한 지형이었다. 당연히 방어하는 공화파의 전략은 장기전이었다. 보급 면에서도 지형 면에서도 공세에 나설 이유가 없었기 때문이다. 재미있는 것은 양쪽 모두 지휘관이 두 명씩이었는데, 구성이 매우 비슷했다는 점이다. 서방 군단인 삼두정치파의 지휘관은 옥타비아누스와 안토니우스였는데, 앞에서도 말했듯이 안토니우스가 철저한 군인이었던 반면, 옥타비아누스는 전쟁은 잘 모르는 정치가였다. 마찬가지로 동방 군단인 공화파 역시 카시우스는 군단장 출신이었던 반면, 브루투스는 백면서생 학자였다. 게다가 같은 로마군이니 싸우는 방법마저 비슷했다. 다시 말해 필리피 전투는 지휘관의 구성, 병력의 수와 운용 방식마저 거의 비슷한 양측이 맞붙는 싸움이었다. 실력도 막상막하, 전략도 막상막하였다. 사실, 이런 싸움은 승부가 나기 쉽지 않다.

첫 전투에서 안토니우스는 늪지를 메워 공화파의 배후를 습격하는 방법을 썼다. 그리고 이 방법이 통했는지 안토니우스의 군대가 카시우스의 군대를 몰아붙였다. 한편, 군사 경험이 없는 옥타비아누스의 군대와 브루투스의 군대도 격돌했는데, 브루투스는 선제기습을 해 옥타비아누스의 군대를 쫓아내고 승기를 잡았다. 그리고 브루투스는 바로 부대의 방향을 돌려 카시우스를 공격하는 안토니우스 군대의 후방을 급습했다. 공화파에게 완전히 유리한 상황이었다. 해전에서도 공화파가 삼두정치파를 격파했다. 결국 1차 필리피 전투에서 삼두정치파는 2개 군단을 잃고 후퇴하고 말았다. 그런데 여기서 믿을 수 없는 일이 일어난다. 당시는 날씨가 매우 가물어서 대지는 메말라 있었고, 이로 인해 전쟁터는 자욱한 먼지로 뒤덮여 있었다. 이 상황은 카시우스로 하여금 매우 바보 같은 결정을 내리게 했다. 먼지 때문에 브루투스의 승전을 알지 못했던 카시우스가 자결을 시도했던 것이다. 부하들이 겨우겨우 뜯어말렸다.

"아직 상황이 어떤지 모릅니다. 상황을 파악하고 난 다음에 자결해도 늦지 않습니다."

그리고 이윽고 전령이 달려와 승전보를 전했다. 그런데도 카시우스는 '잘했다' 한마디만을 남겨놓은 채 자결해버렸다. 이 무슨 바보 같은 짓인가? 카시우스의 어처구니없는 자결은 아직까지도 미스터리로 남아 있다. 가장 유력한 해석은 자존심 강한 카시우스가 자신의 패배에 죽음으로 책임을 졌다는 것인데, 백번 이를 감안하더라도 자살은 좀 아니지 않나?

오늘만 싸우고 말 것도 아닌데 말이다.

아니나 다를까. 카시우스의 자살로 자신감을 잃은 공화파 군대는 2차 필리피 전투에서 제대로 싸우지도 않고 투항하거나 달아났다. 1차의 참패에도 불구하고, 삼두정치파는 2차에서 대승을 거두면서 공화파를 완전히 소탕했다. 여기서 소름끼치는 일화 하나를 소개한다. 전투가 끝난 후 브루투스의 시신을 발견한 안토니우스는 그의 시신을 정중히 장례를 치러주라고 명령하였다. 하지만 옥타비아누스의 생각은 달랐다. 그는 즉시 브루투스의 목을 잘라 로마 시내에 전시하라고 명했다. 그리고 로마에 반기를 든 브루투스를 자신이 처치했노라고 소문냈다. 옥타비아누스는 왜 그랬을까? 군인으로서는 안토니우스의 태도가 멋지다. 적이지만 후하게 장례를 치러주는 것. 얼마나 멋있는가? 하지만 옥타비아누스는 지금 로마에 필요한 것은 허세 가득한 무사가 아니라, 카이사르라는 절대적인 존재가 갑자기 사라진 로마를 이끌어나갈 강력한 정치적 리더임을 간파했던 것이다. 약관의 청년이 어떻게 이런 놀라운 생각을 할 수 있었을까? 카이사르가 사람 보는 눈이 정확했음을 알 수 있는 단적인 예이다.

## 안토니우스와 클레오파트라, 사랑과 전쟁

공화파를 말끔히 제거한 옥타비아누스와 안토니우스는 땅을 분리하여 통치하기로 한다. 옥타비아누스는 로마 본토를 중심으로 이탈리아반도를, 그리고 안토니우스는 마케도니아와 이집트, 그리스 등 로마의 속령을 지배하게 된다. 처음에는 안토니우스가 훨씬 유리했다. 로마 본토 지배권은 옥타비아누스에게 넘어갔으나, 안토니우스는 이집트를 비롯한 지중

필리피 전투에서 브루투스와 일행들.

해 전 영역을 장악했기 때문이다. 한마디로 안토니우스가 이탈리아반도를 거의 포위한 형국이었다. 게다가 역전의 용사들인 갈리아파도 안토니우스를 지지했다. 여기서 안토니우스의 개인사를 좀 이야기하자. 그래야 앞으로 전개될 내용의 이해가 빠르기 때문이다.

안토니우스에게는 플루비아라는 아내가 있었다. 플루비아는 여장부 스타일로 내조보다는 자신의 정치적 야망이 컸던 여인이었다. 플루비아는 남편 안토니우스의 정치적 조언자를 자처했는데, 가끔은 구박도 했었나 보다. 하도 이래라저래라 하니 안토니우스 입장에서는 집에 들어가기가 싫었을 게다. 아직 카이사르가 살아 있었던 어느 날, 안토니우스는 카이사르와 함께 이집트로 출장을 가게 되었다. 그리고 여기서 운명의 여인 클레오파트라를 만났다. 안토니우스는 첫눈에 사랑에 빠졌으나 운명은 얄궂게도 카이사르와 클레오파트라를 연결해주었다. 그리고 둘 사이에 카이사리온이란 아들까지 두었다. 이쯤 되니 안토니우스는 포기했다. 그러던 차에 카이사르가 암살당하자 안토니우스에게도 다시 기회가 생겼다. 사실 클레오파트라도 젊고 유능한 안토니우스를 각별한 시선으로 바라봤을 것이다. 당당한 통치자 자격으로 다시 이집트에 입성한 안토니우스는 클레오파트라와 불꽃같은 연애를 한다. 그리고 이 소식은 얼마 지나지 않아 마누라인 플루비아의 귀에 들어가게 된다.

"너 빨리 집에 와! 안 그러면 연놈들 싸그리 잡아 죽인다."

플루비아는 펄펄 뛰었다. 안토니우스는 '에라, 기왕 이렇게 된 거 그냥 여기서 눌러 살자' 마음먹고 아예 이집트에 눌러앉아버렸다. 치솟는 분노를 주체할 수 없었던 플루비아는 안토니우스의 동생과 공모하여 쿠데타를 일으켰다. 하지만 질투에 눈이 멀어 일으킨 반란은 곧 진압되고 플루비아는 유배 중에 사망하고 말았다. 이래저래 클레오파트라 좋은 일만 만들어준 셈이었다. 이제 안토니우스는 아무 거리낄 것이 없었다. 본격적으로 클레오파트라와 살림을 차리려는 찰나, 옥타비아누스에게서 한 통

19세기 화가 로렌스 알마 타데마가 그린 〈안토니우스와 클레오파트라의 만남〉(1885).

의 편지가 날아왔다.

'귀공께서 상처를 하셨다지요? 얼마나 상심이 크시겠습니까? 남자란 한시도 내조하는 여인이 없어서는 아니 됩니다. 마침 새파란 제 누이도 훌륭한 남편이 필요할 시기가 되었네요. 부디 젊디젊고 아름다운 제 누이를 신부로 맞아들여 제2의 인생을 살아보심이 어떠하신지요?'

안토니우스로서는 도저히 거절하기 힘든 멋진 정략결혼 제안이었다. 누가 뭐래도 로마의 본토를 차지하고 있는 권력자 옥타비아누스와 결혼

동맹을 맺는 것은 자신의 차후 대권 도전에 득이 될 듯싶었다. 덜컥 제안을 받아들인 안토니우스는 옥타비아누스의 동생 옥타비아와 결혼을 했다. 이제 클레오파트라는 하루아침에 낙동강 오리알 신세가 되고 말았다. 하지만 그녀는 당황하지 않았다. 안토니우스의 몸은 다른 여자에게 갔지만 마음은 아직 자신에게 있다고 확신했기 때문이었다. 클레오파트라의 스킬은 플루비아 따위와는 급이 달랐다. 그녀는 안토니우스에게 한 통의 편지를 보냈고 여기서 고도의 기술이 들어간다.

> '언제까지나 나는 자기를 기다릴 거야. 나일강에 해가 지고 둥근 달이 피라미드에 걸리면, 난 자기 이름을 부르곤 해…….'

이 편지를 읽은 사나이 안토니우스의 가슴에 비가 내리지 않았겠는가. 서둘러 출장 준비를 마친 안토니우스는 아내 옥타비아한테 이집트로 경제 원조를 얻으러 간다고 말하고 바로 이집트로 출발했다. 그리고 이집트에 도착하자마자 옥타비아에게 한 통의 편지를 보냈다. 그 편지의 내용은 매우 짧고도 명확했다.

'나 기다리지 마라.'

기가 막힌 옥타비아는 쪼르르 오빠에게 달려가 고해바쳤다.

"오빠! 이 남자 바람났어!"

옥타비아누스 눈에도 불꽃이 튀었다. 혼인동맹이 파탄 난 것이다.

"이 싸움밖에 할 줄 모르는 무식한 놈이 감히 내 귀여운 여동생을 건어차? 내 언젠가 한번 손을 봐주려 했는데 마침 잘됐다."

옥타비아누스는 즉시 전쟁 준비를 시작했다. 사실 안토니우스는 그동안 로마 시민들에게 인심을 잃고 있었다. 주야장천 이집트에만 눌러앉아 있었고, 심지어 아르메니아를 평정했을 때, 로마가 아닌 이집트의 알렉산드리아에서 개선식을 했을 정도였기 때문이다. 로마에서는 소문이 퍼지기 시작했다.

"안토니우스는 이집트의 왕이 되어 이집트 중심의 제국을 만들려 한다."

하지만 이런 소문을 아는지 모르는지 안토니우스는 클레오파트라에게 푹 빠져 있었다. 그리고 결정적인 사건이 터졌다. 때맞춰서 안토니우스의 지지자였던 갈리아군 총사령관이 사망하자 옥타비아누스는 그 자리에 냉큼 자기 사람을 앉혔다. 그제서야 안토니우스는 정신이 번쩍 들었다. 하늘에 두 개의 태양이 있을 수 없는 법. 곧 이 둘은 로마 제국의 패권을 놓고 일전을 벌일 운명에 놓였다. 결전의 장은 그리스 북서부 안부라키아만에 위치한 악티움곶이었다. 로마 내전의 최후의 결전, 악티움 해전의 막이 오른 것이다.

## 악티움 해전

로마와 이집트 사이에는 지중해가 가로놓여 있으니 둘의 싸움은 당연히 해전이었다. 악티움 해전에서 양측 모두 주력은 포에니 전쟁 때와 같은 5단 노선이었다. 하지만 안토니우스 측에는 8단 및 10단 노선 등 대형 군선도 일부 존재했다. 8단 이상의 대형 군선은 매우 빠른 속도를 낼 수 있었으나, 속도에 탄력이 붙기까지 시간이 걸렸고, 방향 전환 등이 쉽지 않은 단점이 있었다. 반면, 아그리파가 이끄는 로마군은 오히려 몸놀림

로마의 2단 노선 리브루나로 추정되는 군선.

이 가벼운 2단 노선을 많이 운용했다. 아그리파가 나폴리에서 2년 전에 만든 2단 노선 리브루나는 안토니우스와 이집트 연합함대의 대형 군선들보다 가볍고 빨랐다. 로마 군선들은 목재로 된 작은 건물을 군선 위에 설치했으며, 마치 벽돌로 지은 것처럼 위장을 했다. 궁수들은 여기에 숨어서 활을 쏘아대곤 했다.

먼저 안토니우스의 함대는 자신의 함대와 이집트 해군을 합쳐서 230척의 대형 함선을 보유하고 있었고, 2만의 보병과 2,000이 넘는 궁수가 있었다. 하지만 이집트 해군의 훈련도는 낮았으며, 이로 인해 훈련 인원 부족으로 함대 병력은 정원보다 한참 미달인 상태였다. 더군다나 보급은 100퍼센트 이집트군이 맡았다.

반면 옥타비아누스의 해군 지휘관은 아그리파였는데, 그의 해군은 잘 훈련되어 있었고, 정원을 채운 완전편제完全編制 함대였다. 병력의 규모 또한 이집트와 비슷했다. 아그리파는 발상의 전환을 했다. 대형 노선 위주의 이집트군에게 똑같이 대형 노선으로 맞설 것이 아니라 경쾌한 기동성을 가지고 있는 소형 함선으로 이집트군 함대를 공략할 계획이었다. 이윽고 두 함대는 악티움에서 대치한다. 긴장감이 감도는 가운데 아그리파는 안토니우스의 함대를 보고 안토니우스 함대의 보급이 원활하지 않음을 간파했다. 아그리파는 좌우에서 야금야금 보급선을 갉아먹으며 안토니우스를 괴롭혔다. 안토니우스는 다급해졌다. 원래 안토니우스는 악티움의 좁은 만 안쪽으로 아그리파를 끌어들여 싸울 생각이었다. 보급이 원활하지 않았기 때문에 나가서 싸우는 것은 무리라고 판단했기 때문이다. 하지만 아그리파의 함대가 계속 보급선을 괴롭히니 어쩔 수 없이 안토니우스는 함대를 이끌고 좁은 만 밖으로 나가 아그리파와 싸울 수밖에 없었다.

그런데 여기서 아그리파는 바로 전투를 시작하지 않고 오히려 간격을 유지하며 안토니우스를 더 넓은 바다로 유인했다. 바다로 나갈수록 안토니우스 함대에는 곳곳에서 틈이 벌어지기 시작했다. 그리고 여기서 악티움 해전 최대의 미스터리가 발생한다. 벌어진 이 틈으로 갑자기 클레오파트라의 함대가 치고 나오더니 갑자기 이집트로 방향을 돌려 줄행랑을 치기 시작한 것이다. 설상가상으로 안토니우스도 자신의 기함을 버리고 작은 배로 옮겨 탄 후 클레오파트라를 쫓아갔다.

안토니우스의 부하들은 아연실색했다. 지금 우리 대장이 우리를 버리고 여자 쫓아간 거 아닌가? 모두가 어안이 벙벙할 때, 아그리파의 함대가 공격을 개시했다. 아그리파의 함선에는 투석기나 대형 쇠뇌인 발리스타가 배치되어 있었기 때문에 안토니우스의 함대에 화공을 가할 수 있었다. 또

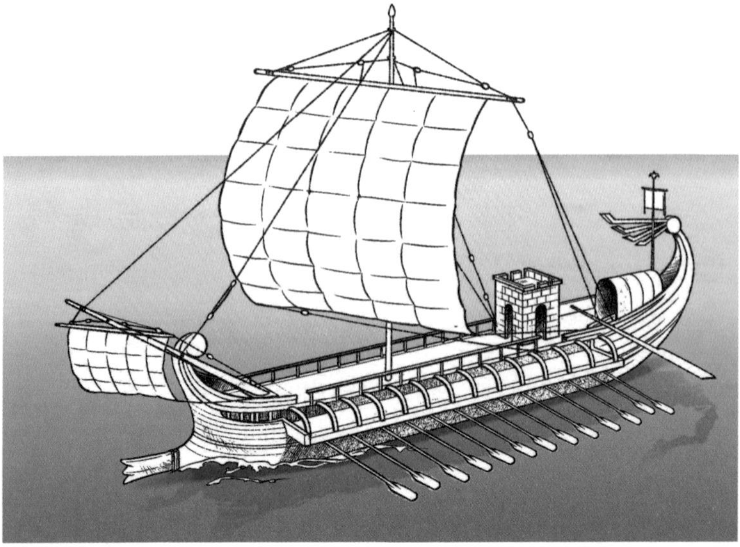

리브루나 | 경쾌한 기동성의 쾌속선이다.

한 아그리파의 함대는 안토니우스 대형 군선의 노와 방향타를 부수는 작전을 썼는데, 빠른 리브루나가 종횡무진으로 적의 틈새를 누비며 안토니우스와 이집트 연합함대의 군선들을 기동불능으로 만든 것이다. 로마군의 경쾌한 기동력의 함선과 화공에 당황한 안토니우스의 함대는 지리멸렬한다.

패전 후 안토니우스에게 배신감을 느낀 부하들은 더 이상 안토니우스를 신뢰하지 않았다. 전투를 내팽개치고 클레오파트라를 따라갔다는 것은 안토니우스가 더 이상 로마의 장군이 아니라 클레오파트라의 남편이었다는 사실을 말해준 것이었기 때문이다. 이제 안토니우스의 부하들은 모두 그의 곁을 떠나버렸다. 안토니우스가 평정심을 잃고 어떻게 해야 할지 고민하고 있을 때 클레오파트라가 죽었다는 소식이 전해졌다. 안토니

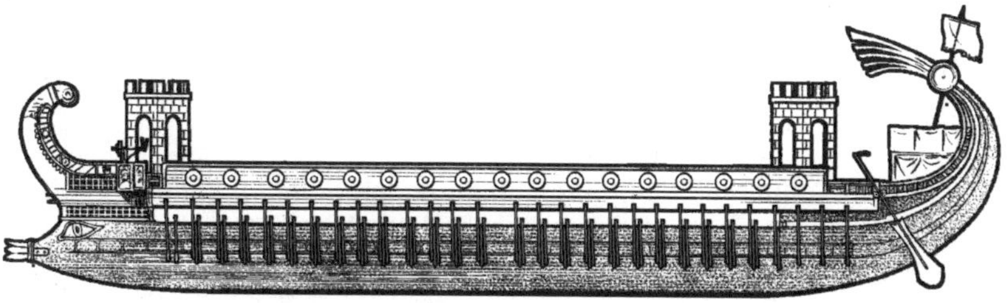

안토니우스의 10단 노선 | 한 열의 노에 노꾼이 10명이어서 10단 노선이다.

우스는 군대를 잃은 것보다 클레오파트라가 죽었다는 소식을 더 슬퍼하면서 자살로 생을 마감했다. 만약 안토니우스가 카이사르의 유언을 따랐더라면 명예로운 군인의 길을 걸었을 것이다. 아니, 그 이전에 카이사르가 후계자로 옥타비아누스를 지정했을 때, 자신을 후계자로 삼지 않은 유언에 분노하기보다는 반성을 했었어야 했다. 하지만 그는 명예보다는 여자를 선택했고, 그 방법마저 찌질했다. 그런 안토니우스에게 승전의 영광이 돌아갈 리 없다.

그리고 여기서 다시 한 번 카이사르의 혜안이 빛난다. 카이사르가 지목한 후계자 옥타비아누스가 내전의 최종 승리자가 되었다는 점을 우리는 간과해서는 안 된다. 보통 내전의 승리자는 이제 모든 권력이 자신에게 있음을 알고 전횡을 휘두르는 경우가 많았다. 하지만 옥타비아누스는 달랐다. 내전을 마친 후 그는 원로원에서 다음과 같은 연설을 한다.

"모든 내전이 끝났습니다. 이제 로마 공화정을 원로원과 로마 시민들에게 돌려드리겠습니다."

7세기 화가 로렌초 A. 카스트로가 묘사한 악티움 해전(1672).

칼자루를 쥔 채 칼자루를 내주는 척하는 약관의 청년 옥타비아누스. 모든 군권을 쥔 그가 권력을 원로원에게 내주는 척하면 원로원은 날름 그걸 받아먹을 수 있을까? 산전수전 다 겪은 원로원의 노친네들은 바보가 아니었다. 옥타비아누스는 이미 황제였다. 하지만 황제라 칭하기도 부담스러웠다. 만약 황제라 칭한다면 옥타비아누스가 "그대들은 나를 황제로 만들어 카이사르처럼 죽이려 하는가?" 이렇게 신경질적인 반응을 할 수도 있었다. 원로원은 고민에 빠졌다. 그러고는 고심 끝에 생각해낸 것이 이른바 아우구스투스, '존귀한 자'라는 칭호였다. 이 말을 들은 옥타비아누스는 그제서야 슬쩍 요구사항을 말했다.

아우구스투스는 약관의 나이에도 뛰어난 정치력을 보여주었다.

"뭐 정 그런 호칭까지 붙인다면 수용하겠습니다. 그런데 그 존귀한 자는 군사, 행정을 모두 관할해야 할 것입니다."

한마디로, 모든 권력을 달라는 얘기다. 그리고 다 주었다. 공화정이 아닌 실질적인 황제였다. 그리고 전권을 잡은 옥타비아누스는 본격적인 개혁에 착수했다. 먼저 군제개편이 있었다. 카이사르나 안토니우스 몰락의 공통점은 사병제도에 있었다. 즉 사령관이 개인적으로 부하들에게 월급을 주고 전투에 나가게 하는 사병 같은 시스템이었다. 필연적으로 암살이나 배반 등의 부작용이 일어날 수 있었다. 옥타비아누스는 이를 폐지하고 국가상비군제도를 도입한다. 시민들에게 세금을 거둬서 군인들에게 월급을 지급하는 시스템이었다. 그리고 상속세를 신설해 부자들이 낸 세금으로 군인에게 월급을 줌과 동시에, 군 전역 시 특별 보너스와 약간의 토지를 지급하는 제도를 확립했다. 이 제도가 시행되자 군인들은 아우구스투스에게 충성을 아니할 수가 없었다.

시민정책도 변화가 있었다. 당시 로마의 빈민계층은 무상배급으로 연명하고 있었는데, 이 배급은 부자들이나 귀족들이 십시일반 내는 돈으로 충당했다. 옥타비아누스는 이를 국가의 몫으로 했다. 대신 여기에 충당할 예산은 부자들에게 세금으로 징수했다.

말하자면, 모든 시스템에 필요한 비용은 국가가 부담하되, 거기에 필요한 재정은 부자들에게 세금을 거둬들여 충당하는 방법이었다. 부자들에게 걷은 돈으로 국가가 신망을 얻는 획기적인 시스템이었다. 그러면서도 얼굴마담 격인 원로원은 그대로 내버려두었다. 내전 종식 이후 옥타비아누스가 보여줬던 정치적 수완은 감탄을 자아내기에 충분하다. 왜 카이사르가 그를 후계자로 지목했는지 납득이 간다. 더욱 무서운 사실은 그 모든 것을 해치웠을 때 그가 겨우 약관의 나이였다는 점이다.

## 게르마니아를 포기하고 200년의 평화를 누리다

옥타비아누스는 군사적 업적도 신경 썼다. 클레오파트라 사후 이집트를 완전히 로마로 편입시켰고, 군대를 보내 소아시아까지 진출했다. 그리고 갈리아 너머 야만인이 사는 미지의 땅, 게르마니아로 진출하기에 이르렀다. 사실 게르마니아는 라인강과 다뉴브강이라는 자연적인 국경선이 있었기 때문에 로마의 문화적 혜택을 전혀 받지 못했다.

그렇다면 왜 로마는 게르마니아로 들어가야 했을까? 로마 입장에서는 제국이란 지속적인 영토 확장으로 선순환을 시켜야 한다고 믿고 있었다. 또한 아우구스투스 입장에서는 집안사람 때려잡는 내전만 치러본지라, 자신의 군사적 입지를 강화하기 위해서는 외부의 적과 싸워 승리할 필요가 있었다.

로마는 게르마니아를 점령하기 위해 푸블리우스 퀸틸리우스 바루스라는 어렵고 긴 이름을 가진 행정관을 파견했다. 그런데 이 친구가 성격이 안 좋았다. 안 좋은 정도가 아니라 잔악한 통치자로 악명이 높았다. 때문에 게르만족의 증오심은 계속 커져만 갔다. 이때 게르만족의 영웅이 등장하는데, 그의 이름은 아르미니우스. 그는 젊어서 로마군의 용병으로 활약했다. 사실 게르만족은 카이사르의 갈리아 원정 당시 대거 용병으로 복무했던 민족이다. 아르미니우스는 로마군의 장교로 각종 전투에서 공을 세워 로마 시민권까지 얻은 입지전적인 인물이었다.

여기서 잠깐, 게르마니아 원정 무렵 로마군의 구성을 알아보자. 당시 로마군은 본군과 보조병 부대로 나뉘어 있었다. 그런데 바루스의 군대는 50퍼센트가 보조병 부대였다. 게다가 보조병들은 기병, 궁병, 투석병 등 특화된 병과로 이루어져 있었다. 따라서 경우에 따라서는 이들의 활약이 더 중요했을 것이다. 아르미니우스는 이 보조부대의 핵심인 기병대 지휘관이었다. 행정관료 출신인 바루스로서는 군사적인 부분에서 아르미니우스에게 의지할 수밖에 없었다. 아르미니우스는 자기의 본심을 숨기고 있었다. 애초에 로마 제국의 군대를 배우려고 했던 아르미니우스는 바루스의 폭정에 분노했고, 속으로 칼을 갈며 때가 오기만을 기다리던 중이었다.

19세기 독일의 역사화가 페터 얀센이 토이토부르크 숲의 전투를 묘사한 〈승리자 헤르만의 공격〉(1873) | 아르미니우스는 독일인 사이에서는 '헤르만'이라는 이름으로 더 알려져 있으며, 민족주의 운동이 전개되었던 19세기 초에 독일민족의 영웅으로 새로이 조명되어 독일민족의 자유와 승리를 상징하는 인물로 오늘날까지도 추앙받고 있다. 그림 가운데 흰말을 타고 로마군을 공격하고 있는 인물이 헤르만, 즉 아르미니우스이다.

그리고 드디어 때가 왔다. 바루스를 제거하기로 결심한 아르미니우스는 철저하게 준비하여 바루스에게 토이토부르크 숲 동쪽에서 반란이 일어났다는 내용의 거짓 정보를 흘렸다. 바루스는 이 기회에 전공을 한번 세워보겠다는 생각에 친히 3개 군단을 이끌고 토이토부르크 숲으로 진입했다. 숲속의 길은 좁았다. 2만의 대병력이 좁은 숲길을 통과해야 했기에 로마군단은 길게 늘어졌고, 그 길이가 무려 20킬로미터에 이르렀다. 이렇게 되면 로마군의 강점인 조직적 전투가 불가능해진다. 로마군은 전후좌우에 정찰병을 배치해서 적의 매복에 대비하고 있었다.

문제는 이 정찰병 역할을 아르미니우스 휘하의 보조군들이 맡고 있다는 것이었다. 이런 사실을 까맣게 몰랐던 바루스는 아르미니우스에게 길안내까지 부탁했다. 아르미니우스는 태연하게 바루스의 군대를 자신이 원하는 곳으로 유인했다. 그곳에는 아르미니우스가 미리 파놓은 함정이 있었다. 그리고 매복지 양쪽에 1.5미터 높이의 둑을 만들어 로마군이 사방으로 달아나지 못하게 해놓았다. 아르미니우스가 공격 명령을 내리자마자, 둑에 숨어 있던 아르미니우스의 군대들이 로마군을 향해 투창을 던지기 시작했다. 곳곳에서 이렇게 하자 길게 늘어선 로마군의 대열이 중간중간 끊겼다. 그리고 아르미니우스는 기병을 이끌고 허리가 끊긴 로마군 사이를 휘저으며 다녔다. 밀집대형을 만들 수 없었던 로마군은 속절없이 무너져갔다. 무려 나흘 동안이나 로마군은 숲속에서 철저히 유린되었고, 2만에 달하는 로마군단은 문자 그대로 '전멸'했다. 바루스는 전투 첫날에 정신적 충격을 이기지 못하고 바로 자살해버리고 말았다.

이 전투의 결과로 로마군은 게르마니아에서 완전히 축출되었다. 이 사건은 옥타비아누스에게도 충격적이었다. 그는 궁정 벽에 머리를 찧으며

토이토부르크 숲에서 벌어진 바루스와의 전쟁에서 질주하는 게르만 전사들. 1909년 작품이다.

절규했다.

"바루스여! 내 군단을 돌려다오."

그러나 이대로 당하고만 있을 로마군이 아니었다. 설욕전을 맡은 로마군 사령관은 게르마니쿠스. 유명한 로마의 폭군 황제 칼리굴라의 아버지이시다. 게르마니쿠스는 바루스와는 달랐다. 그는 군단을 하나씩 짧은 동선으로 투입하는 방식으로 토이토부르크 숲을 통과하는 데 성공했다. 하지만 이 과정에서 로마군의 군단도 피해가 만만치 않았다.

결국 아우구스투스는 라인강과 다뉴브강을 넘지 말라는 지침을 내리고 게르마니아 정복을 포기했다. 그리고 더 이상의 정복작전을 하지 않기로 한다. 이른바 '팍스 로마나로마의 평화'를 선언한 것이었다. 이후 로마의 평화는 200여 년 간 지속되면서 로마 제국은 역사에 길이 남을 찬란한 번영의 시대를 마음껏 누렸다. 물론 팍스 로마나 시절에도 전쟁이 없었던 것은 아니었다. 반란을 미리 막고 견제하는 예방전쟁이 줄을 이었기 때문이다. 이 과정에서 로마는 힘을 남용하게 된다. 그 결과는 결국 피점령지들의 분노를 초래했고, 로마에 대한 분노는 결국 게르만족에 의한 서로마 제국의 멸망으로 결론을 맺었다.

9

# 위·촉·오 삼국전쟁

## 정사 〈삼국지〉를 토대로 재구성하는 '삼국전쟁'의 진실과 거짓

소설 〈삼국지〉는 동양에서는 영원한 베스트셀러이다. 정확히 말해 소설 〈삼국지〉는 나관중의 〈삼국지연의三國志演義〉인데, 보는 사람으로 하여금 피를 끓게 하는 뭔가가 있다. 수많은 영웅호걸들의 명멸을 접하며 밤을 지새웠던 날들이 그 얼마인가?

하지만 소설은 소설일 뿐, 위·촉·오의 진짜 역사는 위나라 다음 왕조인 사마씨의 진나라 시절, 역사가 진수가 쓴 〈삼국지〉에서 봐야 한다. 나관중의 〈삼국지연의〉에는 엄청난 각색이 들어갔기 때문이다. 따라서 소설 〈삼국지〉 내용은 정사와는 상당한 차이를 보인다. 필자는 소설을 쓰는 재주는 없으므로 정사를 따라가려 한다. 또한 삼국지의 방대한 양을 모두 살필 수는 없으니 3대 대전, 즉 조조와 원소가 맞붙은 관도대전, 조조가 손권과 유비 연합군과 맞붙은 적벽대전, 그리고 유비가 손권과 맞붙

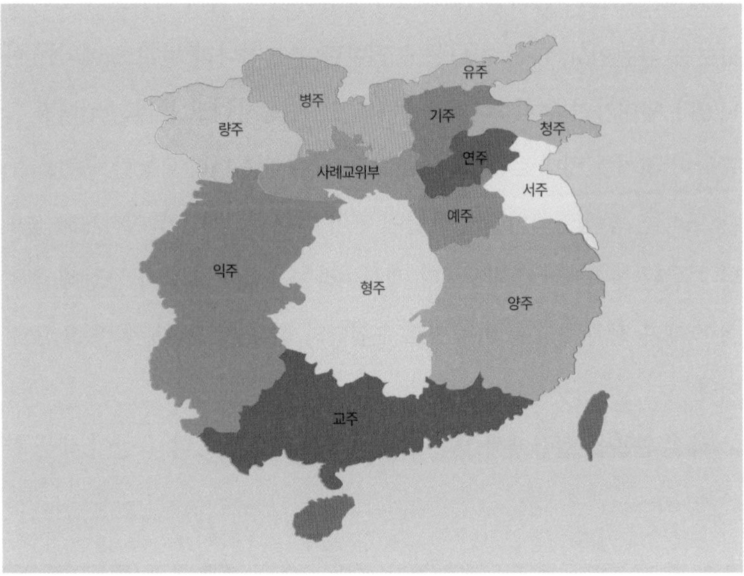


후한 13주 | 후한 13주는 후한의 초대 황제인 광무제 시대에 확정된 것이다.

은 이릉대전을 중심으로 〈삼국지〉를 살펴본다.

## 혼돈의 후한 말

〈삼국지〉의 시대적 배경은 후한 말기, 천하가 어지럽던 시절이다. 중국 최초의 통일왕조인 진나라가 망하자 초의 항우와 한의 유방이 천하를 놓고 벌인 건곤일척의 승부는 유방의 승리로 끝났다. 그리고 유방은 한나라전한 또는 동한를 세운다. 거대한 제국으로 발돋움했던 한의 국운이 기울어가면서 다시 세상이 어지러워진다.

중국은 왕조가 몰락할 때 반드시 등장하는 두 가지 키워드가 있는데, 하나는 환관이고, 다른 하나는 농민반란이다. 한나라 말기도 예외는 아니었다. 윗대가리 정치 일선에서는 이른바 '십상시'라고 불리는 권력형 환관들이 정치를 멋대로 쥐락펴락했고, 아래에서는 머리에 노란 수건을 두른 도적들, 즉 황건적의 농민반란이 일어났다. 당시에는 특이하게도 종교와 결합된 농민반란이 발생했다. 장각이라는 사이비 교주가 등장해 정치적 색채가 강한 종교를 바탕으로 수십만의 신자를 모아 난을 일으킨 것이다.

사실 환관들 입장에서 보면 조금 억울한 측면도 있다. 유방이 세운 한

### 중국인이 가장 사랑한 이야기, 〈삼국지〉

진수의 이른바 '정사正史' 〈삼국지〉는 후한 말기부터 사마씨의 진나라 초까지 다룬 총 65권의 역사서이다. 반면 나관중은 천 년도 더 지난 후대인 명나라 초기의 소설가로, 역사적 사실을 바탕으로 장편백화소설 〈삼국지연의〉를 저술했다. 송나라 때부터 〈삼국지〉는 연극이나 만담의 단골소재였다. 전문 이야기꾼들의 이야기 대본을 '화본畫本'이라 하는데, 이 화본들을 모아 연극의 대본으로 많이 쓰였고, 가장 인기 있는 연극은 단연 초나라 항우와 우미인의 이별을 그린 〈패왕별희〉와 전국시대의 영웅담 〈삼국지〉였다. 그리고 이 화본을 바탕으로 원나라 때 간행된 〈전상삼국지평화全相三國志平話〉란 책도 이미 대중들에게 널리 사랑받고 있었다. 나관중은 진수의 정사 〈삼국지〉와 주석들에 수록된 야사와 잡기를 근거로 삼고, 〈전상삼국지평화〉의 줄거리를 뼈대로 〈삼국지연의〉를 멋들어지게 써내려갔다. 여기서 끝이 아니다. 나관중의 〈삼국지연의〉 후에도 〈삼국지〉는 여러 작가들에 의해 계속 다듬어지고 각색되었다.

나라는 정치가 가족집단에서 부패하는 일이 잦았다. 특히 외척의 힘이 강해지면서 폐단이 심했다. 따라서 황제는 외척을 견제하기 위해 환관세력을 끌어들였다. 그런데 환관과 외척의 권력투쟁이 심화되면서 오히려 황제의 권위가 위축되는 기현상이 일어나게 된다.

〈삼국지〉의 시작점이 되는 후한 12대 황제 영제 때, 권력은 외척인 하진이 꽉 잡고 있었다. 하진 역시 십상시들과 권력투쟁을 벌이고 있었다. 하진은 환관의 세력을 제거하기 위해 외부 군벌을 끌어들이는 멍청한 짓을 한다. 그때 하진이 선택한 군벌은 하동태수 동탁이었다.

동탁

항상 중앙으로의 진출을 꿈꿨던 동탁은 순식간에 하진과 환관세력을 전부 다 소탕하고 손쉽게 정권을 잡는다. 권력을 잡은 동탁이 마음대로 황제를 갈아치우는 등 온갖 폭정을 일삼자, 동탁을 몰아내기 위해 전국 각지에서 군벌과 신흥세력들이 등장하게 된다. 동탁에 대항하는 연합군의 맹주는 하북의 강자 원소였다.

원소는 역적 동탁을 제거한다는 대의명분을 내세웠지만, 그 역시 권력에 대한 야망이 대단했고, 원소뿐만 아니라 모여든 모든 신흥세력들은 속으로 '내가 동탁보다 못한 게 뭔데?'라며 야망을 불태웠다. 그들 중에서는 연주 출신의 조조와 강남 지방의 손견이 가장 유력했다. 반면 형주의 유표와 촉 땅의 유장은 권력투쟁에 별 관심이 없던 인물들이었다. 〈삼국지〉의 주인공이라 할 수 있는 유비는 이때 아직 방랑 중이었다.

원소

18세기 일본 화가인 사쿠라이 셋칸이 그린 유비, 관우, 장비 | 비단에 그린 그림이다.

〈삼국지연의〉에서는 이 무렵 유비가 관우, 장비를 만나 복숭아밭에서 도원결의를 맺는 것으로 나오지만, 도원결의는 역사적 사실이 아니다. 수많은 중국 사가들이 그 복숭아밭을 찾아내기 위해 수백 년을 뒤졌지만 전혀 근거가 없는 내용이었기에 찾는 데 실패했다. 지금은 유비의 고향 탁현에 복숭아밭을 만들어서 관광객 유치에 열을 올리고 있을 뿐이다.

## 진수의 정사 〈삼국지〉

진수의 〈삼국지〉는 중국에서 정사로 인정받는 25종의 역사서 가운데 하나다. 대부분의 중국 역사서는 유가적 사관으로 쓰여 있어서 도덕적인 면을 중요시한다. 반면 진수의 〈삼국지〉는 인물의 능력 위주로, 사건의 과정과 결과를 감상적이지 않고 간결하게 정리한 것이 특징이다. 당시로써는 매우 파격적인 역사서인 것이다.

진수는 자신의 역사서에서 인물을 두 종류로 나눈다. 적당한 성공에 만족하는 관망파와 정점에 도전하는 대권파가 그것이다. 그는 관망파의 대표적 인물로 유주의 공손찬과 형주의 유표를 꼽는데, 둘 모두 한자리씩 차지하자 성을 쌓고 대세를 관망하는 그저 그런 캐릭터로 규정한다. 반면 천하를 품는 야심을 가진 인물들은 당연히 유비, 조조, 손권으로, 이들은 대권파로 분류된다. 진수는 이 세 명의 대권파를 당시 가장 중요한 인물들로 간주했기 때문에 역사서의 이름을 〈삼국지〉라 지었다.

공손찬

또한 〈삼국지연의〉에서 묘사한 유비, 조조, 손권의 모습은 정사와는 많이 다르다. 이들에게 공통점이 있다. 소설 〈삼국지〉는 셋을 완전히 다른 캐릭터로 묘사하는데, 이들이 새로운 시대를 예견한 신흥세력이란 점이다. 예를 들어 유비를 이야기해보자. 유비 하면 덕德으로 상징되기 때문에 소싯적부터 공부를 열심히 한 착한 인물로 묘사된다. 하지만 정사에서 유비는 옷과 음악, 그리고 여자를 꽤나 좋아했던 사람이다. 이른바 학창시절 좀 놀았던 아이이다. 또한 소설에서는 홀어머니를 모시고 사는 가난한 돗자리 짜는 청년으로 나오

유표

유비

는데, 실상 유비네 집안은 지방 토호 수준은 되는 나름 중산층 집안이었다. 손권도 소설에서는 다소 우유부단하고 수성에만 신경 쓰는 인물로 나오지만, 정사에서는 모략과 술수의 천재로 묘사된다.

〈삼국지〉에는 수많은 전투가 나오는데 가장 유명한 것은 3대 대전이다. 첫 번째로 살펴볼 전투는 화북의 양대세력이던 조조와 원소가 맞붙은 관도대전이다. 관도대전은 조조가 다른 유력한 세력을 제압하고 권력을 잡을 수 있었던 결정적 전투로 평가된다. 당시 원소는 동탁이 새롭게 옹립한 헌제의 정통성을 인정하지 않았다. 반면 조조는 황제를 손안에 넣고 정통성을 주장하며 원소와 대립했다. 중국 북부화북 세력의 두 영웅이었던 조조와 원소의 대결은 피할 수 없었다.

조조

소설에서는 원소군 70만 대 조조군 7만이라 했는데 이는 완벽한 허구이다. 한나라 말기에 중국 인구를 아무리 여유 있게 추산한다 하더라도 5천만 명이 넘지 않는다. 특히 삼국시대 때는 인구가 급격히 감소했다. 그 원인 중 하나는 당시 중국 대륙이 급격히 한랭화되었다는 점이다. 이 여파로 농작물이 잘 자라지 못해 흉년과 기근이 만연해 있었다. 거기다 역병까지 창궐했기 때문에 역사

손권

## 〈삼국지〉 장수들은 1 대 1로 싸우지 않았다!

소설에서 당시 관우는 잠시 조조 휘하에 있었는데, 여기서 안량과 관우의 일기토 대결이 펼쳐졌다. 이는 사실일까? 아쉽게도 사실이 아니다. 사실 '일기토一騎討'란 말 자체가 중국어가 아닌 일본식 표현이다. 말 한 필의 대결이란 뜻인데, 중국에서는 '단도單挑'라 부른다. 진수의 〈삼국지〉에 보면 장수들끼리의 1 대 1 대결은 단 네 번이 있었다.

하지만 우리가 생각하는 장면과는 거리가 멀다. 우리가 상상하는 일기토는 양 진영에서 꽹과리나 북으로 사기를 북돋우고, 장수 둘이 나와 말을 탄 채 그림 같은 멋진 대결을 펼치는 것이다. 하지만 실제 일기토는 난전을 벌이다가 우연히 장수들이 만나 서로 싸우는 형국이다. 안량 역시 난전 중에 관우의 창에 쓰러진다. 사실 수백, 수천 명을 지휘하는 장군이 병사들을 놔둔 채 1 대 1 대결을 벌인다는 것은 상식적으로 납득이 가지 않는다.

그렇다면 왜 우리는 〈삼국지〉에서 일기토에 대한 환상을 가지고 있을까? 이 역시 소설 〈삼국지〉 때문이다. 앞서 말한 대로 송나라 때부터 〈삼국지〉는 가장 인기 있는 연극의 테마였다. 그런데 연극에서 전투 장면을 재현하기 위해서는 대량의 엑스트라를 동원해야 했다. 그런데 이게 쉬운 일이 아니었다. 따라서 대충 엑스트라는 무대 배경의 그림으로 그려놓고 배우 둘이 나와 1 대 1 대결을 펼치는 장면을 주로 써먹었다. 그런데 이 방법이 의외로 반응이 좋았다. 관객들은 1 대 1 대결을 보며 각자 장군들의 전투력 순위를 매기기도 하며 좋아했다고 한다. 그리고 솔직히 사나이는 원터치 아닌가. 화본을 수집하던 나관중 역시 이런 연출이 마음에 들었던지라 자신의 소설에서 일기토를 애용하게 된다.

가들은 삼국시대 당시의 인구를 약 3천만 명으로 보고 있다. 그런데 70만의 병력을 동원한다? 이것은 소설의 뻥튀기라고 보면 된다. 쉽게 말해 소설에 나오는 병력에서 0 하나씩 빼면 얼추 현실적인 병력 수가 나온다고 봐야 한다. 역사가들은 원소가 최대 10만, 조조가 약 4만 병력을 동원했으리라고 본다.

서전에서 조조는 백마 전투에서 밀리며 관도오늘날 허난성 중무현 근처까지 남하한다. 조조는 여기서 원소군에게 포위되었는데, 무려 여섯 달 동안을 잘 버텨냈다. 원소군의 포위 압박 속에 장기간 대치 중, 원소 휘하의 관료 허유가 조조에게 투항하는 사건이 발생한다. 그는 조조에게 원소군의 보급품 기지가 오소에 있으니 오소를 점령하면 게임 끝이라고 말한다. 조조는 허유의 말대로 오소를 급습하고 그곳에 있던 원소군을 전멸시킨다. 다급한 마음에 조조의 본진을 공격했던 원소군은 진영 내에서 내분이 발생해 조조군에 대패하고, 겨우 800기의 기병만 이끌고 후퇴했다.

물론 관도대전의 패배는 쓰라렸지만, 단 한 번의 패배로 원소군이 재기불능에 빠진 것은 아니었다. 하지만 관도대전 패배 후 원소는 빠르게 건강이 나빠져서 결국 죽고 말았다. 문제는 원소 사망 이후였다. 원소는 사망했지만 원소군의 군세는 그런대로 나쁘지 않았다. 그런데 원소의 후계자 자리를 두고 아들들끼리 다툼이 일어났고, 이 내분을 극복하지 못한 원소 일가는 조조에 의해 멸망하고 말았다.

## 쌍고검과 언월도, 〈삼국지〉 무기의 진실

유비의 쌍고검, 관우의 청룡언월도, 장비의 장팔사모, 여포의 방천화극……. 삼국지 하면 무엇보다도 장수들의 화려한 무기가 사나이 가슴을 뛰게 만든다. 유비가 사용했던 '쌍고검'은 한쪽 면이 납작해 두 자루의 검이 한 칼집에 포개져 들어가는 쌍검이다. 보통 '자웅일대검'으로 알려져 있는데 이는 일본식 표현이다. 사실 이러한 형식의 검이 실전에서 과연 효과가 있었겠느냐 하는 의문이 든다. 이러한 복잡한 형태의 검은 오히려 무기의 내구성을 떨어뜨리기 때문이다. 사실 실제 역사에서나 소설 속에서나 유비가 검을 들고 제대로 싸운 적이 별로 없다. 있으나 마나 한 검이랄까?

유비의 쌍고검 | 두 자루의 검이 한 칼집에 들어가는 형태지만, 무기의 내구성을 떨어뜨려 실전에는 부적합하다.

관우의 청룡언월도 | 관우, 하면 청룡언월도다. 하지만 당시에 언월도가 없었다는 것이 함정이다.

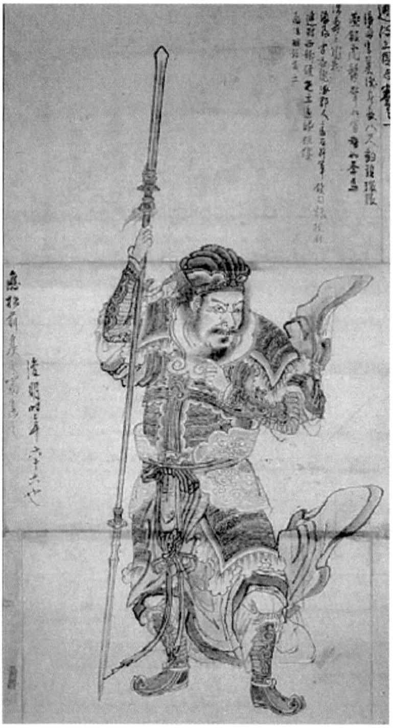

장비가 들고 있는 장팔사모는 〈삼국지연의〉 대로 제작하면 말도 안 되는 크기가 되어버린다.

관우의 '청룡언월도'는 중량이 81근으로 명나라 때 기준으로 환산하면 약 49킬로그램이나 된다. 현재의 기준으로도 약 19킬로그램에 달한다. 즉 사람이 자유자재로 다룰 수 있는 무기가 절대 아니라는 뜻이다. 게다가 초승달처럼 생긴 큰 칼을 가리키는 '언월도' 자체가 후대인 송나라 때 출현한 무기이다. 삼국시대에는 아직 없었던 무기인 것이다. 그러므로 관우의 청룡언월도는 한마디로 새빨간 거짓말이다. 따라서 소설 속 환상의 병기로 만족하자. 많은 역사가들은 전한시대 칼인 '참마도' 형태의 대도를 관우가 썼으리라고 생각한다는데 이것도 믿을 수가 없다.

장비가 휘둘러대던 긴 창인 '장팔사모'는 허구의 규모가 한 술 더 뜬다. 길이가 1장 8척. 즉 무려 4미터 50센티미터로, 말을 타고 다녔던 장비가 말 위에서 사용하기는 매우 불편했을 터이다. 5미터짜리 창을 들고 팔랑크스 대형을 이루는 마케도니아 페제타이로이는 보병이었으며, 당시 마케도니아 기병 헤타이로이는 2.5미터 길이의 창을 썼다. 혹자는 이미 삼국시대 즈음에는 등자가 있었기 때문에 완력이 타고난 장비가 그 정도 크기의 창을 말 위에서 휘둘렀을 것이라고 말한다. 하지만 2~3세기경의 등자는 아직 그 기능이 완벽하지 못했다는 점을 감안한다면 아무래도 장팔사모도 진실과는 거리가 멀다.

〈삼국지〉 최강의 무력 캐릭터 여포가 사용한 '방천화극' 역시 송나라 이후의 무기이다. 특히 방천화극 날 옆에 붙은 '월아'의 형태에 대해서는 아직도 중국 내에서 의견이 분분하다. 한마디로 이것도 실체가 불분명하다.

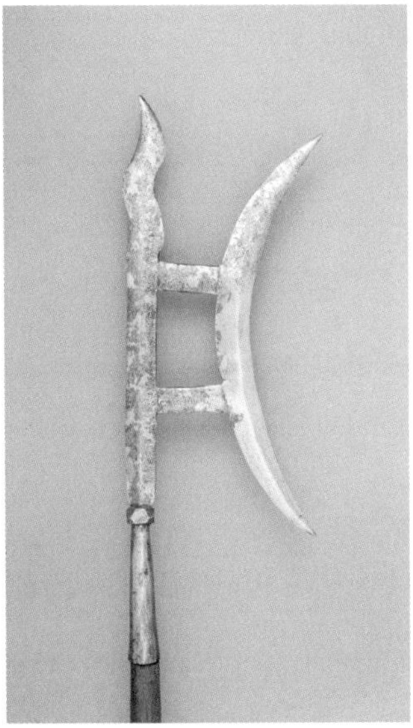
여포의 방천화극 | 송나라 시대의 무기가 삼국시대로 타임슬립을 했다.

소설에서 이들의 무기는 전문 무기 제작자의 손을 거친 무기가 아닌 동네 대장간에서 만든 것으로 묘사되는데, 〈삼국지연의〉의 원작자 나관중은 진수의 〈삼국지〉에 주로 유랑극단의 연극 등에서 수집한 자료를 집대성해 소설을 완성한다. 다시 말해 중국인 특유의 과도한 각색과 창작

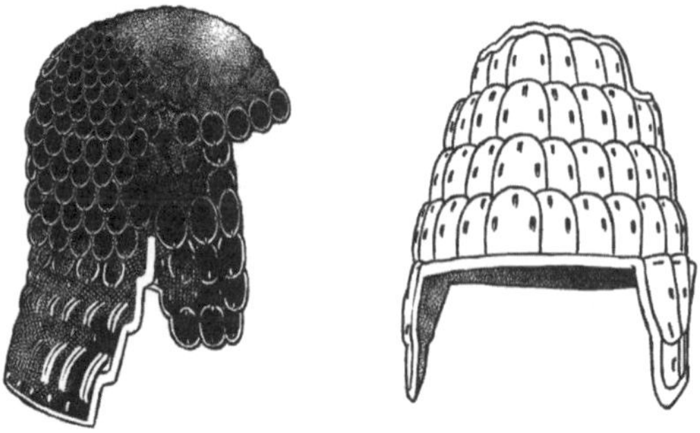

위촉오 삼국시대의 투구.

이 오히려 역사적 사실을 압도하며 사람들의 뇌리 속에 각인된 것이다.

## 위·촉·오 삼국시대의 무기

그렇다면 위·촉·오 삼국시대에 일반 보병은 어떤 무기를 썼을까? 당시에는 진나라나 한나라 때와 마찬가지로 '극'이 여전히 주 무기로 쓰였다. 다만 삼국시대에는 철기무기가 완전히 자리 잡아 청동무기는 더 이상 사용되지 않았다. 근접용 병기는 '환수도'라고 불리는 직도가 쓰였는데, 칼날이 휘지 않고 직선이었다.

갑옷은 쇳조각을 겹쳐서 만든 '어린갑'이 쓰였다. 이전에 쓰였던 '찰갑'보다 쇳조각끼리 겹치는 부분이 넓어 적의 칼날이 뚫기 힘들었다. 어린갑에는 통수개와 양당갑, 명광개 등이 있었는데, 특히 명광개는 장수급의 고급 지휘관이 착용했다. 명광개는 당나라 때까지 대표적인 갑옷으로 자

양당갑 | 양당갑은 기병이 주로 사용했다. 비록 측면까지 보호할 수는 없었지만, 신체의 앞뒷면과 무릎까지 보호가 가능했다.

통수개 | 방어 능력이 뛰어난 갑옷으로, 소매가 붙어 있어 팔 윗부분과 급소인 옆구리 아랫부분도 방어할 수 있었다.

명광개 | 명광개의 가장 큰 특징은 흉부에 박힌 호심(護心)이란 금속판이다. 이 호심 덕분에 방어력은 한층 향상되었고 전체적으로 방어 범위가 넓어져 보병뿐 아니라 기병도 애용하는 갑옷이 된다.

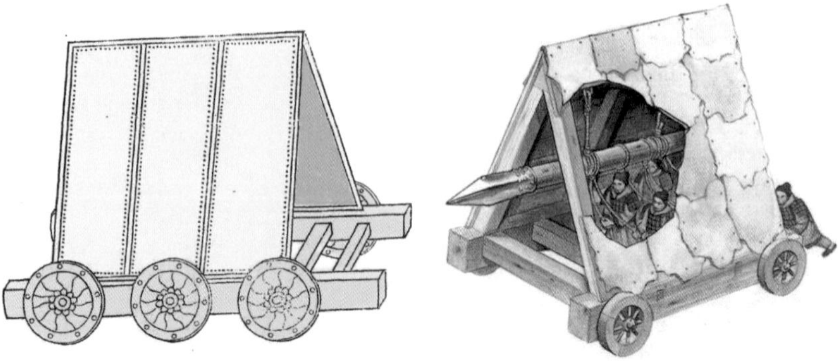

분온차의 한 종류인 첨두목로와 충차 | 전투요원들을 성벽 앞까지 운반하는 수레인 분온차(위 왼쪽)와 중국식 파성추인 충차(위 오른쪽)는 공성의 필수 무기였다.

리 잡는다. 노궁은 '쇠뇌'란 이름으로 역시 쓰였다. 활은 복합궁이 쓰였는데, 재미있는 것은 보병의 경우 쇠뇌, 기병의 경우는 활을 주로 썼다는 점이다.

춘추전국시대부터 중국에는 각지에 성곽이나 도시가 유럽에 비해 많이 구축되었고, 삼국시대에는 견고한 성에 대한 공성전이 매우 중요한 전투로 묘사되어 있다. 따라서 공성전에 쓰이는 무기도 많이 개발되었다.

고대 중국의 병법서인 〈손자〉에는 공성은 어쩔 수 없는 경우에만 하는 것으로, 공성을 할 때에는 망루와 '분온차'를 먼저 정비하라고 했을 만큼 분온차는 공성의 필수무기였다. 분온차는 전투요원들을 성벽 앞까지 운반하는 수레인데, 약 10명의 병사가 탑승했다. 불화살에 타지 않도록 전체를 소가죽으로 덮었으며 삼국시대에는 지붕을 삼각형으로 만들어 위에서 떨어지는 적의 공격을 견딜 수 있게 했다.

'충차'는 중국식 파성추로서 '당차' 또는 '당거'라고도 불렸다. 적의 성에 접근하여 수레 위에 매달린 통나무로 성문이나 성벽을 부수는 무기였다. '소거巢車'는 일종의 이동식 망루로서 병사를 태운 작은 집을 끌어올려 높은 곳에서 성 안의 상황을 살피는 역할을 했다. 일종의 곤돌라였던 셈이다.

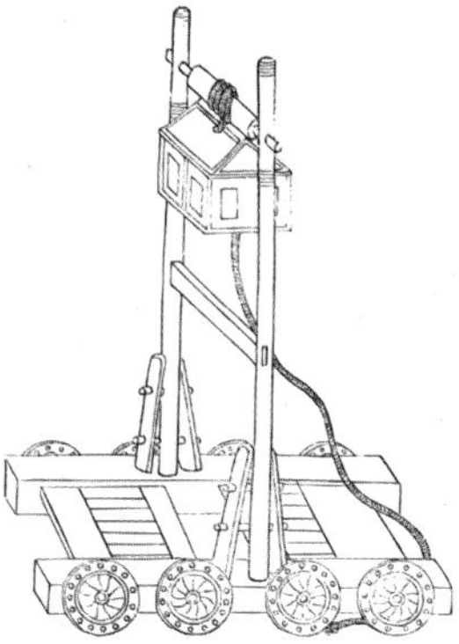

소거

조조와 원소가 맞붙은 관도대전에서는 두 가지 공성병기가 대활약을 하였다. 그중 하나가 거대 공성탑인 '정란'이었다. 정란은 높이가 10미터 이상이었으며, 꼭대기 망루에는 일반적으로 십수 명의 궁병이나 쇠뇌병이 올라가 적에게 화살 비를 퍼부었다고 한다. 거대병기였기 때문에 해체와 조립을 해야 운반이 가능했고, 거대한 크기 때문에 적군의 집중공격 목표가 되기 일쑤였다. 관도대전에서 원소가 한때 이 무기로 조조군을 궁지에 몰아넣었다.

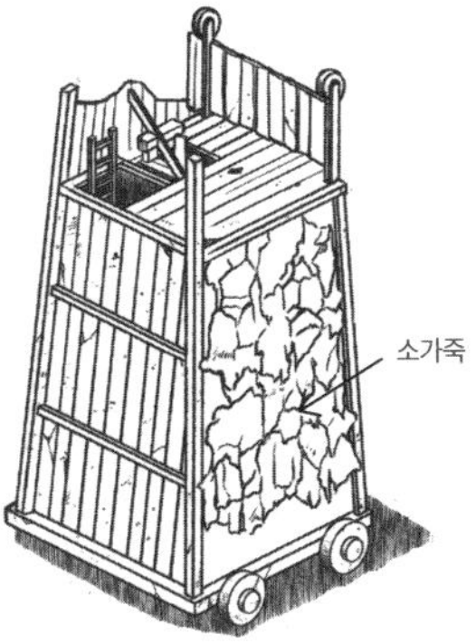

정란과 발석차 | 관도대전에서 활약한 두 가지 공성병기 정란(위 왼쪽)과 발석차(위 오른쪽).

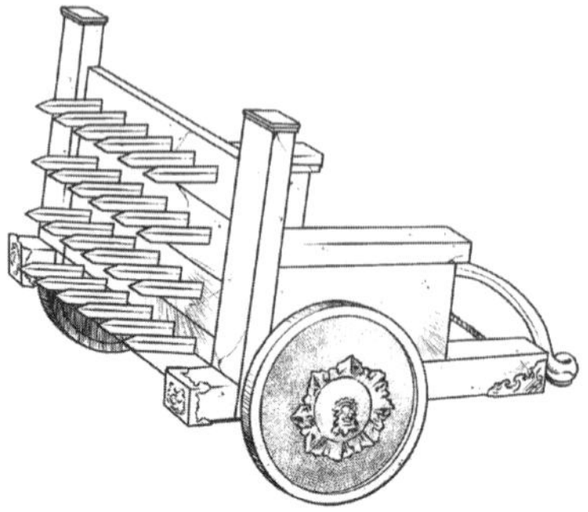

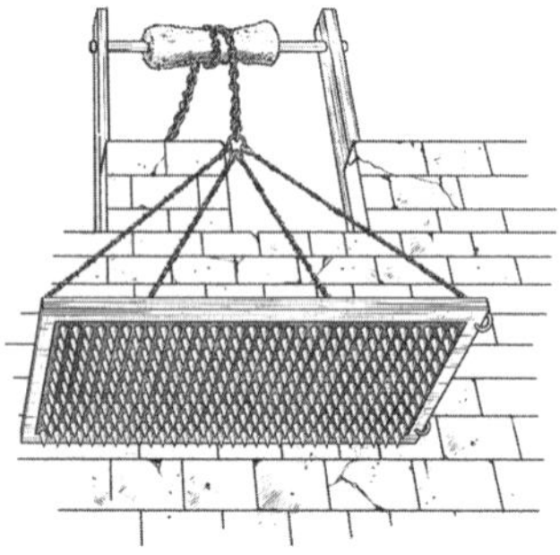

새문도거와 낭아박 | 방어용 무기인 새문도거(위 왼쪽)와 낭아박(위 오른쪽).

관도대전의 또 한 가지 중요 공성병기는 중국판 투석기인 '발석차'이다. '벽력차'라고도 불렸으며, 지렛대의 원리를 사용하여 50킬로그램 이상의 돌을 70미터 이상 날릴 수 있었다. 조조는 발석차로 원소군의 정란을 격파해 위기상황에서 탈출했다.

'새문도거'는 부서진 성문에 배치하는 방어용 무기이다. 날카로운 여러 개의 칼날이 붙은 면으로 적의 침입을 막는 역할을 했다. 이와 함께 '낭아박'은 쇠못을 잔뜩 박아놓은 무거운 판을 줄에 매단 방어용 병기의 일종으로, 성벽을 기어오르는 적병에게 떨어뜨려 침입을 막는 무기였다.

운제

'운제'는 이동식 공성용 사다리로서 접이식으로 되어 있었고, 사다리 끝 부분에는 성벽에 사다리를 걸기 위한 갈고리가 달려 있었다. 운제는 우리나라 사극에서 공성전을 묘사할 때 가장 자주 등장하는 공성무기이기도 하다. 전체에 소가죽과 진흙을 발라 불화살에 대처했다. 하지만 해자가 파져 있는 성벽에는 접근하기가 어려워 그 효과는 제한적이었다.

## 적벽대전

관도대전에서 원소를 물리치고 화북의 패권을 잡은 조조는 이제 형주를 노린다. 형주는 중원의 한가운데 위치해 있어 사통팔달, 교통의 요지이자 군사적 요충지였다. 더군다나 물자도 풍부해 중국 내에서는 노른자위 땅으로 누구나 군침을 흘리는 곳이었다. 그런데 형주가 근거지였던 유표는 소극적인 관망파였다. 조조는 전격적으로 형주를 침략하고, 유표에게 몸을 의탁했던 유비는 일행과 백성들을 데리고 강남 쪽으로 피신한다. 여기서 또 하나의 삼국지 신화가 나오는데, 유비 일행을 보호하기 위해 장비는 홀로 장판교의 다리를 끊고 조조군과 맞선다. 이른바 장비의 장판파 에피소드. 과연 이것은 팩트일까? 장판교에서 장비가 조조군을 막아낸 것은 사실이다. 하지만 조조의 대규모 군대가 아니라 소규모 추격대를 쫓아냈다는 설이 유력하다.

아무튼 형주를 집어삼킨 조조는 강남의 오나라로 향한다. 바로 적벽대전의 시작이다. 우리 마음속에 적벽은 기암절벽이 우뚝 솟아 있는 장엄한 곳으로 남아 있다. 하지만 적벽의 정확한 위치는 아직도 의견이 분분하다. 양쯔강 연안의 하안단구 절벽으로 여러 논쟁 끝에 다섯 곳의 후

보지가 존재할 정도이다. 합리적인 추측을 해보면, 적벽은 조조가 오나라로 상륙하기 위한 지점이었다. 따라서 산세가 험한 곳이 아니라 강을 건너기 위한 평범한 도하 지점이었을 것이다.

강남의 오나라 땅은 예로부터 비옥한 토양과 풍부한 수량으로 매우 풍요로운 곳이었다. 그런데 강이 많은 지역이다 보니 토호들이 많이 분열되어 있었고, 이상하게 강남 땅으로만 가면 사람들이 나태해지는 경향이 있었다. 이는 천혜의 방어선인 양쯔강 때문이었다. 더욱이 북쪽에서 내려오는 군대는 수전을 잘 못하기 때문에 강남에 있는 사람들 입장에서는 살기도 무척 좋고 지키기도 좋은 곳이었다. 덕분에 들어오기만 하면 늘어지는 것이다. 그래서일까? 강남 지방의 토호와 군벌의 분열로 적벽대전에서 오나라가 동원한 군대는 약 3만에 불과하다. 이런 이유로 손권은 유비와 동맹을 맺는다. 오나라군 3만에 유비군 1만, 유기군 1만을 합해 총 5만의 병력이 조조군에 대항했다.

여기서 다시 팩트체크. 방통의 연환계**배와 배를 사슬로 묶어 서로 움직이지 않게 함**와 황개의 고육계**자기 몸을 상하게 하여 남이 믿게 만듦**이다. 뱃멀미 대책으로 조조군의 함선을 쇠사슬로 연결하게 한 방통의 계략은 사실일까? 그리고 고육지계로 조조를 속인 황개의 전략은? 다시 한 번 자신 있게 말씀드리지만, 그런 것은 없었다. 조조의 함선들이 항구에 빽빽이 있었던 것은 사실이다. 하지만 조조는 오나라의 선공을 예상치 못했다. 다시 말해 쇠사슬로 묶지 않았어도 이미 강 위에는 조조군의 함선이 빈틈없이 떠 있었다. 여기에 오나라군 함선이 화공을 한 것도 의견이 분분하다. 북송 때 사마광이 편찬한 역사서인 〈자치통감〉에는 화공이 승패를 가른 요인이라 기록되어 있다. 반면, 진수의 〈삼국지〉 '위서'에는 풍토병이 돌아

조조군이 철수하며 배에 불을 질렀다고 기술되어 있다. 폐위된 헌제산양공의 입장에서 서술한 〈삼국지〉 주석 '산양공재기'에서는 역시 화공이 나온다.

아무튼 적벽대전에서 조조군이 패하여 물러간 것만큼은 부정할 수 없는 팩트이다. 적벽대전은 조조에게 있어서는 악몽의 전투였다. 그리고 적벽대전에서 승리한 유비 앞에는 이제 꽃길이 펼쳐진다.

## 적벽대전의 군선들

적벽대전은 해전이니만큼, 대규모 해전에 사용된 적마, 몽충, 투함, 노요 등의 군선들도 다양하게 나온다. 먼저 '적마'는 회전반경이 작고 빠른 배였다. 말처럼 빠른데다 선체를 붉게 칠하여 적마라는 이름이 붙었다. 전황보고나 작전전달, 추격전 같은 속도가 중요한 상황에서 활약했다고 한다. '몽충'은 공격용 충각을 설치한 쾌속선이다. 중국판 갤리선이라 보면 되겠다. 맹렬한 속도로 적선에 부딪혀 파괴하는 역할을 수행했다.

'투함'은 당시 수상전의 주력이었다. 선체 측면에 방어벽을 설치하고 2층 구조로 되어 있었는데, 투함에 탑승하는 병사들은 쇠뇌나 활, 방패를 가지고 전투에 임했다. 특히 수상강국이었던 오나라의 투함은 호화로운 장식을 하여 아군의 사기를 높이고 적의 사기를 꺾었다고 한다. '노요'는 투함과 함께 삼국시대 양대 주력군선이다. 투함보다 작아서 급격한 방향 전환이 가능했고, 십수 명을 태우고 물 위를 경쾌하게 누볐다. 선체에는 무기고와 같은 망루가 설치되어 있었다.

'주가'는 몽충이나 투함보다 속도를 중시한 군선으로, 앞서 말한 적마

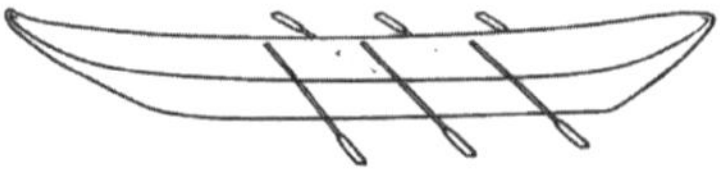
적마

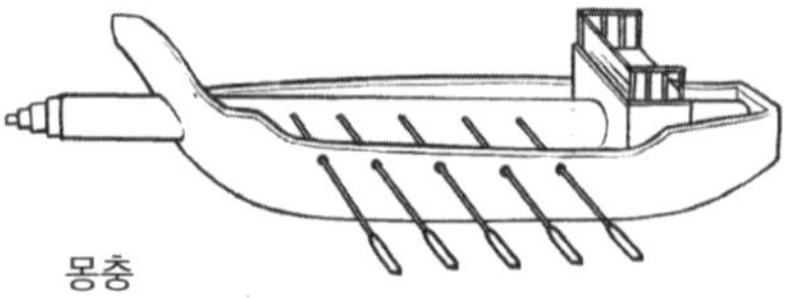
몽충

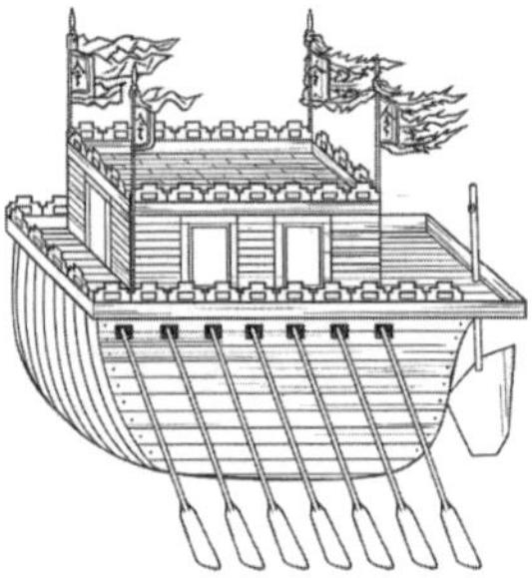
투함

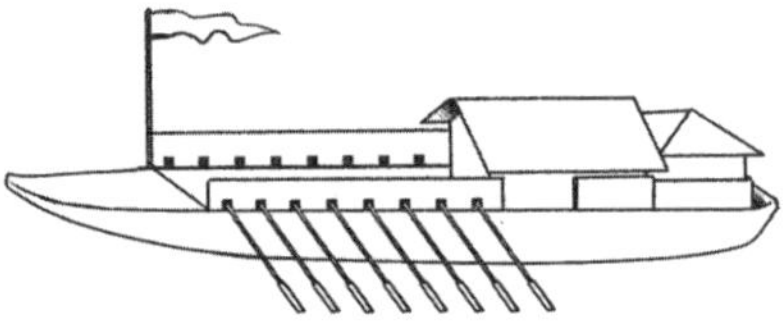
노요

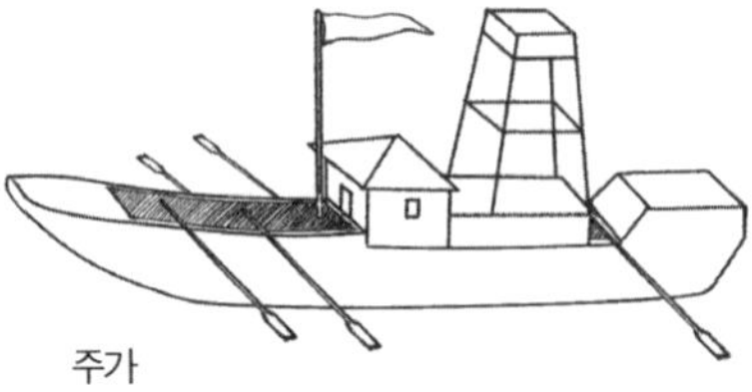
주가

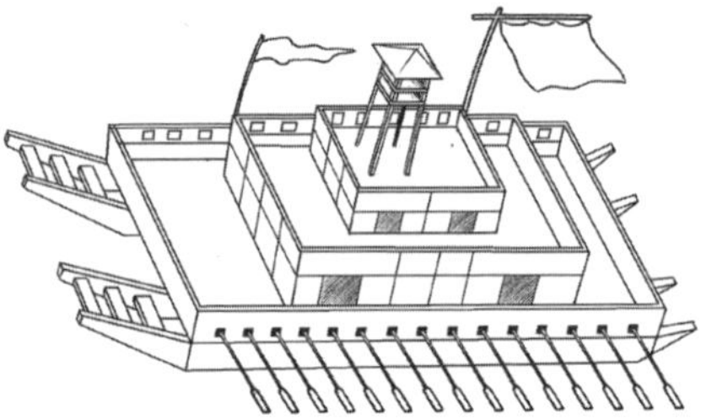
누선

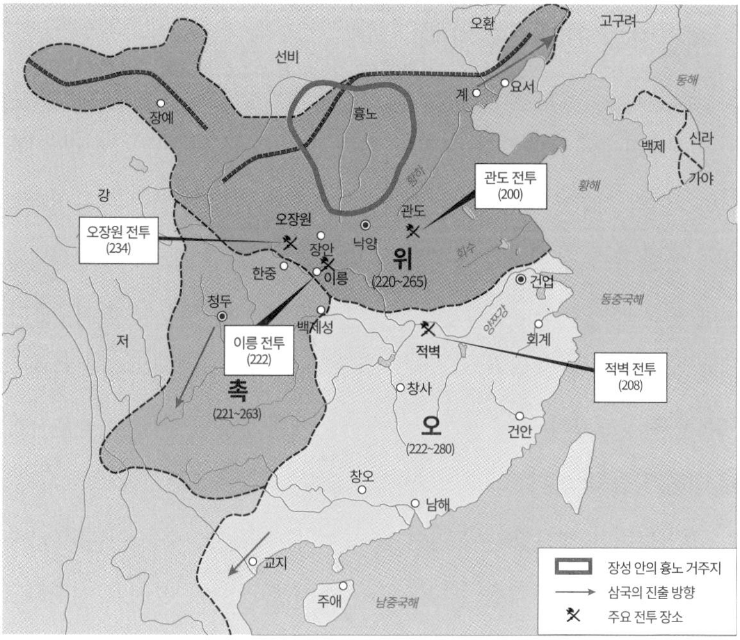


〈삼국지〉 주요 전투 장소.

의 발전형이라 할 수 있겠다. 몽충이나 투함의 공격을 보좌하는 역할을 주로 수행했고, 이는 현재 해군의 구축함과 같은 역할이다. 주가에 탑승하는 전투원은 궁병이나 쇠뇌병으로 비교적 소수의 정예 병력이었다.

수군의 주축이 되는 함선으로 건조된 '누선'은 해상에서 본진 역할을 했던 함선이다. 즉 지휘관선으로 오나라의 누선은 선체 길이 25미터에 폭은 3미터로 감시망루가 설치되어 있으며 2층 이상의 다층구조로 되어 있었다. 지휘선인 관계로 전투 시 주로 후방에 위치하며 100명이 넘는 병력이 탑승하는 가장 큰 규모의 배였다.

## 제갈량의 천하삼분지계

적벽대전에서 오나라를 승리로 이끈 손권의 책사 주유는 승리 이후 천하통일의 기회를 엿본다. 사실 적벽대전 후에 주유의 책략은 유비세력을 수용한 후에 분산시켜 흡수하는 것이었다. 하지만 안전주의 현실파였던 손권은 조조를 견제하기 위해 유비에게 형주 땅 일부를 떼어주었다. 이게 실수였다. 형주 땅에 단단히 둥지를 틀게 된 유비는 이를 발판으로 세력을 확장해갔다. 제갈량은 애초에 유비에게 합류할 때 '천하삼분지계'에 대해 말한 바 있다.

그런데 비단 제갈량만이 이런 생각을 가지고 있는 것은 아니었다. 주유 역시 마찬가지 생각을 했다. 주유는 형주를 기반으로 촉을 점령하고 위나라와 천하를 양분하려 했다. 하지만 주유가 요절하고 원래 관망파가 대세였던 오나라는 다시 복지부동한다. 오나라 입장에서도 큰 욕심을 내지 않는 이상 나가 싸울 이유는 없었다.

주유의 생각을 현실화한 것은 오히려 유비였다. 유비는 바로 촉 땅으로 들어가 순식간에 중국 서쪽을 세력권으로 만든다. 지금의 쓰촨성인 촉 땅은 촉산이 천혜의 방어선을 이루고 있는 곳이었다. 촉산 안쪽의 땅은 매우 비옥해 잠재력 역시 높았다. 또한 북쪽의 위나라를 공략한다고 가정하면 형주와 동천 양쪽에서 칠 수 있는 매우 유리한 지형이었다. 이제 위나라가 위기에 빠진다. 촉의 오호대장군으로서 형주를 지키고 있던 관우는 위나라를 침공한다. 파죽지세로 위나라군을 몰아붙이던 관우는 오나라의 배신으로 위기에 빠진다. 관우가 위나라에 올인하는 동안 오나라는 형주를 날름 먹어버린 것이다. 더욱이 관우는 오나라군에게 잡혀

유비에게 '천하삼분지계'를 설명하는 제갈량.

처형당한다. 이로써 유비의 짧은 전성기가 끝났다.

관우의 사망 후 유비는 복수심에 불탔다. 그에게는 두 가지 옵션이 있었는데, 관우의 원수인 오나라를 먼저 칠 것인가? 아니면 위나라를 먼저 치고 나중에 오나라와 결승전을 할 것인가, 그것이 문제였다. 당시 참모들은 위나라를 먼저 치자고 했다. 하지만 유비는 개인적 복수심에 오나라를 택한다. 학자들은 유비가 복수보다는 형주의 중요한 지정학적 위치 때문에 오나라를 선택했다고 말한다. 하지만 오나라에는 아직 인물이 있었는데, 그가 바로 육손이다. 육손은 이릉전투에서만 등장하지만 사실 대단한 인물이다. 오히려 〈삼국지연의〉에서 너무 저평가된 느낌이 있을 정도이다. 육손은 전투에서 단 한 번도 패하지 않았고, 전략적 판단의 실수도 없었던 명장이다.

아무튼 유비는 전 병력을 몰아 형주로 진격했다. 삼국지 3대 전투 중 마지막인 이릉대전이 시작된 것이다. 촉나라 구성원은 세 부류가 있었는데, 촉나라 원주민, 오래전에 이주해 정착한 한나라 사람들, 그리고 유비를 따라온 신흥 이주민이었다. 이 세 부류가 섞여 있으니 단합이 잘 안 되었다. 유비의 뛰어난 장점 중 하나가 포용력의 통합형 리더였다는 점이다. 그러나 천하의 유비도 전쟁터로 나갈 땐 믿음을 주지 못했다. 이릉대전에서 촉나라의 수군은 황권이 맡았다. 황권은 원래 익주의 주인이었던 유장의 충신이었다. 그래서 유비는 황권에게 수군을 맡기면서도 그를 믿지

제갈량은 〈삼국지〉 덕분에 중국 역사상 최고의 브레인이자 충신으로 기억된다.

못했다. 또한 유비의 이른바 1세대 장군들이 대부분 사망했거나 노쇠한 상태였다. 설상가상으로 장비마저 부하들에게 암살당한다. 그래도 유비는 전쟁을 밀어붙였다. 촉이 오나라를 공략하기 위해서는 수륙 병진을 실시해야만 했는데, 이상하게 수군이 보조적인 역할에 그쳤다. 앞서 말한 대로 황권을 믿지 못해서였다. 육손이 손권에게 올린 보고서를 보면 다음과 같은 구절이 나온다.

> "이번 회전에 신이 가장 염려했던 것은 촉의 군대가 수륙 병진하는 것이었사옵니다. 한데 촉군이 땅에서만 이동하므로 촉 왕의 계책에는 한계가 있사옵니다. 염려치 마소서."

육손의 보고서는 정확했다. 유비의 매복작전을 간파한 육손은 오히려 유비군을 궁지에 몰아넣는다. 그리고 유비군의 유능한 2세대 장군들이 이릉대전에서 거의 전사하고 만다. 보조적인 역할을 하던 촉의 수군은 우물쭈물하다가 결국은 퇴로가 끊겨 오나라에 항복한다. 이릉대전의 승리로 오나라는 촉의 수군을 완전흡수하였고, 수많은 군선과 병기를 노획한다. 오나라는 홈런을 친 것이다. 촉의 군대는 만신창이가 되었다. 그리고 후퇴하는 길에 패전을 자책하던 유비는 백제성에서 사망하고 만다. 유비가 사망하자 가장 큰 문제는 촉의 이질적인 집단을 통솔하는 구심점이 사라졌다는 것이다.

## 출사표, 그러나…

유비 사후 국정은 재상인 제갈량이 도맡았다. 하지만 2대 황제인 유선은 어렸고, 쓸 만한 장수는 별로 없었으며, 조자룡도 너무 늙어버렸다. 어쨌든 촉의 운명은 나가면 살고 안에 있으면 죽는다는 것이었기에 제갈량은 위나라를 공격하는 출병을 앞두고 황제 유선에게 출사표를 바친다. 문제는 촉에서 한중을 거쳐 친링산맥을 지나 위나라의 주요 도시인 장안을 공략하는 루트는 이전에 유방과 광무제가 행한 적이 있었기 때문에 누구나 다 아는 길이라는 점이었다. 따라서 기습효과를 내기도 어려웠고, 길이 험해 보급도 쉽지 않았다. 게다가 형주도 잃어 양동작전도 불가능했다. 천하의 제갈량도 뾰족한 수가 없었다.

하지만 전쟁은 피할 수 없었다. 친링산맥에서 장안으로 가는 코스는 4~5개 정도가 있었다. 처음에 촉의 장수 위연은 자신이 1만 정예병을 이끌고 험준한 최단코스로 진격, 장안을 급습한 다음 제갈량의 본대가 안전한 최장코스로 올 때까지 버티는 전략을 제안했다. 하지만 제갈량은 모험을 하기 싫었다. 따라서 다른 작전을 채택했다. 당시 위나라의 지배에 불만을 품은 세력이 적지 않았기에 제갈량은 이들을 설득해 촉에 동조하도록 했다. 그리고 선발대를 가장 멀지만 안전한 코스로 진격시켰다. 선발대의 임무는 위나라의 북쪽 보급 거점인 가정을 급습하는 것이었고, 그 책임자로 마속이 선임되었다. 마속은 가정을 점령하고 본대가 도착할 때까지 버티면 됐었다. 마속은 성에서 버텼어야 했으나 군령을 위반하고 산꼭대기에 진영을 설치했다. 위나라군이 산을 둘러싸고 보급로를 끊자 마속은 패배하고, 촉의 1차 북벌은 실패로 끝난다. 여기서 나온 고사성어가 패배의 책임을 물어 마속을 벤다는 '읍참마속泣斬馬謖'이다.

제갈량은 오장원에서 마지막 북벌을 시도하다 사망하고 촉은 더 이상 기세를 펼치지 못한다. 소설 속에서 제갈량은 기기묘묘한 전술로 백전백승하는 전략가로 묘사되지만, 진수는 다음과 같이 그를 평가했다.

"제갈량은 탁월한 군사행정가였지만, 전술형 지휘관은 아니었다."

그렇다면 제갈량이 죽은 지 1,800여 년이 지난 오늘날까지 그토록 인기를 누리고 있는 이유는 무엇일까? 아마도 그의 청렴결백함 때문이었을 것이다. 그는 절대 축재를 하지 않았고, 사후에 그의 집에서는 비단 한 필 나오지 않았다.

최종 승부는 모두가 죽은 다음에야 났다. 제갈량의 북벌을 경험한 위나라는 촉과의 전선에 장합과 곽회라는 전담 장군을 투입하여 방위체제를 강화했다. 이들은 무려 30년 동안 주둔하며 촉을 견제했다. 촉은 제갈량 사후 내분으로 약화되었고, 결국 30여 년이 지난 후에 위나라에 항복했다. 사마의의 후손들은 권력을 잡고 허수아비 왕을 내세워 위나라를 통치한다. 그리고 촉을 정복한 후 위나라를 폐하고 서기 265년 사마씨의 진晉나라를 세운다.

그즈음 오나라는 손호가 다스리고 있었는데, 그는 자기 분수를 모르고 점점 교만해지기 시작했다. 강남 땅을 통치하는 자들의 버릇이었다. 설상가상으로 손호는 대륙통일이라는 엉뚱한 꿈을 꾼다. 군대를 내보내 진나라를 치고자 했던 것. 진나라는 즉각 도전에 응해 전쟁을 벌였다. 착실히 키워놓은 수군으로 하룻밤 새에 기습을 해서 육군을 상륙시켰다. 그리고 육군은 바로 수도인 건업으로 진격해 손호의 항복을 받아냈다. 이로써 서기 280년, 중국의 역사는 삼국시대의 막을 내리고, 진 통일시대로 접어든다.

## 제갈량의 비밀무기

제갈량은 교묘한 전술을 짜내는 동시에 새로운 무기를 개발하여 위나라의 대군에 맞선 것으로 유명하다. 특히 평소 병참의 중요성을 뼈저리게 느꼈던 제갈량은 당시까지 미숙했던 병참 유지와 강화를 목적으로 '목우'와 '유마'라는 수송용 장비를 개발해 촉군의 병량 수송에 크게 기여했다.

제갈량은 북벌 당시 기존의 말이 끄는 4륜 수송차로는 촉과 위나라 사이에 있는 산길을 넘는 것이 불가능하다고 판단, '목우'라는 외륜 수송차를 개발한다. 1대에 쌓을 수 있는 병량은 병사 한 명의 대략 1년 치 식량이었다고 하는데, 보통 3인 1조로 목우를 끌었고, 하루에 10킬로미터 정도는 별 어려움 없이 이동할 수 있었다고 한다. '유마'는 목우를 작게 개량하여 더욱 험난한 지형도 돌파할 수 있게 만든 운송 장비로, 20킬로그

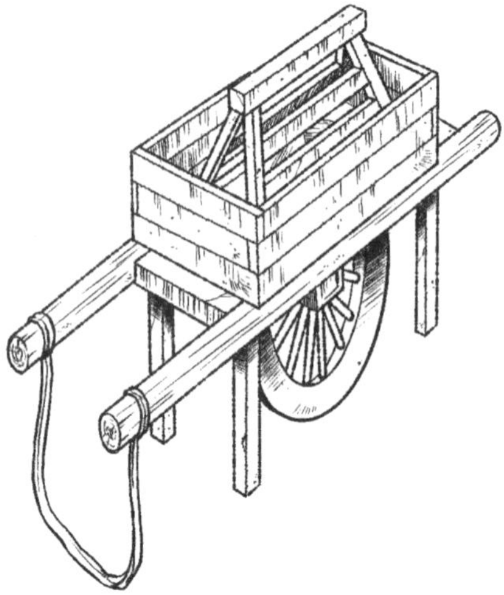

목우(왼쪽)와 유마(아래)는 제갈량이 얼마나 보급을 중요시했는지를 단적으로 보여주는 장비이다. 보급을 가벼이 여겼던 고대에 제갈량의 혜안을 엿볼 수 있다.

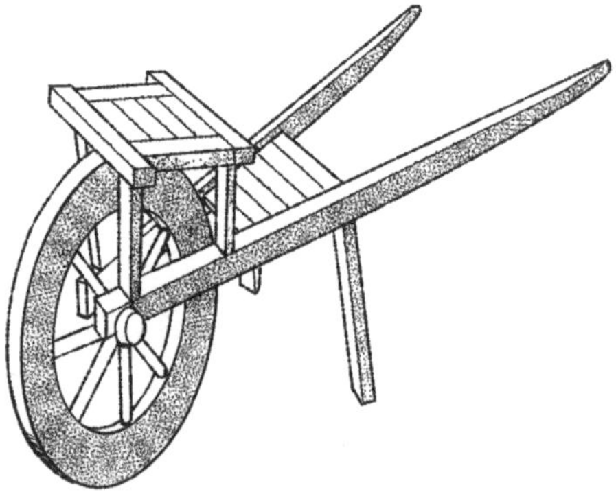

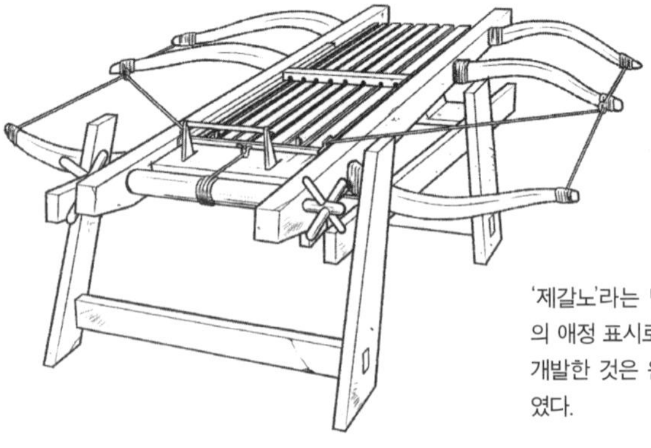

'제갈노'라는 명칭은 제갈량에 대한 중국인의 애정 표시로 볼 수 있다. 실제로 제갈량이 개발한 것은 원융(元戎)이라는 다연발 무기였다.

램 쌀 두 자루를 싣고 이동할 수 있었다.

흔히들 제갈량이 쇠뇌를 연속발사할 수 있는 '연노'를 발명했다고 하는데 연노는 명나라 때 발명된 무기이다. 제갈량이 개발한 무기는 10개의 화살을 동시에 발사할 수 있는 '원융'이었다. 연노가 기관총이라면 원융은 산탄총이었던 셈이다. 원융은 '제갈노'라고도 불렸다.

10

# 고구려-수나라 전쟁

**진화된 무기 '창'을 들고 침략한 100만 수나라 대군, 고구려군에 몰살당하다**

일찍이 운하에서 배를 띄우며 놀던 생각이 났다. 강도江都에서 바라보는 운하는 여전히 아름다웠다. 풍경은 옛날 그대로인데 마음은 지랄 같다. 거푸 술잔을 들이켰으나 좀처럼 불안한 마음이 가시지 않았다. 언제부터인가 친위대들의 눈초리가 사나워지고 있었기 때문이다.

'내일일까? 아님 모레일까? 적어도 오늘은 아니겠지.'

폭군은 애써 자신을 위로하며 현실을 잊으려 했다. 그때였다. 어지러운 발자국소리가 들리더니 한 무더기의 친위대들이 들어온다. 그들의 손에는 시퍼런 칼이 들려 있었다.

"뭐냐! 왜 이러는 거냐?"

친위대 무리는 무서운 눈으로 폭군을 바라본다.

"너만 없어지면 우리는 고향으로 갈 수 있다."

폭군은 금세 사태를 파악했다.

'아……, 오늘이었구나.'

그래도 끝에 황제랍시고 죽는 예법을 말한다.

"황제에게는 죽는 방법이 따로 있다. 독배를 마시게 해달라."

"귀찮다!"

무심하게 말을 내뱉은 사내들은 황제의 허리띠로 폭군의 목을 힘껏 졸랐다. 얼마 지나지 않아 폭군의 몸은 축 늘어졌다.

친위대에게 죽임을 당한 황제. 그는 중국 역사상 최악의 폭군으로 일컬어지는 수양제였다. 수양제는 고구려 원정의 실패로 이곳 강도江都, 오늘날 양주에서 죽음을 맞이한 것이다. 과연 수나라의 고구려 원정 실패의 이유는 무엇이었을까?

## 위험한 땅, 만주

서기 396년, 광개토대왕의 정복사업으로 고구려는 요하 유역까지 차지한다. 이 정복사업은 중국의 외교정책과 필연적으로 대립했는데, 여기서 중요한 점은 중국이나 로마 같은 광대한 영토를 가진 제국은 나라가 크다고 절대 방심하지 않는다는 것이다. 바꿔 말하면 사전에 위협세력을 견제하는 것이 제국 경영의 전제조건이라는 것이다. 따라서 중국의 왕조는 주변의 세력이 성장한다 싶으면 미리 손봐주는 정책을 견지했다. 중국은 자기들을 둘러싼 세력들을 5호胡, 즉 5개의 오랑캐로 구분했다. 그리고 그중에 가장 신경 쓴 지역은 만주 지역이었다. 중국은 항상 '만주에 통일왕국이 세워지면 반드시 중국을 침략할 것'이라는 강박관념을 가지고

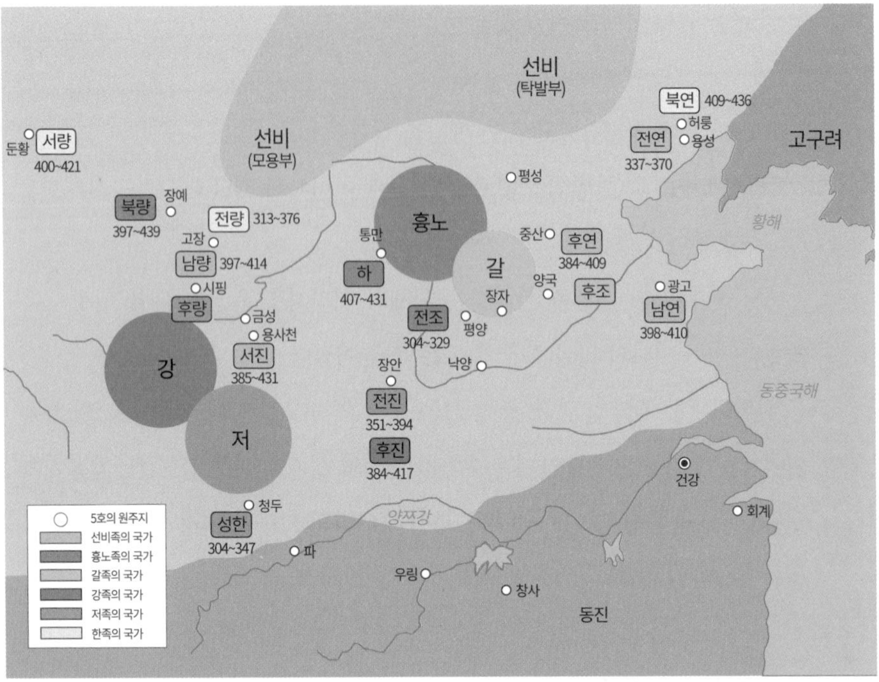


5호16국시대는 중국 역사상 가장 복잡했던 시기이다. 이 시기에 요동을 차지한 고구려는 장차 중국 통일왕조의 가장 강력한 라이벌일 수도 있었다.

있었다. 따라서 절대 만주 지역에 통일국가의 형성을 좌시하지 않았다. 현재 중국이 주장하는 동북공정도 이 때문에 나온 것이다.

그렇다면 도대체 만주 지역은 왜 중국에게 위험한 것일까? 예를 들어 중앙아시아의 몽골 유목민족들은 와서 털지언정 정착을 잘 하지 않는 습성이 있다. 서융의 티베트와 돌궐은 중국과 기후가 크게 달랐고, 남만은 정글이어서 이들 역시 중국 내부에 들어와 적응하며 살기를 원치 않았다. 그에 반해, 만주족 가운데는 농사를 짓는 사람이 많았기 때문에 이들이 중국 내부로 들어온다면 눌러앉을 가능성이 컸다. 더군다나 만주 지역은 중국 최대의 철광, 석탄 산지이다. 또한 세계 4대 곡창지대 중의 하나인 만주평야도 있어, 북쪽 유목민족 기병의 병참 공급지로 최적의 조건을 갖추고 있었다. 한마디로, 만주는 유목민족의 군사력과 농경지대의 국가운영 능력을 겸비한 곳이었다. 고구려가 철 생산량이 풍부했던 이유도 만주 지역을 차지했기 때문이다. 덕분에 고구려군은 철제무기를 매우 폭넓게 쓸 수 있었다. 우리는 보통 중국을 자원의 부국으로 알고 있으나, 실상 철과 말은 만주 지역의 생산량을 따라갈 수가 없었다. 중장갑기병이 중국보다 고구려가 더 많았던 이유도 바로 이 때문이다.

당시 중국은 5호16국시대와 남북조시대를 거치면서 내전이 한창이었다. 그리고 서기 581년, 수나라 통일왕조가 들어서며 겨우 내전을 수습했다. 이제 막 건국한 수나라 입장에서는 만주 지역을 고구려가 점령했다는 사실이 무척 큰 고민거리였을 게다.

## 수양제, 113만 대군을 이끌고 고구려를 벌하러 나서다

사실 수나라 초대 황제이자 수양제의 아버지인 수문제는 대단한 인물이었다. 360여 년간의 중국 혼란기를 정리하고 다시 한 번 중국 통일왕조를 세운 수문제는 엄청난 업적을 남겼다. 과거제도를 정비했고, 중앙정치 조직을 공고히 하여 국가를 안정시켰다. 조세제도 역시 정비하고, 궁궐에서의 사치를 금지해 민심을 얻었다. 국가가 안정되자 위진남북조시대에 비해 인구가 크게 늘었고, 이러한 수문제의 업적은 후에 당나라에까지 엄청난 영향을 미쳤다. 아무튼 수문제의 능력 덕분에 수나라 주변 국가들은 수나라 앞에 납작 엎드리게 된다. 중국 북쪽에서 강대한 세력을 떨치던 돌궐은 당시 동돌궐과 서돌궐로 나누어져 있었는데, 고구려와 친했던 동돌궐은 바로 수나라에 머리를 숙였고, 거란과 한반도의 신라 역시 수나라 앞에서 꼼짝을 못했다. 이렇듯 수나라는 당시 동아시아의 절대강자로 군림했다.

수나라가 침공으로 내세운 명분은 치졸했다. 고구려와 돌궐이 결탁했다는 소문이 수나라의 첩보망에 걸려들었다는 이유였다. 또한 주변의 모든 나라들이 수나라에 입조를 했는데, 유독 고구려만은 입조를 하지 않았다. 이제 고구려는 괘씸죄에 걸려들었다. 수문제는 바로 고구려 영양왕에게 협박성 멘트를 날린다.

> "그대가 지금 요하를 믿고 짐의 입조를 거부하는가? 짐은 양자강을 넘어 대륙 전체를 정벌한 위인이니라. 요하를 건너는 것쯤은 짐에게 하찮은 일이다."

고구려의 영양왕은 수문제가 고구려를 침공할 의사가 있다고 판단하고 즉시 전쟁 준비에 돌입했다. 그리고 선수를 친다. 말갈의 병력을 일부 흡수해 약 1만의 병력으로 요서를 선제공격한 것이다. 수문제는 기가 막혔다. 즉시 30만 대군을 몰아 598년에 고구려를 침공했다. 그러나 준비가 제대로 되지 않은 상태에서 낯선 환경 탓에 수나라 군대는 난관에 부딪혔다. 수나라 군대는 요하를 건너기 위해 요서를 행군하는 도중 폭우를 만나게 된다. 요서는 비가 많이 오면 그 일대가 늪으로 변하는 지역이다. 이윽고 요하 하구인 요택에서는 하루에 10리약 4킬로미터를 채 가지 못할

중국에서 가장 미움받는 황제인 수양제 | 당나라 때 화가인 염입본의 그림이다.

정도로 행군 속도가 뚝 떨어졌다. 결국 수나라군은 여기에서 엄청난 비전투 손실을 입고 그대로 돌아가고 만다. 〈구당서舊唐書〉 등의 기록에 보면 이때 살아 돌아간 자가 열에 한둘이라 전한다. 이렇게 수나라의 고구려 1차 침공은 무참히 실패했다.

수문제 사후, 수양제가 뒤를 이어 황제에 오른다. 그는 정무보다는 먹고 마시는 데 주력하며 황제 라이프를 즐기고 있었다. 그런데 어느 날, 수양제가 돌궐 추장의 조배를 받던 중, 고구려 사신이 도착했다. 수양제는 고구려 사신에게 근엄하게 얘기한다.

"돌아가서 그대의 왕에게 말하라. 내년에 짐이 탁군오늘날 베이징에

행차할 것이다. 고구려왕은 탁군으로 달려와 짐에게 조배해야 할 것이다."

아버지가 당한 치욕을 잊지 않았던 수양제는 이 기회에 고구려의 코를 납작하게 해주고 싶었으리라. 그러나 수양제가 탁군에 온 지 1년이 지나도록 고구려에서는 개미새끼 한 마리 오지 않았다. 수양제는 자존심이 상했고, 이를 갈았다.

"이 동쪽의 오랑캐 새끼들이 뻣뻣하게 군단 말이지? 가이시키들. 죽었다고 복창해라."

수양제는 탁군에 전투사령부를 설치하고 전쟁 준비에 돌입했다. 백만에 가까운 백성들을 강제 동원해 군대가 타고 갈 300척의 전선을 만들었다. 육군이 사용할 전차 5만 량도 급조했고, 각종 신형 공성무기도 속속 쏟아져 나왔다. 이 과정에서 수십만의 백성들이 죽어나갔으나 수양제는 눈 하나 깜짝이지 않았다.

드디어 서기 612년, 수양제는 육군과 수군을 합쳐 113만 8,000의 어마어마한 대군을 이끌고 고구려 침공에 나선다. 수군 사령관은 내호아였는데, 그가 이끌고 가는 전선은 꼬리에 꼬리를 물어 수백 리에 이어졌다고 한다. 육군 본대의 사령관은 우문술이었다. 하루에 1개 군단씩 출발시켰는데도 전군 출발이 완료되는 데는 40일이 걸렸다. 여기서 한 가지 의문. 진짜 수나라는 100만이 넘는 병력을 동원했을까? 이제까지 수많은 역사서에서 고대의 군대는 항상 규모가 과장되었기 때문이다. 하지만 수나라 군대는 정말 글자 그대로 100만이 넘는 군대였다. 수나라는 정확한 기록을 남겼기 때문이다. 당시 수나라군은 약 30만의 전투병력을 파견했는데,

안악 3호 고분 | 1,400년도 더 이전의 고대 병사들 모습이 손에 잡힐 듯 생생하다.

전투병만 30만이라는 것은 수송부대와 경비병력, 병참대 등을 합하면 100만이 훌쩍 넘기 때문이다. 이 100만이라는 숫자는 제1차 세계대전 이전까지 사상 최대 규모의 병력 동원이었다.

## 고구려의 개마무사와 수나라의 창

고구려-수나라 전쟁은 우리 고대 전쟁사상 가장 통쾌하고 극적인 전쟁으로 기억되고 있다. 당시 수나라는 중국 대륙을 재통일한 막강한 군사력을 보유하고 있었다. 하지만 그에 맞선 고구려도 만만치 않은 상대였다. 먼저 고구려군을 살펴보자. 고구려 군대의 모습은 고분벽화를 통해 가늠해볼 수 있다. 특히 황해도 안악 3호 고분에 그려진 대행렬도는 고구려군의 모습을 생생하게 보여주고 있다. 이 행렬도에서 우리는 고구려군이 다양한 병종의 균형 잡힌 군대였음을 알 수 있다. 보병은 창병, 근접전

삼국시대의 환두대도.

에서 칼을 쓰는 환도수, 그리고 도끼병, 궁병 등으로 구성되어 있다. 이 중 창병과 환도수는 갑옷을 갖춰 입은 중장보병으로 분류된다. 반면 도끼병은 갑옷이 없는 경보병이었다.

고구려군은 당시 동아시아 전체를 통틀어 가장 대표적인 칼이었던 '환두대도'를 사용했다. 사실 환두대도란 말은 일본에서 유래한 용어이다. 보통 우리식으로는 '고리자루큰칼'이라고도 불렀는데, 손잡이 자루 끝에 고리 모양이 달려 있다.

칼날은 기본적으로 휨이 없는 직도이고, 날 길이는 60~120센티미터까지 다양하게 있었으며, 손잡이는 보통 한 손으로 쥐고 휘두르기에 적합할 정도의 길이였다. 기병용은 손잡이가 좀 더 짧았다. 우즈베키스탄 사마르칸트 아프라시압 벽화에 그려진 고구려 사신의 모습에서도 허리에 찬 환두대도가 보인다.

고구려는 특히 기병이 유명했다. 각종 창작물에서 고구려 하면 기병이 가장 먼저 떠오른다. 감히 당시 동북아 최강의 기병이라고 할 수 있다. 특히 '개마무사'라고 불리는 중장기병은 지금으로 치면 마치 탱크와도 같은 존재였다. 개마란 말 갑옷을 뜻하는데, 기병은 물론 말에게도 갑옷을 입혔으며, '찰갑'이라고 불리는 갑옷은 제작에 손이 많이 갔지만, 고구려의

우즈베키스탄 사마르칸트 아프라시압 벽화에 그려진 고구려 사신 | 허리에 찬 환두대도가 보인다.

풍부한 철 생산력 덕분에 초기부터 보편화된 갑옷이었다. 당시 고구려의 찰갑은 냉병기에 대해 방어력이 거의 완벽했다. 개마의 경우 고구려는 생산시기가 중국이나 북방 지역보다 적어도 2세기 정도 앞서기 때문에, 중국이나 북방 지역의 말 갑옷은 고구려의 영향을 받았을 가능성이 클 것으로 추정된다. 더구나 '강원도 철령' 유적에서 안악 3호 고분보다 앞선 서기 3세기경의 개마모형들이 출토되었다. 이 개마모형들은 고구려 개마의 특성을 모두 갖추고 있기 때문에, 고구려에서 개마의 출현시기가 3세기 이전으로 올라갈 것이라는 추정을 가능케 한다.

또한 고구려 하면 역시 활이었다. 고구려는 '맥궁'이라는 복합궁을 사용했다. 맥궁은 고구려의 벽화에서 보이긴 하지만, 이를 정확하게 복원해

고구려 기병과 보병

고구려 고분벽화인 무용총 수렵도 | 말을 탄 기수가 허리를 뒤로 돌려 활을 쏠 만큼 고구려의 마상궁술은 뛰어났다.

내기는 힘들다고 알려져 있다. 다만 고구려 벽화에서 보이는 맥궁은 몸체가 많이 휘어져 있는 전형적인 복합궁 모양이다. 특히 '고시' 또는 '호시'라고 불렸던 싸리나무 화살은 탁월한 성능을 가진 것으로 평가된다. 이 싸리나무 화살은 북방민족이 주로 쓰던 화살이었다.

고구려 건국신화에서도 주몽이 활의 명수였던 점, 또한 말을 수출하고 대량으로 운영하여 민간교육기관이었던 경당扃堂에서도 활쏘기와 말타기를 배우게 했던 점으로 미루어볼 때, 고구려군은 궁병과 기병이 상당히 뛰어났으리란 추측이 가능하다.

수나라 무기는 어떠했을까? 수나라 역시 환두대도 형태의 직도를 사

수나라 대도 | 고구려와 큰 차이가 없다.

용했다. 우리가 흔히 알고 있는 중국식 곡도는 당나라 때부터 유행하게 된다.

또한 중국식 전통 무기인 모와 피에서 더욱 진화된 '창'이 수나라 때부터 본격적으로 쓰이기 시작한다. 이후 창은 '모든 병기들의 왕'으로 일컬어지며 전쟁터나 무술세계에서도 군림하게 된다. 창은 19세기 말, 화약무기가 냉병기를 몰아낼 때까지 병기의 왕좌를 지켰다.

수나라는 산성 방어 위주의 고구려군을 공략하기 위해 공성무기 제작에 심혈을 기울였다. 먼저 높은 고구려 산성을 공략하기 위해 높이 40미터의 접이식 사다리인 '운제'를 만들었다. 운제는 과거에도 있었지만 규모가 훨씬 작았고 화공에 약하다는 치명적인 단점이 있었다. 수나라는 운제를 대형화하고 겉에 진흙을 발라 화공에도 대비했다.

다음으로 '전호피차'는 성벽 가까이 접근해서 땅을 팔 수 있도록 만든 장갑무기인데, 성 아래로 터널을 만들어서 몰래 진입하기 위한 공성무기이다. 전통의 공성무기인 '발석차'와 '당거'도 빠질 수 없다. 발석차와 당거

성벽 가까이에서 땅굴을 파는 공성무기인 전호피차는 수나라의 신무기였다.

는 로마군의 트레뷰셋 투석기와 아리에스파성추에 해당하는 무기였다. 수나라군이 사용한 발석차의 사거리는 약 80미터였다.

수나라군은 고구려 성벽 앞에 아예 대규모 진지공사를 해서 성벽과 같은 높이의 고정식 공성탑을 만들어 사용했다. 당시 수나라는 운하를

발석차와 당거 | 발석차(위 왼쪽)와 당거(위 오른쪽)는 로마군의 트레뷰셋 투석기와 아리에스(파성추)에 해당하는 전통의 공성무기다.

팔 정도로 매우 앞선 토목공사 기술을 보유하고 있었다. 따라서 이런 기술력을 십분 활용한 공성법이 당연히 존재했을 것이다. 이와 함께 역시 중국판 헬레폴리스인 '8륜 누차'를 사용했다. 한마디로 수나라는 고구려를 공략하기 위해 공성무기 종합세트를 완벽하게 갖춰놓고 있었다.

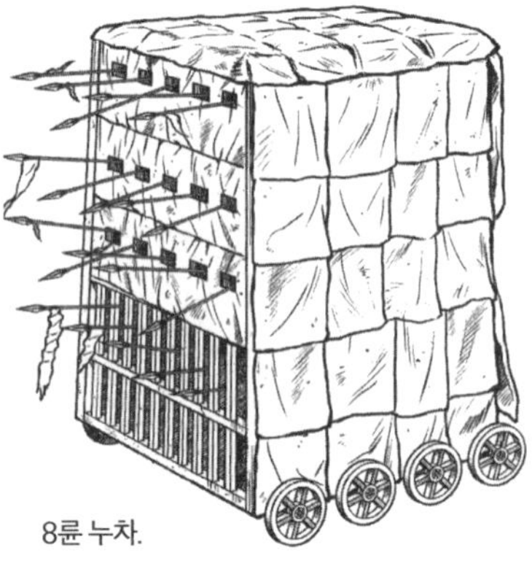

8륜 누차.

하지만 고구려의 성은 결코 공략하기 쉬운 성이 아니었다. 성에는 요철 모양의 '치'라고 하는 돌출 구조물이 설치돼 있었는데, 이곳에서는 적을 향해 세 방향으로 공격할 수 있다.

특히 성문은 반원형 성벽으로 둘러싸여 있고, 그 안에 들어온 적군은 꼼짝 없이 갇힌 채 화살 공격을 받았다. 또한 당시 한반도의 유물 흔적으로 보아, '철질려' 같은 전진 방해 도구도 깔았을 것으로 추정된다.

철질려

마지막으로 수나라 군사들은 어떤 배를 타고 황해를 건넜을까? 그에 대한 상세한 기록은 현재 남아 있지 않지만, 당시 수나라는 거대한 5층 누선을 제작해 사용했다. 최대 1,000명의 군사를 태울 수 있는 그야말로 거대한 군함이었다. 이런 전함이 무려 300척이나 되었다고 기록에 남아 있다.

수나라 군대의 규모는 100만을 훌쩍 넘었다고 했다. 그렇다면 이에 맞

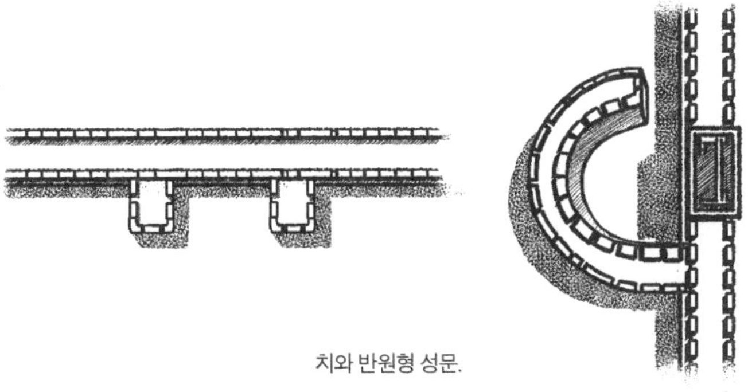

치와 반원형 성문.

서는 고구려군의 규모가 궁금해지지만, 안타깝게도 기록이 남아 있지 않다. 따라서 당시 고구려 인구가 얼마였는지, 고구려 군대의 규모가 얼마나 됐는지 알 길이 없다.

수나라 100만 대군이 고구려의 수도 평양성까지 가려면 3개의 방어선을 뚫어야 했다. 첫 번째가 요하 방어선, 두 번째가 압록강 방어선, 마지막으로 수도인 평양 방어선이었다. 수나라군은 첫 번째 방어선인 요하 지역에 도착했다. 그런데 첫 전투를 하기도 전에 일이 꼬였다. 이 전쟁에는 수양제가 직접 친정에 나섰기 때문에 수나라 육군이 요하 지역에 오기까지 무려 6개월이나 걸렸다. 그리고 보급품을 잘못 계산하는 바람에 전투부대보다 보급부대가 보급품을 더 많이 소모해버리는 사태가 발생했다. 다급해진 수양제는 전투를 개시했지만, 요하 지역의 고구려 성들은 굳건히 버티며 오히려 수나라군에게 출혈을 강요했다.

요하 방어선에서는 요동성 전투가 특히 치열했다. 고구려군은 수성에서 가장 중요한 것은 적이 성벽에 가까이 붙어서는 안 된다는 것을 정확

고정식 공성탑.

히 알고 있었다. 더군다나 수나라는 고구려 공략을 위해 다양한 신형 공성무기까지 가지고 온 터였다. 고구려군은 성 밖에 해자를 파고 철저히 수나라군의 접근을 막았다. 설사 성벽의 일부가 무너지더라도 고구려군은 단시간 안에 이를 복구할 수 있었다. 하지만 아무리 해자 등등이 있었다고 해도 요동성을 공격하는 수나라군의 규모는 엄청난 것이었다. 요동성은 어떻게 수나라군을 막아냈을까?

첫 번째는 바로 단합된 요동성의 힘이었다. 방어도 결국은 사람이 하는 것이다. 성벽에 사람이 있으면 함락이 안 되는 것이다. 여기서 한 명이라도 도망을 가거나 방어의무를 소홀히 한다면 성은 뚫리게 되어 있다. 요동성의 고구려군은 끝까지 단합된 힘으로 성을 지켜냈다. 두 번째는 고구려 활의 눈부신 활약이었다. 고구려군은 여러 소재가 혼합된 합성궁을 썼고, 화살촉도 수나라에 비해서 훨씬 길고 견고했다고 한다. 덕분에 수나라군의 갑옷을 쉽게 뚫고 들어가서 치명상을 입힐 수 있었다. 이 때문에 수나라군은 예상보다 큰 피해를 입게 되고, 요동성은 무려 석 달을 버텨내며 성공적으로 수나라군의 공격을 막았다. 결국 첫 전투에서 수나라군은 고구려군에게 대패한다.

## 다급해진 수나라와 통쾌한 살수대첩

요동성 공략에 실패한 수나라는 당황한다. 그리고 수나라는 여기서 무리수를 두게 된다. 요동성을 포기하고 바로 평양성으로 가는 '바이패스' 작전을 쓴 것이다. 평양성 공략에는 육군뿐만 아니라 내호아가 이끄는 수군도 출동했다. 바닷길을 통해 한 발 먼저 평양성 유역에 도착한 수나라 수군은 육군의 본대를 기다리지 않고 선불리 먼저 공격을 감행하는 실수를 저지른다. 수나라 수군이 평양성에 도착했는데 웬일인지 성문이 활짝 열려 있었다. 수나라 수군 사령관 내호아는 이를 항복의 의미로 받아들였다.

"애들아! 마음껏 지랄하자!"

수나라 수군은 열려 있는 평양성에 난입해 약탈을 시작했다. 그런데 이게 고구려군의 작전이었다. 미리 매복하고 있던 고구려군의 기습을 받아 수나라 수군은 갈팡질팡했다. 당시 태자였던 영류왕은 500명의 철기병을 직접 이끌고 수나라군을 덮쳤다. 보병 위주의 수나라군은 철기병에게는 상대가 되지 못한다. 더군다나 수나라군은 수군이었기 때문에 갑옷이 빈약한 경무장이었고, 약탈에 정신이 팔려 전투 의지도 없었다. 수나라군은 정신없이 두들겨 맞으며 배로 도망갔다. 상륙했던 4만의 병력 중 돌아와 승선한 자가 겨우 수천에 불과했다.

그렇다면 육군 본대는 어땠을까? 요동성 공략에 실패하고 바이패스 작전을 쓰기로 한 수나라 육군은 별동대 30만을 평양성으로 직진시켰다. 이 전투부대는 전부 보병이었다. 따라서 병사 한 명당 100일 치의 보급품을 각자 휴대한 채 평양성으로 진격했다. 100일 치의 보급품이라면 당연히 100일 치 식량과 각종 병장기를 이고지고 갔다는 말인데, 필자의 추론으로는 아마도 50킬로그램은 족히 넘었을 것이다. 더 큰 문제는 고구려의 지형이었다. 대륙에서 드넓은 평원만을 보아온 수나라 군대에게 굽이굽이 끝이 없는 험준한 산악 지형은 지옥 같았을 것이다. 무거운 보급품을 낑낑거리며 짊어지고 강행군을 한 수나라 별동대는 금세 지치고 만다. 50킬로그램 완전군장을 하고 도보 행군을 한 셈이니 어찌 버티겠는가. 수나라 군사들은 각자에게 지급된 식량과 무기를 버려가면서 진군하는 어처구니없는 짓을 한다. 그런데 그들이 식량을 버린 이유는 간단했다. 현지 조달이 가능할 것으로 보았기 때문이었다. 하지만 고구려는 청야작전을 실시해 쌀 한 톨도 수나라군에게 넘어가지 않도록 했고, 심지어 우물에도 독을 타 수나라군은 극심한 갈증에 시달렸다. 오래지 않아 그들은 군량 부족으로 굶주리게 된다. 그리고 굶주리고 지쳐서 기진맥진한 수나라 군대 앞에 홀연히 나타난 것은 사방에서 히트앤드런 작전을 자유자재

창을 든 수나라 병사 | 이때부터 창이란 이름의 무기가 쓰인다.

수나라 전함.

로 구사하는 날랜 고구려군이었다. 수나라 군대는 녹초가 되어 겨우 평양성에 다다르게 된다.

이때 고구려군의 지휘관은 을지문덕 장군이었다. 그는 군을 두 개로 나누어 1군은 압록강 상류, 2군은 평양성 인근 대동강 하구에 배치했다. 사실 이것은 일종의 도박이었다. 둘 중 한 군데라도 뚫리면 주도권이 수나라로 넘어갈 수 있었기 때문이다. 그러나 고구려 입장에서는 별다른 수가 없었다. 다만 수나라군이 매우 지치고 굶주려 있다는 것에 희망을 걸 뿐이었다.

수나라의 별동대가 평양성까지 와서 가장 기대했던 것은 내호아의 수군과 만나서 식량을 지원받는 것이었다. 하지만 앞서 얘기한 대로 수나라 수군은 이미 만신창이가 된 채 물러가버린 상황이었다. 별동대는 좌절했다. 고구려군으로서는 다행이었지만 수나라군으로서는 타이밍이 너무 안 좋았다. 만약에 수군의 철수를 압록강 유역에서만 알았더라도 수나라 육군은 평양성까지 오지 않고 그대로 철수해 후일을 도모했을 수도 있었다. 하지만 이제는 빼도 박도 못하는 상황이 되어버렸다.

지치고 굶주린 수나라군은 주린 배를 움켜쥐고 매일 고통스러운 전투를 벌여야 했다. 연신 이어지는 고구려군의 치고 빠지기에 신경쇠약에 걸릴 지경이었다. 을지문덕 장군은 모든 사태를 파악했다. 그리고 이번 기회에 수나라군을 전멸시키기로 마음먹는다. 그는 시를 한 수 지어 수나라군 진영에 전달했다.

'신통스런 계책은 천문을 뚫었고, 묘한 계산은 지리에 통했도다.
싸움에 이겨 이미 공이 높으니 만족하고 돌아가라.'

어떻게 보면 사람 놀리는 내용이다. 하지만 전투에 지친 수나라군 진영에서는 전혀 다르게 해석했다. 이 내용을 보고 고구려가 전쟁의 패배를 자인하고 조배를 들기로 한 것으로 착각했던 것이다. 수나라군은 서둘러 철군을 결정한다. 황급히 돌아가면서도 이건 후퇴가 아니라 전쟁이 끝나서 돌아가는 것뿐이라고 자위했다. 하지만 을지문덕은 은밀히 최정예 철기병으로 몰래 이들 뒤를 쫓게 하였다. 그리고 드디어 수나라군이 살수에 이르렀다. 살수의 정확한 위치는 알 수 없다. 우리가 알고 있는 살수대첩의 내용은 고구려군이 둑으로 강을 막아 수나라군이 얕아진 강을 건널 때 둑을 무너뜨려 수나라군을 전멸시켰다는 것이다. 하지만 이는 과

요동성의 해자 | 왼쪽 광우사(廣佑寺) 쪽이 옛 성벽이다.

연 진실일까? 수십만에 달하는 대병을 물로 쓸어버리려면 적어도 오늘날의 댐이 무너지는 것과 같은 현상이 발생해야 가능하다. 그런데 당시 기술로 이것이 가능했을 리가 없다. 10년 앞을 내다보고 그때부터 조금씩 댐을 만들어 한꺼번에 무너뜨렸다면 모를까, 이는 어불성설이다. 그렇다면 살수대첩 섬멸전의 진실은 무엇일까? 당시 기록에도 수공水攻했다는 이야기는 없다.

동서고금을 막론하고 화공火攻과 수공의 공통점이 있다. 단 한 번의 공격으로 적을 완전히 섬멸할 수 있다는 점이다. 이런 이유로 후대에 와서 강을 중심으로 한 전투를 얘기할 때 각색이 들어간 듯싶다. 추측건대 수나라군이 강을 건너는 사이에 고구려군이 공격을 감행하지 않았나

싶다. 강을 건널 때 군대는 강을 건너는 부대와 도하를 기다리는 부대로 분리가 된다. 이 분리되는 순간은 매복병에게 기가 막힌 타이밍을 만들어 준다. 더욱이 도강하는 사이 적의 공격을 받으면 이미 강물에 들어간 부대는 그저 앞으로 빨리 나아가서 강을 건너려고 하고, 도강 직전인 부대는 얼른 강을 건너려 서둘러 강에 뛰어든다. 한마디로 아수라장이 되는 것이다. 아마도 수나라군은 도강 중에 고구려군의 갑작스런 출현으로 공황에 빠져 자멸했을 가능성이 크다. 힘든 전투로 사기가 크게 떨어진 상태에서 전투 의지도 없었을 것이다.

## 결말

위풍당당하던 수나라 100만 대군은 글자 그대로 '전멸'했다. 출진한 113만 8,000의 군사 중에 살아 돌아간 자는 2만 7,000에 불과했다. 중국 역사상 최악의 폭군으로 평가받는 수양제는 이 한 번의 전쟁으로 모든 것을 잃었다. 그러나 그는 왜 무참히 패배했는지에 대해 연구하거나 반성하기는커녕, 고구려에 복수를 하려 이듬해 다시 군사를 동원했다. 그러나 군사들은 모이지 않고 오히려 전국 각지에서 수양제에 반대하는 반란이 일어났다. 무려 13명이 넘는 반란군 우두머리가 난립했을 정도였다. 수양제는 강도로 내려가 은신하고 있던 중 친위대의 반란으로 숨을 거두었다. 수양제가 죽자 중국 전역이 무정부 상태가 되고, 각지의 군벌끼리 토너먼트를 거쳐 결승전이 치러졌다. 그리고 최후의 승자는 당국공 이연이었다. 사실 당국공 이연의 아들 이세민이 모두 다했다. 당국공은 나라 이름을 당으로 정하고 자신은 고조가 되어 즉위한 지 불과 두 달 만에 아들 이세민에게 황위를 넘긴다. 그가 바로 당태종이다. 그리고 당태종은 또다시 고구려 침공을 도모한다. 요동의 고구려는 결코 좌시할 수 없는 존재였기 때문이다. 이제는 최악의 폭군이 아닌, 중국 역사상 가장 뛰어난 능력을 가진 황제가 고구려와 한판 승부를 벼르게 되었다.

## 11

# 고구려-당나라 전쟁

### 다시 한 번 중국과 맞짱 뜬 고구려, 안시성을 사수하라!

먼저 독자 여러분들께 드릴 말씀이 있다. 고구려-수나라 전쟁도 마찬가지지만, 무엇보다도 안타까운 것이 이 전쟁들의 기록이 전부 중국기록들뿐이라는 점이다. 이들 전쟁에 관한 고대 고구려의 기록은 거의 없다시피 한다. 따라서 부득이하게 당시의 전쟁 상황은 중국 측의 기록을 토대로 우리의 상상력을 듬뿍 곁들여 재구성할 수밖에 없다. 전쟁사를 쓰는 필자의 입장으로서는 참으로 속이 뒤집어지는 상황이다. 그런데 2018년에 필자는 〈안시성〉이란 영화를 봤다. 영화 〈안시성〉은 무려 215억 원의 제작비가 든 스펙터클 블록버스터였다. 이 영화를 보기 전에 필자는 제발 안 나왔으면 하는 장면이 있었다. 바로 당태종이 마지막 전투에서 눈에 화살을 맞는 장면이었다. 이 장면은 워낙 유명해 국내에서 만들어진 드라마에서도 나온 바 있었다. 필자가 이 장면을 싫어하는 이유는 사실이 아니기 때문이다. 이윽고 운명의 마지막 전투신이 다가왔다. 속으로 '제발'을 외쳤지만 슬픈 예감은 틀리지 않았다. 주인공이 강궁에 흑요석 화살촉의 활을 메겨 수 킬로미터 밖에 있는 당태종에게 날린다. 그 화살은 노을 지는 창공을 날아올라 당태종에게 곧바로 날아갔고, 이윽고 당태종의 눈에 명중했다.

"에라이 XX!"

필자의 입에서 당시 튀어나온 말이다. 학계에서 전혀 인정되지 않은 사건을 그저 고려 말 이색이 지은 시에 나왔다고 해서 영화의 클라이맥스에 넣다니. 하지만 고구려가 당나라의 침공을 물리친 것은 분명한 역사적 사실이다. 당나라의 20만 대군이 상대도 되지 않는 고구려군에게 패한 것이다. 수나라와의 전쟁이 끝난 지 30년 만에 중국의 통일왕조는 다시 한 번 고구려를 침공했지만, 고구려는 이번에도 국난을 극복해냈다. 그런데 도대체 왜 그들은 고구려를 이토록 괴롭혀야만 했을까? 또 고구려 침공을 위해 당나라는 어떤 노력을 기울였을까?

## 고구려-당나라의 관계

중국 본토와 한반도의 전략 구조는 영원불변하다. 어느 한쪽이 세지면 반드시 공격 준비를 한다는 것이다. 이 큰 틀에서 보면 한중관계의 모든 것이 이해될 정도이다. 다만 공격의 방법은 변해왔다. 고대에는 무력 침공이 주된 방법이었다면, 오늘날에는 외교 및 경제적인 방법이 동원되고 있다. 당나라 때도 마찬가지였다. 당태종은 왕위에 오르자마자 요동 지역의 고구려를 강력한 라이벌로 인식했다. 수나라 때와 차이가 있다면,

수양제가 중국 역사상 최악의 폭군이었던 반면, 당태종은 가장 사랑받는 명군이었단 점이다.

처음에 당태종은 미소정책을 썼다. 유학생을 교류시키며 적극적으로 화친정책을 편 것이다. 때마침 고구려도 유래 없는 저자세로 일관했다. 먼저 고구려는 고구려-수나라 전쟁의 포로들을 풀어주었다. 그리고 가장 중국적인 종교였던 도교를 받아들였다. 심지어 고구려 지도까지 보내는 파격적인 외교 행보를 보였다. 고구려 입장에서도 비록 이기기는 했지만 수나라의 침공 같은 대규모 전쟁은 두 번 다시 겪고 싶지 않았을 것이었다. 따라서 지도의 정확성과는 별개로, 자국의 지도를 보낸다는 것은 매우 상징적인 의미가 있었다.

하지만 고구려도 바보는 아니었다. 언제 상황이 변할지 모른다는 생각을 늘 가지고 있었기 때문에 나름 대비는 하고 있었다. 먼저 북쪽 부여성에서부터 남쪽 비사성까지 이른바 천리장성이라는 방벽을 쌓았다. 또한 주민들을 이곳으로 이동시켜 전략촌을 건설해 방비를 더욱 튼튼히 하였다. 아울러 당나라의 대내외정책을 알아내기 위해 많은 정보 인력을 파견하기도 했다. 당나라는 신생국이었고 돌궐, 토번 등과 빈번한 마찰을 빚고 있는 중이었기 때문에 고구려는 당분간 당나라의 침공은 없을 것이라 판단했다.

하지만 당나라의 생각은 달랐다. 당나라는 고구려에 진재덕이라는 사신을 파견한 적이 있었다. 그는 자신이 평화의 사절이라고 공공연히 말했고, 고구려 각지를 돌아다니며 이를 홍보했다. 그리고 수나라 출신 포로들을 위로하는 연회를 베풀며 사람 좋은 모습을 보였다. 하지만 그에게는 꿍꿍이가 있었다. 진재덕은 홍보를 빌미로 고구려 구석구석을 다니며 도

당태종은 중국인들에게 가장 사랑받는 황제이다.

로망이나 마을의 규모 등을 샅샅이 정탐했다. 수나라 출신 포로들을 통해서는 고구려군의 전략과 전투력을 면밀히 분석했다. 또한 당나라는 고구려 주변의 거란이나 말갈족을 부추겨 여러 차례 고구려에 대한 위력정찰을 시도하기도 했다. 이는 고구려군의 방어 시스템을 알아보기 위한 것이었다.

당나라는 여기서 그치지 않았다. 소규모 첩보 조직을 지속적으로 고구려에 투입시켜 고구려의 지형지물과 군세는 물론, 심지어 강가의 수초 길이까지 면밀히 파악했다. 도강 시에 길게 자란 수초는 방해물이 될 수 있었기 때문이다. 이렇듯 당나라가 고구려 침공을 위해서 주도면밀한 준비를 하고 있을 동안 고구려는 내분에 휩싸였다. 연개소문이 쿠데타를 일으켜 당나라 화친파인 영류왕을 살해한 것이다. 이 과정에서 고구려 핵심 귀족층 180여 명이 사망했다. 연개소문은 쿠데타와 함께 반대파 숙청까지 한꺼번에 해치웠다. 화친파인 왕이 쿠데타로 제거된 것에 당나라는 매우 불쾌해했다.

그런데 일이 연속해서 터진다. 당시 당나라는 고구려, 백제, 신라 모두를 자기 관할 하에 두는 제후국들로 생각했다. 그런데 고구려가 백제와 연합해 신라를 공격하는 일이 벌어졌다. 신라는 당나라로 사신을 파견해 도움을 요청했다. 당나라는 즉시 사신들을 고구려와 백제에 보내 싸움을 중단하라고 요구했다. 싸움을 중단시키기 위해 당나라가 사신을 파견했다는 점은 매우 중요하다. 만약 당나라의 요구가 받아들여지지 않는다면, 당나라는 천자의 나라로서 제후국의 분쟁에 개입할 수 있다는 뜻이기도 했다. 고구려의 연개소문은 당나라의 요구를 가볍게 무시했다. 아마도 당나라는 이런 고구려를 기다렸는지도 모른다. 이 일로 고구려를 칠 명분이 계속 쌓여갔기 때문이다. 대책 없이 전쟁에 뛰어들었던 수양제와는 달리, 당태종은 전쟁 준비와 함께 명분도 만드는 치밀함을 보였다. 또한 그는 고구려의 내부 사정도 정확히 간파했다. 고구려는 북방 지역의 거점을 국내성으로, 한반도 지역의 거점을 평양성으로 삼았다. 그런데 이 두 지역은 종족도 많이 다르고 사는 환경마저 차이가 커서 언제나 갈등의 요인이 내재되어 있었다. 당나라의 화친정책으로 대외적인 위협이 사라지니 고구려는 내분으로 복잡해졌다. 당태종은 고구려가 수나라와의 전쟁 이후 단결되지 못했음을 예측하고 시기를 노린 것이다.

당태종은 대외적인 문제뿐만 아니라 내부적인 민심 수습에도 힘을 기울였다. 사실 수나라가 망한 이유는 무리한 고구려 원정 때문이었는데, 그 과정에서 수백만 수나라 백성들이 엄청난 고통을 받았다. 그러므로 이

연개소문의 초상(상상화) | 연개소문의 쿠데타는 동아시아 국제정세를 뒤흔들었다.

제는 당나라 백성이 된 당시 중국인들은 '고구려 원정'이라는 말만 들어도 치를 떨었다. 하지만 당나라는 필연적으로 또다시 고구려 원정을 해야만 했다. 당태종에게는 아마 백성들을 설득하는 것이 가장 어려운 난제였을 것이다. 그는 수도 장안에 노인들을 모셔놓고 큰 잔치를 벌였다. 그리고 이 자리에서 고구려 원정의 당위성에 대해 역설했다. 외교와 내치를 착실하게 병행하며 고구려 침공을 준비한 것이다. 당태종 이세민은 실로 무섭도록 치밀한 인간이었다.

## 당나라의 1차 침공

당나라는 왜 수나라가 고구려 원정에 실패했는지를 철저히 분석했다. 원인에는 여러 가지가 있었겠으나, 당태종은 수나라가 한꺼번에 너무나

많은 병력을 원정에 투입했다는 점에 주목했다. 병력이 너무 많으면 보급에 문제가 생길 수 있고, 그러면 전투력을 유지하기가 힘들어진다. 따라서 당태종은 적절한 병력과 원활한 보급이 원정 성공의 열쇠라고 생각했다. 따라서 당나라는 3분의 1 정도의 병력만을 동원해 한 곳을 집중공략하는 전법을 택한다. 중국 측 기록에는 이 병력의 규모가 약 10만이라고 나와 있지만 학계에서는 최소 30만은 넘었을 것으로 추정한다. 중국은 보통 숫자를 축소해서 기록하지 않는데 아마도 실패한 전쟁이었기에 10만 정도로 축소했으리라.

아무튼 그는 공격 루트와 군대의 구성에도 심혈을 기울였다. 먼저 수군은 수나라 침공 당시 내호아가 진격했던 직항로를 포기하고 해안선을 따라 남하하기로 계획을 세운다. 육군의 진격로는 수나라 때와 똑같았으나, 비만 오면 수렁으로 변하는 요택 지방에 대한 준비를 철저히 했다. 당나라군은 부교를 만들어 늪 위에 다리를 건설하여 요택을 무사히 건널 수 있었다. 수문제의 실패를 반면교사로 삼은 것이다.

군대의 구성에 있어서 당태종은 중국 전 지역에서 병사들을 선발해 지역별 특성에 따라 부대를 조직하였다. 예를 들어 유목민족은 기병, 산악부족은 창병, 이런 식이다. 특히 지휘관 구성에 신경을 많이 썼는데, 능력 맞춤형 지휘편제를 실시해 전투력을 배가시켰다. 우리가 보통 '당나라 군대' 하면 오합지졸의 대명사로 알고 있지만, 이는 큰 오해이다. 진시황 이후에 중국 역사상 당나라만큼 군대가 균형 있게 잘 편제된 적이 없다. 사실상 한족 군대 중에는 최강의 군대였다. 그렇다면 당나라 군대는 왜 오합지졸의 대명사가 되었는가? 그것은 고구려와의 전쟁에서 비롯됐을 가능성이 크다. 비록 고구려가 668년에 나당 연합군에 멸망당하긴 했지

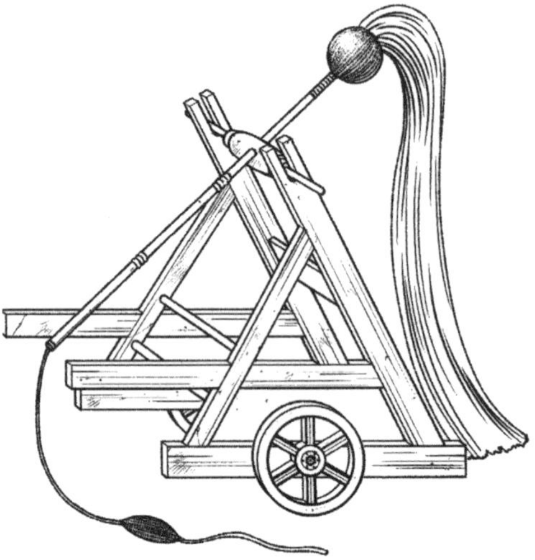

당태종의 야심찬 신무기, 포차 | 100킬로그램 내외의 돌을 300미터 이상 날려버리는 위력을 가졌다.

만, 그전까지 고구려는 당나라를 맞아 큰 승리를 거두었다. 심지어 나당 연합군조차 엄청난 고전을 하며 겨우 고구려군을 제압할 수 있었다. 나당 연합군은 고구려의 성 하나를 무너뜨리는 데 7개월의 시간을 보냈으며, 마지막 수도인 평양성 함락에는 무려 1년의 시간을 허비한다. 이런 이유로 우리 역사에서 당나라군은 오합지졸로 보였을 것이다.

아무튼 당태종은 고구려 공략의 핵심 포인트가 공성에 있다고 생각했다. 요동성 등 난공불락의 고구려 성들을 어떻게 공략하느냐에 따라 전쟁의 성패가 갈린다고 봤다. 따라서 수나라 때의 공성무기를 업그레이드하는 조치를 취한다. 가장 대표적인 것이 발석차라는 투석기를 확대한 야심찬 신무기인 '포차砲車'이다. 포차는 약 100킬로그램 내외의 돌을 300미터 밖까지 날릴 수 있었다. 그야말로 만반의 준비를 한 것이다.

드디어 치열한 전투가 시작되었다. 그리고 놀랍게도 철벽을 자랑하던 요동성이 불과 열흘 만에 맥없이 당나라군 수중에 떨어졌다. 창고에서 난 화재가 강풍으로 인해 걷잡을 수 없이 커지면서 어이없이 함락된 것이다. 2만의 병력 중 무려 1만이 화재로 사망했고, 이는 고구려군에게 엄청난 충격이었다. 이 일로 2선과 3선에 있는 고구려 성들은 난리가 났다. 당태종의 다음 목표는 백암성이었다. 당나라군은 여세를 몰아 백암성을 공격했다. 하지만 요동성 함락에 꽤나 고생했던 당나라군은 백암성 공격에서도 애를 먹는다. 사실 백암성의 성주는 당나라에 항복의 사신을 보냈었다. 쾌재를 부른 당태종은 백암성을 접수하기 위해 선봉부대를 보냈다. 그런데 그 사이에 고구려에서 파견한 원군이 백암성에 도착하는 바람에 전투가 벌어졌고, 당나라 선봉부대는 고구려군에게 격파당했다. 여기서 당나라군 선봉부대의 지휘관인 계필하력이 큰 부상을 입었는데, 그는 당태종이 무척 아끼는 신하였다. 계필하력은 돌궐계 철륵부 출신으로 당나라의 군대가 다양한 이민족으로 구성되어 있음을 상징하는 인물이기도 했다. 아무튼 계필하력의 부상에 진노한 당태종은 전면적인 백암성 공격을 명했다. 하지만 백암성의 저항은 완강했다. 당태종은 은밀히 백암성의 성주에게 밀사를 보냈다. 그리고 휘하의 부하들에게는 백암성에 대한 약탈을 허용하겠노라고 선언한다. 원래 병사들은 약탈이란 말을 들으면 사기가 오르는 법. 백암성 성주는 몰래 비밀통로를 개방했고, 이곳으로 당나라군이 백암성으로 쏟아져 들어갔다. 결국 백암성은 함락되었다.

자, 성도 함락시켰겠다, '이제부터 약탈 타임~!' 하고 꿈에 부풀어 있는 병사들에게 당태종이 일갈했다.

"이놈들! 지금 전쟁이 끝났느냐? 전쟁은 이제 시작이다. 여기서 약탈로 세월을 보낸다면 우리가 수나라군과 무엇이 다르겠는가?"

이 일갈에 약탈 약속은 없었던 일로 되었다. 병사들의 불만이 이만저만이 아니었다. 하지만 고구려 정복이라는 큰 그림을 그리던 당태종은 눈물을 머금고 그런 결단을 내린 것이다. 만약 백암성을 약탈했다고 소문나면 나머지 고구려 성들은 끝까지 결사항전할 것이 뻔했기 때문이다. 당태종은 불만으로 볼이 퉁퉁 부어 있는 부하들 앞으로 다가간 뒤, 말에서 내려 땅바닥에 엎드려 큰절을 했다. 그리고 진심어린 말로 설득했다.

"군사를 풀어 사람을 죽이고 처자를 사로잡는 것은 내가 차마 못할 바다. 장군 휘하에서 공을 세운 사람은 내 재산에서 상을 줄 것이니, 장군은 이 성을 용서해주기를 바란다."

비록 적장이지만 이것이 바로 리더의 품격과 조건이 아니겠는가? 왜 그가 중국 역사상 가장 위대한 명군으로 남는지 짐작할 수 있는 부분이다. 더군다나 평소에 절대적인 카리스마를 뿜어내던 황제가 부하들 앞에서 절을 했다는 것은 고도의 심리전에 가깝다. 당태종의 이 행동과 말에 부하들은 감격해 입을 다물고 그의 지시에 순종한다.

## 운명의 안시성

요동성과 백암성이 당나라군의 손아귀에 떨어지자 고구려군은 위기에 몰렸다. 그리고 이때 요동 지역에서 남은 성은 유력한 거점인 안시성뿐이었다. 만약 고구려군이 안시성을 잃는다면 요동 전체를 잃는 것과 마찬가지인 상황이 되어버렸다. 따라서 안시성은 당나라군에게도 최고의 전략 목표였고, 고구려 입장에서도 사활을 걸고 지켜내야 하는 곳이었다. 안시성의 정확한 위치는 지금도 의견이 분분하지만 가장 유력한 곳으로 추정되는 곳은 오늘날에도 중국의 군사 요충지이다.

고구려는 최대의 구원 부대를 안시성으로 급파했다. 고구려 장군 고연수가 15만이 넘는 대부대를 이끌고 안시성으로 향한 것이다. 이제 당나라 군대와 고구려의 대규모 정예 부대가 피할 수 없는 처절한 전투를 벌이게 되었다. 당연히 안시성 전투는 고구려-당나라 전쟁에서 최대의 클라이맥스가 된다. 당태종은 안시성을 공략하기 전에 다시 한 번 부하들을 불러 모아 이렇게 말했다.

"고구려의 장군 고연수에게 방책이 있다면 세 가지다. 군사를 이끌고 바로 전진하여 안시성과 연결하여 진지를 구축하고, 고산의 험한 곳에 의지하여 성 안의 양식을 먹고, 말갈병을 놓아 우리의 우마를 노략하면 이를 쳐도 갑자기 함락시킬 수 없고, 돌아가려면 요하의 진창이 장애가 되어 앉아서 우리를 괴롭힐 것이니 이것이 상책이다. 성 안의 병사를 빼어 함께 도망함은 중책이다. 지능을 헤아리지 않고 와서 우리와 싸움은 하책이다. 경들은 보라! 적들은 반드

백암성터의 현재 모습 | 백암성마저 함락되면서 고구려는 절체절명의 위기에 봉착한다.

시 하책으로 나올 테니 포로가 됨은 내 눈 안에 있다."

멋진 말이 아닐 수가 없다. 당태종은 이미 상중하책 모두를 꿰뚫고 있었던 것일까? 당태종은 애초에 고구려를 공격할 때부터 고구려의 내분을 간파했다. 북쪽의 안시성이 공격을 받을 때 평양성에서 원군이 오겠지만, 과연 파벌이 다른 원군이 제 역할을 할 수 있을지에는 강한 의구심을 가졌다. 사실 안시성은 파벌이 다른 정도가 아니었다. 안시성 성주는 연개소문의 쿠데타를 격렬히 반대했었고 쿠데타에 성공하여 권력을 잡은 연개소문이 직접 군대를 이끌고 안시성으로 달려와 성을 함락시키려 했을 정도였다. 어떻게 보면 '내부의 적'인 셈이었다. 안시성도 고민에 빠진다. 만약 원군을 성 안으로 덜컥 받아주었는데, 들어오자마자 성주부터 갈아치우지 말란 법도 없기 때문이다. 따라서 당태종은 상책이 불가능하다고 판단했다. 반대파이니 당연히 중책도 불가. 남은 것은 하책뿐이었다. 당태종이 이렇게 고구려의 내분에 대해 정확히 알고 있었던 것은 그만큼 당나라의 첩보망이 잘 굴러갔다는 뜻이기도 하다.

## 주필산 전투

고구려에서 급파한 고연수의 15만 대군과 당태종의 본대가 드디어 맞짱을 뜨게 된다. 강을 사이에 두고 당나라군과 고구려군이 대치했는데 이곳이 주필산이다. 여기서 또 고구려군의 내부 의견이 갈라진다. 나가서 공격하자는 쪽과 방어를 굳히자는 쪽이 팽팽히 맞섰다. 이때 당나라는 기병 1,000을 보내 소규모 전투를 시도해 일부러 패하고 물러난다. 사기가 오른 고구려군은 절반이 내쳐나가 강을 건너 당나라군과 접전을 벌였다.

당시 당나라군 사령관은 이세적으로, 역시 당태종이 몹시 아끼는 신하였다. 이세적은 이민족 출신의 장수 장손무기에게 기병을 주어 우회해서 고구려군의 후방을 급습하라 명했다. 쉽게 말해 이세적의 보병이 고구려군과 접전을 벌이면서 버티는 동안 장손무기의 기병이 고구려군의 배후를 기습해 샌드위치 작전으로 고구려군을 박살내는 전술이었다. 전투가 시작되자 고구려군은 용맹하게 돌진했다. 이세적의 군대는 보병으로 고구려 기병을 막아야 했기에 당파창 등의 대기병용 무기를 휴대하고 있었다. 하지만 기병과 보병의 차이는 크다. 고구려 기병은 이세적의 보병부대를 몰아붙이기 시작했다.

"도대체 장손무기 이놈은 어디 있는 거야? 장손무기 개XX."

도망 다니다 다리에 힘이 풀린 이세적의 병사들 입에서 욕이 나오기 시작했다. 이제 이세적의 보병부대는 붕괴가 눈앞에 있었다. 그리고 바로 그때, 고구려군 후방에 도착한 장손무기가 고구려군을 맹공하기 시작했다. 이세적 보병의 손실이 컸지만 작전은 대성공을 거두었다. 주필산 전투에서 고구려군은 대패하여 후퇴하려 했다. 하지만 후퇴하는 과정에서 고구려군은 당나라군의 경기병대에게 걸려 막심한 피해를 입고 만다. 결국 전투에 투입되었던 고구려군은 당나라군에게 항복했고, 강 건너에 아직 남아 있던 고구려군은 황급히 후퇴했다.

여기서 당나라군의 조직력에 대해 잠깐 이야기를 해야 한다. 당시 당나라군은 육화진법六花陣法이란 독특한 방진법을 사용했다. 육화진이란 여섯 개의 꽃을 뜻하는데, 당나라의 개국공신 이정이 창안한 진법이다. 육화진법의 단위부대를 행군이라 하는데, 이 행군의 규모는 약 2만 명 정도이다. 여섯 개의 꽃은 노수, 궁수, 마군, 도탕병, 기병, 치중병을 말하는데, 이중 치중병은 보급부대로 2만 명 중에 약 6,000을 차지하고 있다. 노수석궁와 궁수 등 원거리 발사무기를 가진 자가 4,200, 마군과 도탕병, 기병 등은 당연히 말을 타는 부대였는데, 아마도 중장갑이냐 아니면 경기병이냐로 분류한 것일 게다.

이렇게 균형 잡힌 육화진법의 목적은 아군의 장점을 살리고 적의 장점을 제압하는 것이었다. 그리고 중국 군대의 장점은 누가 뭐라 해도 병력의 수일 것이다. 그런데 수나라와 같이 병력의 수만 믿고 전쟁을 할 경우

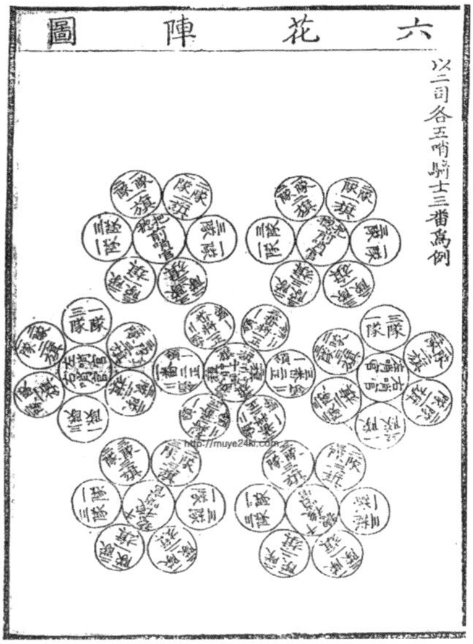


육화진법 | 조선 후기 정조의 명으로 편찬된 진법서인 〈병학통〉에 실린 육화진법의 모습이다. 육화진은 지휘관이 지휘하는 중군을 중심으로 마치 꽃잎처럼 대형을 이루어 신호에 따라 공격을 하는 진법이다.

전술이 부재되는 부작용이 있다. 따라서 당나라군은 군대의 조직화에 힘을 쏟는다. 많은 병력이란 장점에 조직화가 더해지면 그 전투력은 두 배, 세 배가 될 것이기 때문이었다. 바로 이 조직화의 결과가 육화진법이었고, 이 조직화된 진법 덕분에 당나라군은 무너지지 않고 주필산 전투에서 승리할 수 있었다.

여담으로 이 주필산 전투에서 당나라군 최고의 영웅 설인귀薛仁貴가 등장한다. 원래 소싯적부터 한 싸움 했던 설인귀는 아내의 권유로 군에 입대한다. 당시 설인귀는 하급 장교였는데, 당태종에게 잘 보이려 흰옷을 입고 출전했다 한다. 그리고 전투에서 설인귀는 귀신같은 활약을 보였다. 전투 후 당태종은 설인귀를 호출한다. 그리고 그다운 한마디를 한다.

"짐은 오늘 승리해서 기쁜 것이 아니라 용맹한 장수를 얻어 기쁘다."

## 안시성 전투, 그리고 결말

비록 당나라군이 주필산 전투에서 승리했으나, 아직 안시성은 고구려군의 수중에 있었다. 그리고 시간이 갈수록 당나라군의 보급 사정도 여의치 못했다. 여기서 고구려군은 맹랑한 전술을 쓴다. 낮에는 성 안에서 얌전히 방비하다가, 밤이 되면 소규모 부대로 당나라군에게 히트앤드런 작전을 구사한 것이다. 자고로 인간의 3대 욕구 중에 하나가 수면욕인데, 피곤해 죽겠는데 밤마다 시달리는 통에 잠을 못 잔 당나라군은 슬슬 짜증이 나기 시작했다. 그리고 이는 당나라군이 점점 한계치에 도달하고 있다는 증거였다. 여기서 당태종은 다시 한 번 약탈을 허용했다. 그로서도 빨리 전쟁을 끝내기 위해서는 도리가 없었다. 이렇게 되니 성주인 양만춘 이하 안시성의 모든 병사들과 백성들은 일치단결하여 결사항전을 시작했다. 약탈은 곧 모두의 죽음이었기 때문이다.

여기서 한 가지 안타까운 점이 있다. 안시성 전투에 관한 고구려의 기록이 전혀 남아 있지 않기 때문에 우리는 중국의 기록에만 의존해야 하는데, 그들은 자기들이 이긴 전투는 비교적 기록을 남겨놓지만 패배한 전투에 대해서는 별다른 기록을 남겨놓지 않는 고약한 버릇이 있다. 안시성 전투도 마찬가지이다. 영화 〈안시성〉처럼 판타스틱한 전투는 아니었겠지만, 처절한 전투 끝에 안시성은 당나라군의 공세를 물리쳤다. 그리고 단 하나의 기록이 존재한다. 당태종의 조카 도종은 당태종에게 안시성을

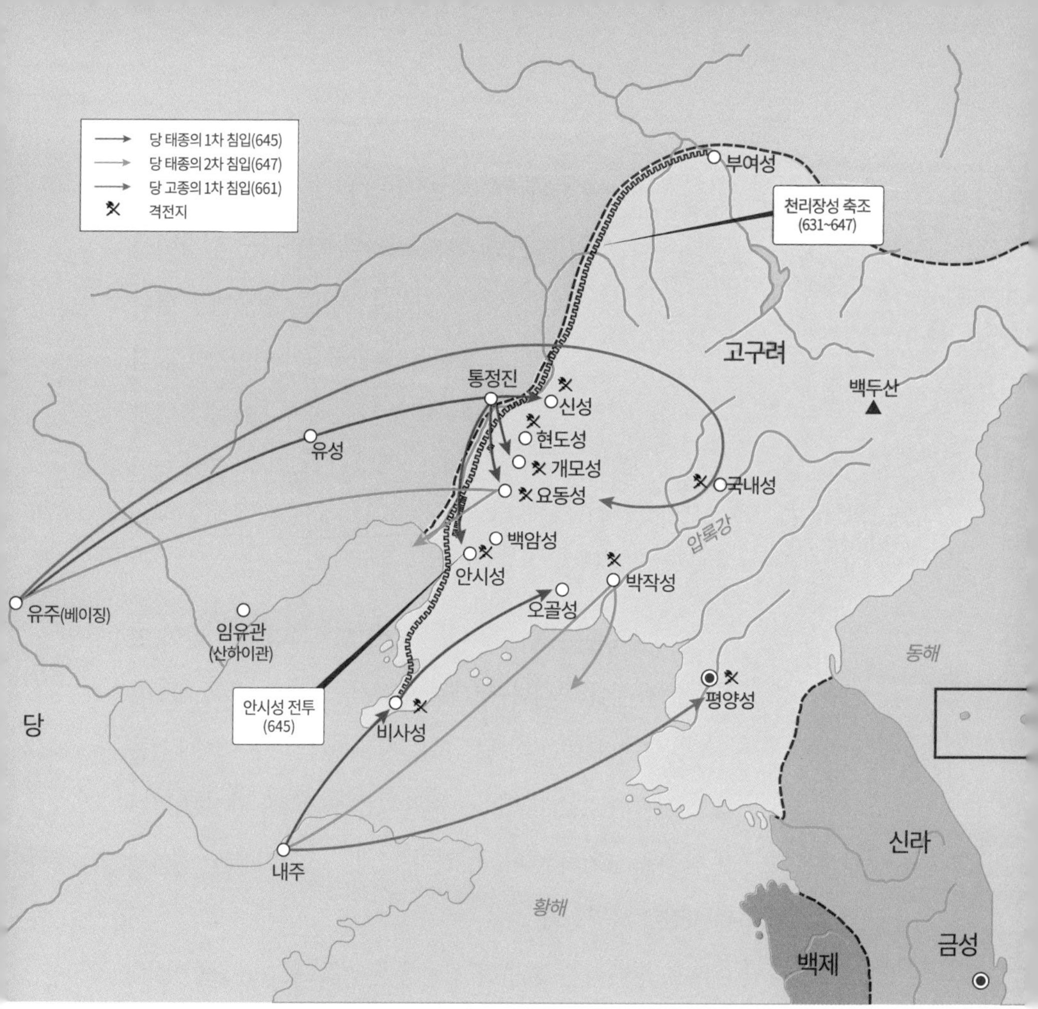


고구려-당나라 전쟁 당시 당나라군의 이동 경로 | 안시성마저 무너지면 고구려는 평양성까지 스트레이트로 뚫리게 될 처지에 있었다.

남겨두고 평양성으로 바로 진격하자고 제안했다. 하지만 당태종은 거절했다. 수양제의 과오를 다시 범하고 싶지 않았기 때문이었다.

결국 마지막 공성작전으로 토산을 쌓았다. 쉽게 말해 성벽으로 오를 진입로를 쌓는 방법이다. 안시성 최대의 위기였다. 하지만 토산이 거의 완성되었을 무렵, 비가 내려 토산이 무너지고 말았다. 그런데 하필 토산이 무너지면서 안시성의 성벽 일부를 무너뜨리고 만다. 당나라군 입장에서는 두 번 다시 못 올 절호의 기회를 잡은 것이다. 때마침 현장에는 당나라군 지휘관이 없었다. 당나라군은 우물쭈물했다. 명령이 떨어져야 공격을 할 것 아닌가? 군대는 명령에 살고 명령에 죽는 조직이니 말이다. 바로 이때, 고구려군이 안시성에서 성난 파도처럼 쏟아져 나왔다. 사흘에 걸친 치열한 전투 끝에 고구려군은 대승을 거두고 당나라군을 몰아내는 데 성공했다.

참고로, 일설에는 당태종이 눈에 화살을 맞아 되돌아갔다는 말이 있지만 역사적으로는 사실이 아니다. 당태종이 눈에 화살을 맞고 애꾸가 되었다는 이야기는 고려의 문인 이색이 지은 시에 등장한다. 학계에서는 전혀 신빙성 없는 이야기로 보고 있다. 아무튼 모든 공격이 좌절된 당나라군은 고구려 침공을 포기하고 되돌아간다. 그리고 전쟁이 끝난 지 4년 후에 당태종은 치질로 사망한다.

그렇다면 이후로 당나라는 고구려 침공을 완전히 포기했을까? 절대 그렇지 않았다. 다만 이전처럼 대규모 병력을 동원한 큰 전쟁을 피했을 뿐이다. 오히려 당나라는 더 무서운 계략을 사용했는데, 끊임없는 장기 소모전으로 고구려를 괴롭혔다. 괴롭히는 방법도 다양해서 성 주변 초토화작전, 히트앤드런, 기습상륙작전 등등 고구려 입장에서는 매우 짜증나는 방법을 사용했다. 고구려가 강국이라고는 하나 당나라에 비할 바는 못 된다. 결국 당나라는 고구려 깊숙이 들어오는 데 성공하고, 고구려 내부의 분열을 부추겨 약화시키는 데도 성과를 거둔다. 당태종은 이제 최후의 한방을 고구려에 먹이고 싶었다. 다시 한 번 대규모 원정을 준비한 당태종은 그러나 출병 직전 사망하고 만다. 우리로써는 다행스러운 대목이다. 하지만 당나라 이후에도 중국의 대요동정책은 변하지 않는다. 중국은 수나라 때부터 일관된 정책으로 만주에 대한 통제권을 확보하려 했고, 이러한 정책은 지금까지도 지속되고 있다. 중국이 주장하는 동북공정은 만주에 대한 내용이다. 한마디로, 역사적으로 만주에 속한 나라 전체를 자국의 역사로 편입하려는 시도이다. 우리가 단순히 동북공정을 중국 역사학계의 치졸한 행보로 치부해서는 안 되는 이유가 여기에 있다.

## 참고문헌


갈리아 전쟁기, 가이우스 율리우스 카이사르 지음, 김한영 옮김, 사이, 2005

도감 무기 갑옷 투구, 시노하라 고이치 지음, 남지연 옮김, AK커뮤니케이션즈, 2015

도해세계전사, 노병천 지음, 연경문화사, 2001

무기와 방어구(서양편), 이치카와 사다하루 지음, 남혜승 옮김, 들녘, 2000

무기와 방어구(중국편), 시노하라 고이치 지음, 신동기 옮김, 들녘, 2001

무기의 역사, 찰스 바우텔 지음, 박광순 옮김, 가람기획, 2002

사기열전(개정판), 사마천 지음, 김원중 옮김, 민음사, 2015

살수대첩과 고구려 을지문덕, 역사·인물편찬위원회 엮음, 역사디딤돌, 2009

삼국지의 계략, 기무라 노리아키 지음, 조영렬 옮김, 서책, 2013

세계사 편력, 네루 지음, 최충식·남궁원 옮김, 일빛, 2004

세계전쟁사, 육군사관학교 전사학과 엮음, 황금알, 2005

세계전쟁사, 존 키건 지음, 유병진 옮김, 까치, 2018

수양제, 미야자키 이치사다 지음, 전혜선 옮김, 역사비평, 2014

아우구스투스에 의한 로마 제국, 조재원 지음, 생각나눔, 2016

연개소문 전쟁: 동아시아 고대문명 최후의 대결, 우재훈 지음, 북랩, 2017

전쟁과 역사(삼국편), 임용한, 혜안, 2001

전쟁 연대기 1, 조셉 커민스 지음, 김후·김지원 옮김, 니케북스, 2013

전투함과 항해자의 해군사, 전윤재·서상규 지음, 군사연구, 2009

정사 삼국지(구판), 진수 지음, 김원중 옮김, 민음사, 2007

진시황의 천하: 이중톈 중국사 7, 이중톈 지음, 김택규 옮김, 글항아리, 2015

카이사르의 내전기, 가이우스 율리우스 카이사르 지음, 김한영 옮김, 사이, 2005

칸나이 BC 216(세계의 전쟁 4), 마크 힐리 지음, 정은비 옮김, 플래닛미디어, 2007

펠로폰네소스 전쟁사, 도널드 케이건 지음, 허승일·박재욱 옮김, 까치, 2006

플루타르코스 영웅전, 플루타르코스 지음, 천병희 옮김, 도서출판 숲, 2010

Men-at-Arms, 그림으로 보는 5,000년 제복의 역사, 신재호 편역, 플래닛미디어, 2009

Martin van Creveld, *Technology and War*, Free Press, 1991.